TALENT

HOW TO IDENTIFY ENERGIZERS, CREATIVES, AND WINNERS AROUND THE WORLD

「人材」を見極める科学的なアプローチ

タイラー・コーエン、ダニエル・グロス［著］
TYLER COWEN AND DANIEL GROSS
プレシ南日子［訳］

クロスメディア・パブリッシング

TALENT

★

TALENT

by Tyler Cowen and Daniel Gross

才能ある人々——TALENT——が、互いに見いだされることを願って。

APPENDIX

「人材《TALENT》」を見つけるための質問例

次の質問のほとんどは本文で紹介したものだが、みなさんの読書の楽しみのため、いくつか追加した。これらの質問の使い方および使うタイミングについては、本書の2章と3章を参照のこと。

- この店のサービスについてどう思いますか？
- 普段、部屋の雑音が気になりますか？
- どうして当社で働きたいのですか？
- 配偶者やパートナー、友人があなたを一〇語で説明するとしたら、何と言うでしょう？
- これまでにしたことの中で最も勇敢な行動は何ですか？
- もしあなたが当社に就職して、その三～六カ月後に退職したとしたら、その原因は何だと思いますか？（五年後に退職した場合についても質問して、二つの回答の違いを比べよう）

■この面接のためにどのような準備をしましたか？

■子どものころ、何をするのが好きでしたか？

■前職で高く評価されていたと思いますか？　評価されていないと一番感じたのはどんなときですか？

■当社の競争相手は誰だと思いますか？

■今、ブラウザで開いているタブは何ですか？

■あなたのピアグループは、どんな変わったことを成し遂げましたか？

■主流となっている意見またはコンセンサスの得られている意見で、あなたが心から同意できる意見は何ですか？

■あなたが信じていることの中で、最も理屈に合わないことは何ですか？（またはあなたが熱心に、ほとんど理不尽なほど支持しているのはどんな考えですか？　とたずねるとさらにいいかもしれない）

■あなたが信じていることの中で、一番間違っている可能性が高いことは何ですか？

■この面接はどのくらいうまくいっていると思いますか？

■どのくらい成功したいですか？（またはあなたはどのくらい野心がありますか？と聞いてもいいだろう）

■ 仕事の目標を達成するためなら、妥協してもかまわないと思うものは何ですか？　あるいは仕事の目標を達成するために必要だと思われる妥協について、どう考えていますか？

■ 職場という文脈において罪の概念は実際のところ何を意味するでしょう？　単なるミスとどう違いますか？　あなたの同僚の誰かの経験から、このことを説明していただけますか？

■ どうすれば、SkypeやZoomから対面の交流より多くの情報が得られるようになると思いますか？

■ あなたは自分自身について、どのような点で見た目と違うと思いますか？

■ （求職者の推薦者に対して）この人物はあなたがぜひ協力したいと思うほど

優秀ですか？

■この人物は合理的なほかの誰よりもずっと早く、あなたが目指している目標まであなたを導くことができますか？

■この人物とあなたの意見が合わない場合、この人物が間違っている可能性と同じくらい、あなたが間違っている可能性もあると思いますか？

■Xについて自己評価するとしたら、一～一〇のうちいくつでしょう？　その数字があなたにふさわしいと思う理由は何ですか？

■過去の人生において明らかになった、候補者の好みについて聞いてもいいだろう。

TALENT CONTENTS

3

オンラインで相手とエンゲージメントする方法

4

「人材《TALENT》」に知能《IQ》は必要か？

5

「人材《TALENT》」におけるパーソナリティとは？

第Ⅰ部：基本的特性について

6 「人材《TALENT》」におけるパーソナリティとは？ 第Ⅱ部：より風変わりなコンセプトについて

7 障がいと才能

8

なぜ才能ある女性やマイノリティはいまだに過小評価されているのか

9

「人材《TALENT》」探しとスカウト活用術
——ファッション、スポーツ、ゲーム業界

10

「人材《TALENT》」を説得し、招き入れる方法

カバーデザイン：萩原弦一郎（256）
校正：株式会社RUHIA

1

なぜ「人材《TALENT》」が重要なのか

この本を執筆することになったきっかけは、ある会話だった。

著者である私たち、タイラー・コーエンとダニエル・グロスは、仕事の一環として、人材を（取りつかれたように）探し求めている。数年前に出会って以来、私たちは採用の方法や、変革を起こせる類い稀な人材の発掘が自分たちにとっていかに重要かについて議論を重ねてきた。そして、職業的な関心に端を発したこの議論は、次第に私たちの世界観に変化をもたらした——私たちは生活のあらゆる場面で誰かと出会うたびに、隠れた才能を見つけ出そうとするようになったのだ。

初対面のときから私たちは互いに何らかのコツを教え合ったり、新たな仮説をつくったりしていた。そして、WhatsAppのメッセージチャネルを作成して対話を続ける傍ら、定期的に会い、何度か一緒に旅行することになるのだが、その動機はいずれも、楽しみとあらがいがたい遊び心、何か実践的な価値のあることを学びたいという願望が入り混じったものだった。タイラーもダニエルも仕事で採用を担当していて、それぞれが一家言持っている。そんな二人が、人材を発掘する方法について数年間にわたり、冗談を交えながら刺激し合い、お互いの考えに磨きをかけ、先入観に挑み、議論を戦わせたらどんなことが起こるのか？

こうしたやりとりから生まれたのが、本書だ。

タイラーはダニエルと出会ったばかりのころに交わした、ある会話を今でも覚えている。ダニエルは趣味を持っている人や「変わり者」の重要性を強調していた。重要なインターネット革命の多くは、隙間市場と見られていた分野の商品から始まったからだ。こうした人々は、少数のファンを喜ばせることに全力を注ぎ、彼らに絶賛されながらスキルを身に付け、人脈を広げることで、最終的に幅広い人々に商品を売ることができた。したがって、大成功しそうなスタートアップ企業を見つけたければ、直感には反するが、少なくとも最初は、ごく一部の変わり者に喜ばれることを目的としている人々を探すとうまくいくことが多い。

ダニエルはタイラーから、採用面接では「ピアニストが音階の練習をするように、あなたが練習しているものは何ですか？」という質問をするといいと教わったのを覚えている。進歩を続けるために何をしているかがわかれば、その努力の効率の良さを評価できるだけでなく、そこから何かを学べるかもしれない。また、その人特有の習慣だけでなく、継続的進歩についてどう考えているかもわかるはずだ。あまり練習をしていなくても、採用する価値のある人はいるかもしれない。しかし、その人は「見た目以上でも見た目以下でもない」可能性が高い。それはそれで価値のある情報だが、自分を高めるために日々熱心に努力していて、ありきたりで社交的なものを求めない人のほうが、クリエイティブであることにこだわり、大きな変化を起こせる可能性が高いだろう。

この二つのエピソードがアウトサイダーに注目しているとすれば、それは私たち二人がそれぞれアウトサイダーだからかもしれない。キャリア形成の当初、ダニエルはゲームに夢中になり、大学には進まなかった。一方、タイラーは初期のころからブログを書きつづけたことが出世につながった。二人とも自分のことを、最初は埋もれていた人材の典型的な例と考えており、これは二人がベンチャービジネスに適したアウトサイダーを探している人の手伝いをしたいと思う理由のひとつでもある。

ダニエルはかつて自分のことを「若いころはずっと、どこかよそから来て、ふらっと立ち寄っただけのアウトサイダーのように感じていた」と記したことがある。テクノロジー業界に足を踏み入れるまで、ダニエルは熱心なゲーマーだったが、ゲームでの競争体験を活かし、より社会的に意味のある大きな問題に取り組むことにした。テクノロジー業界で最初に立ち上げたCｕｅという会社は二三歳のときにアップル社に売却し、ダニエルは、当時飛躍的な成長を遂げようとしていたアップル社のディレクターとなった。次にダニエルは、スタートアップ企業に投資するシリコンバレーの一流ビジネス・インキュベーターで、時価総額一億ドルのY Combinator社のパートナー兼ファウンダーを務め、同社においてベンチャーキャピタルおよび人材発掘に対する、恐らく世界で最も影響力のある体系的なアプローチを確立し、制度化した。また、エンジェル投資家として、将来有望な駆け出しの企業やクリエイターも探している。もちろん、自ら人材を発掘しているのだ。[1]

二〇一八年にダニエルはサンフランシスコを拠点とするスタートアップ企業のベンチャー投資会社、Pioneer社を立ち上げた。Pioneer社は、推薦と面接という従来の方法に加え、オンラインおよびゲームを活用して、世界中の新しい人材探しに力を入れている。ダニエルとPioneer社は、たとえば新しい分野や意外な分野に目を向ければ、はるかに多くの人材が見つかると確信している。これまで、そもそも誰の目にも留まらなかったクリエイターを見つけようとしているのだ。ダニエルはおもに起業家を探し、資金提供しているが、もちろんPioneer社のあらゆる役職、あらゆる職種の採用も行っている。もっとも、誤解のないように付け加えると、ダニエルは単に実務を行っているだけではない。時間を見つけては、Google Scholarで人材に関する記事を探し、タイラーに送っているのだ。

タイラーはジョージ・メイソン大学の経済学教授で、三〇年以上にわたり大学職員の採用と大学院の入学審査を担当。同大学内にある、約二〇〇人の職員を擁する研究施設、マーカタス・センターのセンター長も務めている。同センターで、タイラーは人材（通常は若い才能）の発掘と資金提供のための慈善基金、エマージェント・ベンチャーズを運営している。また、一八年間にわたり毎日『*Marginal Revolution*』というブログを書きつづけ、オンラインの経済教育サイトMarginal Revolution University（マージナル・レボリューション大学）を運営。『*Conversations with Tyler*』というポッドキャストも配信している。タイラーはこうして学者を続ける傍ら、ほぼ毎日、人選やプロジェクト管理にも携わっているのだ。

タイラーのブログに寄せられたコメントの中で、投稿者のアラスターはタイラーについてこう記している。「タイラーはあえてほかの人とは違った手法を選ぶタイプだ。人並み外れたスピードで本を読み、さまざまな役職を掛け持ちし、定期的にポッドキャストを更新し、人脈を広げ、熱心に学び、年中旅をしている。スタミナあふれるタイラーは、人よりずっと多くのバラエティーに富んだインプットをすることで、ずっと多くのバラエティーに富んだアウトプットを可能にしている。しかし、タイラーの魅力はインプットとアウトプットのあいだにある。タイラーは経済学者、哲学者、心理学者、社会学者、人類学者、リベラルと保守、グローバリストとナショナリスト、外国人と現地人、芸術評論家と芸術家、雇用主／管理者と従業員、助成金の提供者と受領者、面接官と求職者、教師と学生、それぞれの立場から世界を見ることができるのだ。タイラーのように世界を見られる人はほかにいないだろう。彼ほど多くのバラエティーに富んだインプットをしている人やメンタルモデル（訳注：人間の頭のなかにある行動のイメージ）を持つ人はまずいないからだ。たとえタイラーがありきたりの結論を出したとしても、その理由付けや視点は決してありきたりではない」[2]

職業を比較すると、私たち二人はかなり異なっていると思われるだろう。その上、ダニエルは二〇代後半、タイラーは五〇代後半だ。ダニエルはイスラエルで（アメリカ人の両親のもとに）生まれ、その後、サンフランシスコに移り住んだ。一方、タイラーはニュージャージー州で生まれ、今はヴァージニア州北部で暮らしている。ダニエルはやや気難しそうに見られることがあり、タイラーは冷めて見られがちだ。ダニエルはタイラーにからかわれるたび、必ずといっていいほど冗談を真に受けて驚く。ダニエルはスキューバダイビングが趣味で、エレクトロニック・ダンス・ミュージック（ＥＤＭ）を聴いているが、タイラーはバスケットボールをするのが趣味で、ベートーベンやインドの伝統音楽を聴いている。ダニエルは高校が嫌いで反抗的な生徒だったが、タイラーはほとんどの場合、我関せずの姿勢を貫いた。しかしながら、私たちは二人ともとても好奇心が強く、アイディアを生みだすことが大好きで、難しい問題にも喜んで粘り強く取り組む。そのため、いったん二人が語りはじめると話は尽きない。

この活気に満ちた関係が生まれたのは、二〇一八年二月一日にサンフランシスコにあるレストランの個室で開かれた、プライベートなサロンのようなディナーで、ダニエルとタイラーが出会ったときだった。友人を訪ねてサンフランシスコに来ていたタイラーは、友人に連れられてあるイベントに参加した。このイベント自体もイギリス政治を知る上でとても興味深いものだったが、タイラーはそれまで会ったことのなかったダニエルの存在にも目を留めた。大きなテーブルの角の席にいたダニエルは気を利かせて静かにしていたが、タイラーはダニエルがいかに素早く完ぺきにすべてを理解しているかを見て取った。「この若者は誰だ？　あのぎこちない笑顔は何を意味しているのだろう？」とタイラーは考えた。このディナーにはシリコンバレーの有名な企業のファウンダーやベンチャーキャピタリストも何人か参加していたが、タイラーはダニエルが口を開くたびに参加者全員がとても注意深く耳を傾けているのにもすぐに気づいた。

タイラーに関して、最初にダニエルの目を引いたもののひとつは、今ではタイラーのトレードマークとなったトートバッグだった。ｉＰａｄと数冊の本が詰まったこのシンプルなバッグには、気まぐれで堅実で、伝統に縛られないタイラーの美学がよく表れていた。「財産家」は、このようなトートバッグなど持ち歩かない。全員が着席すると、ディナーを囲んでディスカッションという試合が始まった。無数のアイディアが次々に飛び出すこうした席では、発話者が本当に興味を持っているのはステータスなのかアイディアなのかが露見しがちだ。また、クリエイティブな才能を垣間見ることもできる。ステータスを求めているタイプは、エリートと目される人々の注目を最大限に集めようとする。一方、アイディアを求めているタイプは、知識を広げ、好奇心を刺激したいため、全員に向けて話し、グループ全体の注目を集める。彼らの強みは人の興味を引きつけられることであり、彼らは推測をストレートに口にするのではなく、質問の形で提示することが多い。タイラーはアイディアを重視するタイプ特有のクリエイティブなひらめきをもっているとダニエルは感じた。グループでの会話において、二人は互いに注目し合い、それぞれのポイントやテーマについて、議論を続けることができた。これはさらに会話を発展させるべきというサインである。ディナーの終わりには、この日話したことについて、互いに相手が自分とほぼ同じ考えをもっているように感じた。

その後、二人はたびたび会って話すようになり、二〇一九年にサンフランシスコの中華料理店でランチをしていたときに、この本を書くことが決まった。この計画について、二人の会話は弾み、重要なのはとにかく取りかかることであり、知的なやりとりの中から自然に結論が導き出されるようにしようということで話はまとまった。ところが、このときタイラーは強い罪の意識にさいなまれていた。というのも、出版したばかりの別の本のプロモーションに協力しなければならず、このプロジェクトに着手できるのは数カ月先になることをダニエルに伝えなければならなかったからだ（タイラーはすぐに仕事に取りかかれない状況が**大嫌い**なのだ）。しかしダニエルは、すぐ始められないことをタイラーが残念がっていると知り、それだけで嬉しかったので、やる気を維持することができた。

その後、私たちは、この種の本は口承されているベンチャーキャピタルの伝統と多様な人材を発掘するための新しい視点を融合し、（そのほかのテーマに加えて）知性や性格特性、面接方法についてレベルの高い情報を提供すべきであり、新興企業にも一般的な従来型の企業にも通用する情報を扱うべきだと話し合った。

多くの人々が人材を求めているが、必ずしも適した人が見つかるわけではないことは明らかだ。アメリカ全国産業審議会の年次調査によると、人材雇用はＣＥＯ（最高経営責任者）を始めとする経営者の最大の関心事である。さらに、必要なスキルと才能を持った人材を確保できないことは、ビジネスにとって最大の脅威である。私たちがＣＥＯや非営利団体の代表者、ベンチャー投資家から聞いた話によれば、常に頭から離れない懸念事項は適切な人材の不足およびそれを補う人材確保の方法がわからないことだという。[3]

新型コロナウイルス感染症の大流行もあり、記録的な数の人々が職を離れ、将来の展望を見直している現在では、なおさら問題だろう。リモートワークがかなり一般的になり、私たちは『すばらしい新世界』（訳注：機械文明が発達し、人間が尊厳を失った世界を描くディストピア小説のタイトル）に足を踏み入れようとしている。これは人脈づくりや会議の多くがＺｏｏｍで行われる世界に合わせて、多くの人材の価値を評価し直す必要があるということだ。

当然ながら、人材探しは仕事や事業だけの問題ではない。奨学金を授与するにも、オーディションで役を割り振るにも、ドラフトで適性のある選手を指名するにも、自分に合った共著者を採用するにも、さらには友人やパートナーを選ぶのにも当てはまる。人材探しは、ほぼすべての人間の暮らしの中で、最も重要な活動のひとつなのだ。イーロン・マスクはスペース・エクスプロレーション・テクノロジーズ（スペースX）社で雇った最初の三〇〇〇人を全員直接面接したという。確実に適切な人材を採用したかったからだ。[4]

人材探しは「管理職」や人事部だけが直面する問題だと考えないでほしい。仮にあなたが誰かの目に留まりたいと考えていて、アピールしないと見落とされがちだが刺激的で価値ある魅力を披露できるなら、ほかの人々が人材についてどう考えているか（あるいはどう考えるべきか）学ぶのは非常に価値があるはずだ。少なくとも上司と同じくらい、みなさんも人材がどう評価されるのか、気にかけるべきだろう。

ほぼすべての人がほかの人々の才能を見いだしたい、あるいは自分の才能を認められたいと思っている。みなさんも上司や同僚がどれだけ優秀か気になるだろう。誰でもできるだけ優秀な人々と一緒に働きたいと願うものであり、それが直属の上司であれば**なおさらだ。**これは自分の能力を高める良い方法である。仕事に就く、あるいはチャンスを追い求めるという決断は、ほとんどの場合、他者――つまり、みなさんが序列のどこに位置するかにかかわらず、これから一緒に働く人々や責任を負う相手――に関する決断でもある。

過小評価されている人材を見いだすことは、個人的、組織的に優位に立つための最も有効な手段のひとつであり、それが人材探しの実用的価値だ。大企業なら高い報酬を提示して「見るからに」優秀な人材を雇うことができる。しかし、小規模な企業の場合、大手と肩を並べるのはなかなか難しいだろう。やる気に満ちた忠実な唯一無二のチームをつくるには、これまで見落とされていたキャリア後半の女性や目立たないはみ出し者のプロデューサー、隠れた天才を的確に選び出すのが一番だ。老舗の大手企業で働いている人なら、かつて同社を発展に導いたような卓越した人材を探すのではなく、過度の学歴偏重主義に陥り、非常にお役所的な採用手続きが行われているのを恐らく目にしたことがあるだろう。再び会社が一か八かの賭けに出て、良いチャンスをつかんでくれることを願っている人もいるかもしれない。

それに何より、私たちはアメリカ経済および多くのアメリカ人や地球市民に不利益をもたらしている人材探しのお役所的アプローチには反対であり、見直していくべきだと考えている。私たちが定義するお役所的アプローチとは、ミスと損失を最小限に抑えようとし、何よりもコンセンサスを重視する方法のことだ。誰もが非常に厳しい一連のルールに従って行動させられて、個人主義は隠蔽、あるいは撲滅されることとさえあるだろう。しかも決して急ぐ必要はないので、事実上際限なく新たな手続きを適用することもできる。こうしたすべての結果として、採用プロセスが、最近流行の政治学用語を使うと「kludge（その場しのぎのいいかげんな方法）」や「sludge（汚泥）」だらけになり、同じような気質の候補者ばかりが応募してくることになる。みなさんの大半もこの標準的なお役所的面接の設定になじみがあるのではないだろうか。面接官たちは、あらかじめ質問（と答え）の台本を用意して面接室に現れる。たいていこのプロセスに飽き飽きしていて、採用者が決まることを願っている。彼らが探しているのは「十分優秀」でコンセンサスを受け入れられ、きちんとしていて、何より誰からも反対されないような人物だ。

私たちは現実主義者なので、こうしたアプローチが決して世界からなくならないことはわかっている。あまりにも広く浸透しているからだ。しかし、こと採用に関して、私たちは革命論者であり、多くの人々は実際に典型的なアプローチよりもずっと役に立つ採用方法を実践できると考えている。また、人材について、**私たちはお役所主義にとらわれない考え方をみなさんに伝えたいと思っている。**

本書で注目するのは、非常に特殊な人材——具体的にいうとクリエイティブなひらめきを持った人——であり、お役所的アプローチが最も役に立たないケースである。クリエイティブなひらめきとは、いかなる文脈においても新しいアイディアを生みだしたり、新しい組織をつくったり、既知の製品を生産する新しい方法を開発したり、知的活動や慈善活動を主導したり、その人の存在自体やリーダーシップ、カリスマ性でほかの人々にインスピレーションを与えたりできることを意味する。こうした人々は、未来を現在とは違う、より素晴らしい場所として改めて思い描くことで、世界を改善できる才能を持っている。彼らは往々にして人の目に留まりにくく、組織のあらゆる階層に不意に姿を現すことがある。たとえばCEOや上級管理職の場合もあれば、使い古された宣伝方法を刷新する新しいマーケティング・ディレクターやさらには新しいタイプのポッドキャストを始めるべきか考えているインターンの場合もあるだろう。「これから頭角を現す」人材を採用したければ——私たちもそれをお勧めしているが——、長い業績リストを持っている人を探すのではなく、クリエイティブなひらめきを見つけるスキルを磨く必要がある。

人材に関して的確な質問をすることは非常に重要だ。私たち、ダニエルとタイラーは、それぞれの机に運ばれてくる企画書を読みながら、常々、真に希少な可変的要素は資金ではなく才能ある人材だと感じている。たとえばタイラーはインドネシアにあるシンクタンクの企画書を読みながら、具体的にどんな人材がディレクター兼資金調達担当者になるのだろうかと考える。ダニエルは宇宙へ行って小惑星で採鉱を行うという企業のプレゼンテーションを見たことがあるが、惑星間を行き来するようなアイディアを実行に移せる大胆さと実直さを兼ね備えた人材に出会うことはまれである。そして「どんな人材がこのプロジェクトを進めるのだろう?」という疑問が繰り返し頭に浮かぶ。みなさんも仕事で同じような経験をしているのではないだろうか。ほとんどの場合、気の利いた解答などない。それは適した人材がどこにも存在しないからではなく、見つけだして活用することが難しいからだ。これは新しい教会を建てるのにも、ヒップホップの曲を書くのにも、新しい会社をつくって成功させ、才能ある多くの労働者のために継続的な仕事を生みだすのにも当てはまることだが、実行力のある労働者やリーダーが不足しているのだ。

人材の不足と重要性は、非常に大きな問題であり、マクロ経済のレベルにも影響が表れている。というのも、現在はベンチャーキャピタルが相対的に多く、経済学でいう「過剰貯蓄」が増えていることからも明らかなように、資本の量に対して人材が不足しているのだ。たとえば膨大な資産を誇る日本のソフトバンクグループは世界最大のベンチャーキャピタルとなったが、必ずしも常にチャンスをものにしているわけではなく、WeWork社のCEO兼ファウンダー、アダム・ニューマンに出資するなど、数々の失敗を犯してきた。また、シンガポール、ノルウェー、カタールまで、さまざまな国の政府系ファンドも、増える一方の余剰資金の新しい投資先をこれまで以上に視野を広げて探している。つまり、彼らには資金があり、常に不足状態の人材を探しているのだ。[5]

最も信頼性の高い推計によると、一九六〇年以降のアメリカの生産高増加分の少なくとも二〇〜四〇%は人材の配置の見直しに起因している。一九六〇年当時のアメリカでは、偏見や誤解も手伝い、驚くほどずさんな人材配置が行われていたのだ。たとえば医師と弁護士の九四％は白人男性であった。のちにアメリカ合衆国最高裁判所の判事となったサンドラ・デイ・オコナーは、一九五二年にスタンフォード・ロー・スクールを三位の成績で卒業したが、当時は弁護士秘書の仕事しか見つからなかったという。昔から**現在に至るまで**、最も生産性の高い人々が必ずしも最も適した仕事に就けるとは限らない。つまり、今も昔も人材を十分に活用できておらず、それどころか才能を無駄にしているのだ。これは経済にも悪影響を及ぼすが、頭角を現せずにいる人々にとっても悲劇であり、国民精神とやる気をむしばんでいる。[6]

　差別について考えるとき、まず頭に浮かぶのは人種や性別、性的指向による差別だろう。こうした差別はいまだに現実的な問題であり、とても根が深く、アメリカ社会は数多くの分野で間違った人材配置を行ってきた。たとえば一九七〇年当時、今でいう「おたく」の人々や内向的な人々を最大限に活用し、その生産性を可能な限り引き出せていただろうか？　障がいを持つ人々や最近移住してきたばかりの人々、背の低い人々はどうだろう？　偏見は多くの場合、人材配置の判断を誤らせる。

アメリカ人の収入に関するデータからも、才能があることが必須条件になりつつあることがわかる。一九八〇〜二〇〇〇年を見ると、所得格差拡大のおもな原因は、大学を出ているか出ていないか、大学院を出ているかの違いで、差異の七五%をこれで説明することができる。ところが二〇〇〇〜二〇一七年の所得格差の拡大を見ると、学歴による差異は全体の三八%しか説明できない（ここでは、「差異の一〇〇%を説明できる」はすべてのケースが当てはまることを意味し、数字が小さくなるほど関連性が弱くなり、〇%はまったく関係がないことを表すことだけわかっていれば十分である。なお、七五%と三八%の差は説明能力が大きく低下したことを意味している）。二〇〇〇〜二〇一七年において、所得格差の拡大はほとんどが同じ学歴の集団**内**で見られた。つまり、学歴が高いだけでは収入に限界があり、本当に見返りが得られるのは学歴に加えて才能も兼ね備えている人々だけなのである。[7]

また、グローバル化によって、以前よりずっと多くの才能ある人々を見つけられるようになったため、才能に関する質問の重要性はさらに増している。たとえばナイジェリアでは、三〇〜四〇年前まで栄養失調率が非常に高く、教育制度も整っていなかったため、才能ある人々や潜在的人材のほとんどがチャンスをつかむことができなかった。一方、現在のナイジェリアは、生活条件は非常に不平等で、悲惨な場合も少なくないが、それでもかなりの数の中流階級(および上流階級)が存在している。ナイジェリアの起業家たちは、アフリカでも、より広い世界的コミュニティでも急速に企業を立ち上げており、今後もさらに多くの企業が登場するだろう。イギリスでは数学の成績の良い子どもたちの多くがナイジェリア系であり、アメリカではナイジェリア系アメリカ人が着実に所得を増やしている。とはいえ、決してすべてのナイジェリア人が世界で適切な居場所を見つけたわけではない。このことからも人材探しと人材の評価には改善の余地がかなり残されていることがわかる。人材を探している人々にとっては、実際に大きなチャンスだといえるだろう。

行き過ぎた学歴偏重主義は、お役所的採用方法が最悪な形で表れたものであり、人材探しにも悪影響を及ぼしている。数十年前までは高校を卒業していれば就職できた多くの業種が、現在では大学卒業以上の学歴を必要とするようになった。『ニューヨーク・タイムズ』紙によれば、修士号はもはや以前の学士号と同じ価値しかなくなったという。現在では警察官や建設管理の仕事にも修士号を持った人々が就くようになったが、本当に修士号など必要だろうか？　別の言い方をすれば、こうした職種に修士号を求めることによって、その職種に関連したスキルや才能を持つ、適性の高い人材を見落としてしまわないだろうか？　学歴偏重主義は仕事に適した人材を絞り込む上で重要な役割を演じている。しかし、失敗すると候補者にも雇用主にも損失を与え、高等教育を受ける経済的余裕のない人々の経済的、社会的流動性を制限し、学業への過度の投資を促す。行き過ぎた学歴偏重主義と戦い、アメリカを再び本当の意味でのチャンスにあふれた国にしたければ、人材探しのスキルを磨く必要がある。[8]

ベンチャーキャピタルあるいは「シリコンバレー」式の人材探しは、「実行の罪」よりも「不履行の罪」をはるかに重視している。つまり、たとえばベンチャー投資家が、その年に大きな成功を遂げたファウンダーに投資し損なったら、大金を儲け損なうこととなり、仕事まで失うかもしれないということだ。大勢の人々がスタートアップ企業をつくり、勝者になろうとしているが、実際に大成功を収めるのは一年に七社か八社で、そのうち社会を変えるほどの影響力を持つのは一社か二社だろう。したがって、次なる大きなチャンスを逃せば、確実に大金を儲け損なうことになる。ベンチャーキャピタルやテクノロジー系の企業が経済を独占することはありえないが、こうした企業から学歴偏重主義を超越し、変化を起こせる隠れた人材を見つける実用的な方法を学ぶことはできる。

この世界にはまだ見つかっていない価値が常に存在するという前提に基づいていえば、人材探しは基本的に楽観的な試みである。しかし、人材探しは、それ自体がクリエイティブなスキルであり、音楽鑑賞や美術鑑賞に近い。型にはまった面接や集団思考、アルゴリズム、パワーポイントの勉強や単純な公式で太刀打ちできるものではないのだ。

誰もが一人のある候補者に感心したという話をするが、意外なことに、ベンチャーキャピタルにおいてダニエルが注目する感情は恐怖だという。とりわけ売り込みに来たファウンダーが持つ、成功するためなら**手段を選ばない**という、大胆な野心と気迫がもたらすかすかな恐怖だ。これはファウンダーがダニエルを怖がらせようとしているわけではなく、むしろ彼らからにじみ出る野心にダニエルが反応しているのだ。ダニエルは相手に対してかすかな恐怖を抱いたら、彼らに注目する。二一世紀のファウンダーは一六世紀の海賊のように、エネルギーがあふれ、カリスマ性がにじみ出たアウトサイダーなのである。ダニエルは特定の市場に対して、確信を持って投資することがある。たとえばOpendoor社が大成功するのは容易に予想がついた。一方、ファウンダーを信じて投資することもある。たとえばInstacart社、Cruise社、Embark社は利益につながるか明らかではなかったが、いずれもファウンダーはダニエルに強い恐怖心を起こさせた。

このように人材は非常に重要である。だが、たとえばセールスに関してはデール・カーネギー著『人を動かす』、CEO向けにはアンドリュー・グローブ著『HIGH OUTPUT MANAGEMENT：人を育て、成果を最大にするマネジメント』、マーケティングおよび人間関係に関してはロバート・チャルディーニ著『影響力の武器：なぜ、人は動かされるのか』といった名著が存在するにもかかわらず、人材探しに関してはこうしたバイブル的な本が一冊も存在しないのには驚かされる。とはいえ、人材および人材探しについては、計量心理学やマネジメント、経済学、社会学、教育学、美術史、音楽史、スポーツを始めとする数々の分野の文献で幅広く取り扱っている。本書では、こうした情報の最も重要な部分を私たちの判断および実践的経験をとおしてふるいにかけ、わかりやすくかみくだいて紹介していく。

この種の人材の発掘に関する本はいずれも基本的に、人類および人間の行動――とくにどの特性が創造性と関連していて、創造性を活かして変化を起こせる可能性が高いか――に関するより広範囲の疑問に答えるものでなければならない。どのような特性があると、他者とうまく協力して作業したり、新しいアイディアを生みだしたりするのが得意になる、あるいは苦手になるのか？　性格特性と知能指数からどの程度人間の創造性を予想できるだろうか？　あるいは、人間の創造性は単純化できず、直感をとおして垣間見ることはできるが、発揮されるたびに異なるユニークなものなのだろうか？　実際に物事を成し遂げられる人はどんな人だろうか？　人材発掘の技術と理論はこうした疑問に行き着くことから、私たちを取り巻く世界を理解する新しい方法を提示しているといえるだろう。

数々の会話を通じて、私たちは世界が十分な人材を発掘し、活用できていないことが、今の時代の最も大きな問題のひとつであると考えるようになった。そのためこの本では社会的正義のために戦う方法についても紹介していく。不平等が広がり、機会が十分に得られない世界では、何よりもまず人材を見つけ、活用することができない。結局のところ、潜在的に高い生産性を持っていながら十分に活用されていない人材があまりにも多いため、こうした人々に不利益をもたらすだけでなく社会全体としても損失となっているのだ。世界の多くの部分が間違った方向に進んでしまった理由は、「人材発掘はとくに不得意なもののひとつだ」という概念から、根本的にとらえ直すことができる。従来のお役所的な人材探しのアプローチは、通常**意図的に**差別を行っているわけではないが、学歴や階層、コンセンサスにこだわることは、アウトサイダーにより良いチャンスを与える上で、理想とはほど遠い。そのため私たちは、世界が現在の構造の中で、ともすれば見落とされがちな人々に彼らにふさわしい機会を与えられるようになる方法に注目している。今では一般的に認められているように、多様性と共生の取り組みの根本には、現代の組織における構造的失敗がある。したがって、人材を見つける能力を磨くことは、この取り組みに別の角度から直接良い影響を及ぼす方法といえるだろう。

次に進む前に、私たちのアプローチを表す四つの中心的な考え方を紹介しておこう。本書では繰り返しこれらのテーマに触れているが、いずれも人材探しの問題に対処する際に知っておくべき一般的な教訓であり、人生におけるそのほか多くの問題にも応用できる。

「人材《TALENT》」探しは、技術であり科学である

たとえばバスケットボールの試合は、長年観戦してきた人のほうが、最近観戦しはじめた人よりもよく理解できる。また、音楽鑑賞や芸術鑑賞、映画鑑賞においても、

作品の質に関して必ずしも常に決まった法則が当てはまるわけではないが、徹底的に作品を研究していれば参考になる。同じように人材探しでも、十分に勉強して経験を積めば、実際に効率を上げることは可能だ。一つひとつの判断の大半は、単純化して簡単な法則にすることはできないが、パターン認識のスキルに投資すれば人材探しの助けになる。たとえば「赤い絵は必ず名画だ」という法則はばかげているが、画家のティツィアーノやモンドリアンが赤という色をどのように使ったか研究すれば、そのほかの芸術的才能や絵画において赤を効果的に使う方法を認識する手掛かりになるだろう。一般に人材探しにも同じことがいえる。また、私たちは人材探しの技術的側面と理論的側面の両方を理解する必要がある。技術的側面とは、ルールではない一般的な規則性を見つけ、一人ひとりの人材について、それがどういう場合に表れるか知ることを意味する。そうすることで直感が養われ、潜在的可能性を持つ別の人材を見つけるのにも役立つ。

最も有名で成功している人材発掘者たちは、膨大な量のデータを扱っているが、人材探しの過程で、自分たちの直感も活用している。たとえばピーター・ティールは、イーロン・マスクやLinkedInのファウンダーのリード・ホフマン、PayPalの共同ファウンダーのマックス・レヴチン、Facebookを立ち上げたマーク・ザッカーバーグに加え、(いずれもYouTubeの共同ファウンダーである) スティーブ・チェン、チャド・ハーリー、ジョード・カリムや (Yelp社の共同ファウンダーである) ジェレミー・ストッペルマン、ラッセル・サイモンズなどの才能を見いだし、活動を支援した。ピーターは文系出身で、科学やテクノロジーではなく哲学と法律を専攻しており、彼のアプローチは機械的な公式では十分に表現することができない。ピーターはスタンフォード大学在学中にフランスの人類学者で哲学者でもあるルネ・ジラール教授に師事し、その指導のもとで聖書について研究していたため、現在もその関心の多くは宗教関係の問題に向けられている。私たちはピーターが、哲学的さらには道徳的に人々をとても厳しくテストしていると考えている。もっとも、これはピーターの政治に対するアプローチ、さらにいえば道徳観に同意するかどうかが重要だという意味ではない。人間にとって道徳的判断は最も鋭く、意欲的な洞察の源であり、ベンチャーキャピタルでの人材評価に関する上で、それがピーターの強みになっていることを彼自身も理解している。そのため、ピーターは実際に相手に対して自分が成功に値すると思うか問い、相手の心の中にあるとても感情的な質問から補足的な情報を引き出しているのだと私たちは考えている。人間の最も深く最も力強い直感を呼び起こすのは、往々にして道徳的判断なのだ。

マイケル・モリッツも並外れて人材の評価に長けた人物である。Stripe社やグーグル社、PayPal社などに出資してきたマイケルは、人材を見抜く鋭い見識眼を持ち、多くの同業者からも最も優れたベンチャー投資家と見なされている。ベンチャーキャピタルのSequoia Capital社に入社するまで、マイケルはずっとジャーナリストとして活躍していた。私たちはこの経歴が、才能の有無を調査する上で役立っているものと考えている。前述のピーター・ティールはより哲学的な考えを持っているのに対し、マイケル・モリッツは個人の持つ、紛れもないむきだしのエネルギーに関するストーリーを求めており、こうした背景を見いだすことが彼の技術なのだと私たちは考えている。マイケルはとりわけ子ども時代の忍耐強さを物語るストーリーに関心を持っている。苦難に耐えた経験のある人は不満を抱え、自分を高める必要性を感じ、それが成功につながることを知っているからだ。マイケルが、サッカーの名監督として知られるアレックス・ファーガソンの自伝のエピローグを書いたのも偶然ではない。同書の中でファーガソンは、クリスティアーノ・ロナウドやリオネル・メッシといったトッププレイヤーは自分を高めることに人一倍執着しているからこそ、ほかの人々の上に立てるのだと説明している。モリッツは、最も重要な候補者は、必ずしも大成功した経歴を持つ人ではなく、むしろほかの誰よりも努力し、トップに立とうと決意している人であることを理解している。

人材探しの理論的側面は、実行能力に関するデータが既に大量に存在する場合に最も意味を持つ。スポーツは才能ある選手の選定と採用においてさまざまな数値を活用することで、大幅に進歩してきた。たとえば若いピッチャーを評価するなら、まず直球の速度に注目するのもひとつの手だが、最近ではボールの回転速度や回転の種類も測定したほうが良くなってきている。

野球選手のビリー・ビーンが野球界に革命を起こした話は、マイケル・ルイスの著書『マネー・ボール：奇跡のチームをつくった男』に描かれ、ブラッド・ピット主演で映画化されヒットした。ビーンによる革命は二〇〇〇年代初頭にオークランド・アスレチックスで始まり、当初は二流だった同チームが二〇〇二年と二〇〇三年にはワールドシリーズまで駒を進めている。簡単にいうとマネー・ボールの哲学は、統計を使い、野球界で過小評価されている選手や戦略を見いだすことにある。少なくともしばらくのあいだ、オークランド・アスレチックスはほかのチームにはできなかった優秀な選手の発掘と育成に成功した。同じようにデータを重視する姿勢は、ほとんどの主要スポーツに取り入れられ、たとえばプロバスケット協会（ＮＢＡ）は三点シュートの成功率を重視するようになり、チームはスリーポイント・シュートの得意な選手をドラフトで獲得し、試合でよく活用するようになった。このように、数字は活用できれば素晴らしい道具となるが、多くの場合は重要でないこともわかっている。[9]

人材発掘のマインドセットを養う

私たちはみなさんの生活のあらゆる側面において、人材に対する興味と好奇心をかき立て、仕事の場面だけでなく、できるだけたくさん人材について考え、話せるようになってもらいたいと思っている。考えてもはっきりとした実用的価値が得られない場合でも、みなさんが出会う人々について、その人がどんな人かを考え、みなさんの置かれた状況を分析してみてほしい。たとえばスポーツやエンターテインメント、政治、さらには有名人のゴシップなど、みなさんの仕事とは無関係の分野の人材に注目し、どの人に才能があり、どの人に才能がないかを考えてみよう。また、人材の評価を担当する人々に出会ったら、その機会を利用して、話をしてみるといいだろう。人材の評価がうまくなるには、日常生活において自然実験を行い、観察することで、絶えず自分のスキルを試し、磨きをかける必要がある。人材の評価を趣味のひとつにするのだ。

科学的調査も重要だが、情報源を確認しよう

私たちは学術研究から人材探しについて多くのことを学んだが、過剰に強い主張をする著者もいることに気づいた。同じ研究結果を再現できなかったり、そもそも説得力がなかったり、非常に限られた文脈にしか当てはまらなかったりする場合も多い。たとえば「ＧＲＩＴ（訳注：度胸と復元力、自発性と執念から構成される能力。やり抜く力）」と呼ばれる性質が重視されているが、数字で見てみると、粘り強さは情熱よりもずっと重要な性格的特徴だ。そこで私たちは、学術研究の脚注に載っている単なる可能性に頼って結論を急がないことを誓い、関連する文献の手法や深さ、質やデータの特殊性、現場の人々の発言と一致しているかなどの点を注意深く検証することにした。ところどころ、研究結果よりも私たち二人の直感や経験を優先している部分もあるが、その場合はそれがわかるように説明している。

同様にマネジメントやテクノロジーに関する多くの書籍に見られる大げさな主張は疑ってみるべきだ。とくにひとつ（または三つ）の上達法を特定したなどという主張を鵜呑みにしてはならない。必ず「この説はどの分野に当てはまるだろう？　うまく機能しない場合もあるのではないだろうか？　どんな場合に当てはまり、どんな場合には当てはまらないだろう？」と自問すること。私たちはこの最後の問いを「横断的バリエーションの探究」と呼んでいる。ある特定の主張について、どんな場合、どんな場所に当てはまらないかがわからないとしたら、そもそもその主張を理解できていないのかもしれない。したがって、あまりその主張に頼らないほうがいいだろう。文脈を理解すれば、才能を敏感に察知できるようになる。

アイルランドのテクノロジー分野の起業家で、Stripe社ＣＥＯのパトリック・コリソンが復活させた言葉を使うなら、私たちは二人とも「可謬《かびゅう》主義者（訳注：知識に関するいかなる主張も誤りである可能性があることを認めている人々）」である。したがって、これから私たちが伝えることの中には、みなさんが既に知っていると思っているが、実はよくわかっていないことも含まれているだろう。たとえば仕事の大部分において、知能やＩＱは多くの知的な人々が信じているよりもはるかに重要性が低い。間違った知識を捨て去り、驚きを素直に受け入れることは、埋もれていた人材を見つける上でとくに重要なことである。

「人材《TALENT》」探し──その判断の倫理

最後に私たちは、人材探しは倫理的な意味で気まずい仕事だと考えている。ほとんどの職種や役職は、募集人数をはるかに上まわる数の人々が応募してくるが、選考結果を聞いて喜ぶ応募者は一人だけというケースがとても多い。そして、たいてい応募者のほとんどに不採用の連絡をすることになる。しかも、人材の評価が適切であれば、相手に対して基本的に「靴が汚れているとか、学歴が不十分だとかいう理由で落としたわけではなく、本当の問題は**あなた自身**にあるのです」と言っているようなものだ。たとえそれが職務であり、相手にとっても長い目で見たら採用されないほうが良かったとしても、この種の判断を伝えるのは決して気持ちの良いことではない。

会社を立ち上げて経営することが目的であれば、どんな不安にも立ち向かい、克服しなければならない。では、それに代わる実用的な代替案は何だろう？　ＣＥＯには誰でもなれるわけではない。たとえそれが相手の弱点を厳しく指摘することを意味していたとしても、実質的にも道徳的にも、個人は個人として、集団的固定観念に頼らずに評価すべきである。あなたが人材をより適切に評価できるようになれば、世界を大いに救うことができる。とはいえ、この本には体のいいことばかりが書かれているわけではない。他者の才能や長所をより適切に評価できるようになると、たとえば知識が足かせになっているなど、人的ミスの原因を容赦なく特定するスキルも向上する。

したがって、この本を適切に活用するには、一種の弁証法的見方を採用する必要がある。矛盾を恐れることなく、相手の成し遂げたことに対する驚きと人的ミスの原因の両方を同時に念頭に置くべきだ。驚きのほうが強く伝わる（これは世界が素晴らしいところだということだ）が、両者のバランスを保てれば、才能に対する複数の見方を活用し、良い効果を最大限に得られる。そして、あなたが目標に向かって進むのを助けてくれる人々を見つけると同時に、彼らがどこへ向かうとしても、あなたは次なるステップを助け、彼らが間違った道を進み、振り出しに戻らないようにできるだろう。

2

面接と質問の方法

最近私たちがとても気に入っている質問を紹介しよう。

「今、ブラウザで開いているタブは何ですか？」

簡単にいうと、この質問は相手の知的習慣、好奇心、余暇の活動について、すべてまとめて聞いている。会話以上に相手の好みを探ることができるのだ。

とくに高いランクの求人の場合、余暇に関する質問は不可欠だ。一流のパフォーマーは長いあいだ練習を休んだりしない。相手の話や様子から、余暇に何かの練習やスキル磨きをあまりしていないように感じたら、トップの地位に就いたり、非常に高い期待に応えたりできる器ではないだろう。ブラウザのタブについてたずねる狙いはこれだ。しかも「どのくらい努力していますか？」「余暇にどのくらい自分のスキルを磨く努力をしていますか？」といった質問と違って、ぎこちなくはないし、誇張された回答を促すこともない。

（ちなみに今この本を書きながらタイラーがブラウザのウィンドウで開いているのは、ブログ用ソフト、電子メールシステム二つ、Twitter、Google Doc（本書の執筆用）、別のGoogle Doc（別のプロジェクトの執筆用）、WhatsApp、カレンダー、友人のブログ、量子コンピュータの記事、ＲＳＳフィード、チェスに関するポッドキャスト、ライフサイエンスの進歩に関する記事、オンライン面接に関する記事、ジャマイカの音楽「ダブ」をかけているフランスのラジオ局（ＦＩＰ）、ポーランドへの移民の記事だ。一方、ダニエルがブラウザのウィンドウで開いているのは、メール、カレンダー、WhatsApp、Slack、心理学の記事二件、Spotify（ロック）、Advanced Runningのサブレディット（訳注：投稿サイトReddit上のランニングに関するサブフォーラム）、Pioneer社の新しい特集記事、Stack Overflow（訳注：プログラミング技術等に関するオンライン・コミュニティ）に掲載された見つけにくいプログラムのバグを修正する方法に関する記事だ。みなさんだったら、これを見て私たちを雇うだろうか？　不採用にするだろうか？）

私たちは二人とも面接中、「休憩時間の活動で明らかになる好み」は「前職での話」より興味深いことに気づいた。通常、たとえば「どのサブレディットやブログを読んでいますか？」と質問するほうが「前職では何をしていましたか？」と聞くよりいい。

私たちはムハンマド・ホワジャとアレクサンダー・マティックによる研究論文の「Personality Is Revealed During Weekends（人格は週末に現れる）」というタイトルが大変気に入っている。この論文で研究者たちは、就業時間外におけるスマートフォンの使用法について調べた。本当にクリエイティブでインスピレーションを与えられるかどうかは、余暇の活用法に表れるのだ！[1]

もう一度、この素晴らしいタイトルを載せておこう。「人格は週末に現れる」

また、バイオリン奏者が練習を通じてどのように卓越した技術を身に付けるか調べた論文もあるが、みなさんはどのような練習が成功への一番の近道かご存じだろうか？　答えは教師が考えた練習法ではない。自分が主導し、自分で管理し、一人で行う練習だ。練習の習慣は、継続的に学習し、業績を上げるための手段と考えてほしい。面接相手がどんな練習の習慣を持っているか確認しよう。そうすれば仕事に対する姿勢のひとつの側面が明らかになるからだ。また、自分の能力を高めることをどれだけ意識しているかも確認しよう。もし練習の習慣について、ぎこちない、あるいは要領を得ない説明をしたら、よく言われているように、練習についてもう少しシステマティックに考えるようアドバイスするだけで、相手の成長を助けることができる。[2]

時間の使い方と実際の行動を観察するには、ベンチャーキャピタル、Y Combinator（YC）社元社長のサム・アルトマンが**応答速度**と呼んでいたスピードを調べるという方法もある。ここで、二〇一九年にタイラーがサムとポッドキャストで語った内容を一部紹介しよう。[3]

コーエン：ファウンダーにとって、行動の速さと判断力が重要な性格特性であるのはどうしてでしょう？

アルトマン：それはとてもいい質問ですね。私自身、このことについてかなり考えてきました。両者の相関関係は明らかだからです。YCについて最も面白い要素のひとつは、成功するファウンダーと失敗するファウンダーの違いに関するデータポイントを、世界史上、どの組織よりも多く持っている点でしょう。そのすべてのデータが頭に入っているというのは、素晴らしいことです。だからこそ大いに自信を持って、相関関係があるといえるのです。

迅速な行動力と判断力を持たないファウンダーが成功するのはかなり難しいでしょう。その**理由**は、私も完全に理解したわけではないのですが、恐らく……スタートアップ企業の唯一の強み、あるいは大企業に優る最大の利点である機敏性とスピード、コンセンサスにこだわらない姿勢、投資の集中、驚異的な集中力と関連していると思います。これがあれば実際に大企業に勝つことができるのです。

コーエン：では、迅速で判断力があると認められるには、どのくらい早くメールを返信するべきでしょう？

アルトマン：実は数年前、そのことを調べるためにちょっとしたプログラムをつくったことがあります。私たちが投資している中でトップレベルのファウンダーたち（一〇億ドルを超える企業のファウンダー）と低レベルのファウンダーたちが、どのくらい早く私のメールに返信してくれるか比べてみたのです。もう正確なデータは覚えていませんが、驚くほど差がありました。平均すると一方は数分なのに対し、他方は数日というくらい差があったのです。

要するに、対応の早さから、相手がどれくらい世界とつながり、重要と思われる質問に答えることに意識を向けているかがわかるということだ。もし**みなさんが送った**質問の優先順位が低いとしたら、その相手とは相性が良くないのかもしれない。また、上下関係にかかわらず、少なくとも一部のメール相手とは、やりとりを続けたいと願っている相手の場合はとくに、より早く返信する方法を考えてみるべきだ。

なぜ面接の質問に興味をそそられるのか？

人材雇用の専門家はよく「構造化面接」と「非構造化面接」を区別している。構造化面接とは、多くの場合、組織レベルで事前に一連の質問を用意しておく方法で、組織全体で多くの候補者に対して共通の基準を当てはめて評価する。これは大規模な組織にとっては重要な方法で、お役所的な採用方法を踏襲したものだが、本書で教えている方法とは異なる。同様に、たとえば軍用機のパイロットを募集する場合には視力検査や反応テストが不可欠であるように、一部の分野では学歴を検証し、推薦状を読むことが重要となる。しかし、既に述べたように、著者の二人が持つ潜在的付加価値および専門知識は候補者を個々に評価する方法に関するものである。そのため2章と3章では個別に会話をし、質問する方法に注目する（なお、後半の章では相手の文化的・人種的背景や障がいの有無などによって、これらの戦略をどう修正すべきかも検証する）。[4]

非構造化面接は、特定の目的はあるものの、より自然に普通の会話のように進められる。実際のところ、構造化面接に分類される面接であっても、ほとんどの場合、非構造化面接の部分を含んでおり、私たちのアドバイスのほとんどはこの非構造化面接の部分を対象としている。より高い役職の人材を雇用する場合ほど、クリエイティブな才能が必要な仕事を任せることになるため、非構造化面接の要素を多く含むようになる。たとえばスーパーのレジ係を募集している場合、求められるスキルはかなり標準化されているが、ＣＥＯが自分の補佐役を雇う場合、性格的相性の重要性が高くなる。補佐役には独自の才能と事業全般を理解できる能力が求められると思われることから、より深く、より自由な流れを持ったスタイルの面接が必要となるだろう。

仮に今応募者と同じ部屋にいて、三〇分間面接できるとしよう。相手が適任か、最高のビジネスパートナーか、あるいは奨学金を受け取るに値するか、どうしたら判断できるだろうか？　面接とは基本的に相手とどう向き合うかということであり、相手と向き合えなければ、面接中に相手の虚勢や狡猾さ、さらには欺瞞を見破ることはできない。面接中は、既知の世界におけるあらゆることを（法律に触れない範囲で）質問し、好きな角度から探求できる。面接官という立場は素晴らしいが、その一方で当惑することもある。

次に進む前に、面接をすることに対する議論を検証し、面接の利点と限界について考えておこう。

面接は重要か？

面接は確かに重要だ。

サラ・ラスコウが数年前に『ボストン・グローブ』紙に書いた「Want the Best Person for the Job? Don't Interview（最高の人材を雇いたければ、面接しないこと）」やジェイソン・デイナが『ニューヨーク・タイムズ』紙に発表した「The Utter Uselessness of Job Interviews（就職面接は完全に無駄）」という記事などを読んだことがある人もいるかもしれない。これらのストーリーは、面接ではより適した人材を見つける能力を高めることはできないという、ありふれた主張を繰り返している。それでは、面接をすること、あるいは面接のスキルを高める努力には価値があるのだろうかと首をかしげる人もいるだろう。

面接の重要性に関するこの俗説は的外れだ。面接をすれば、少なくとも一部の候補者をすぐにふるい落とせる。しかし、一流企業のほとんどが面接を続けているおもな理由は、面接をすれば役に立つ情報が得られるからだ。[5]

何より重要なのは、面接を悲観的にとらえた調査研究の多くは、比較的面白みのない初心者レベルの仕事のための比較的スキルの低い面接官による非構造化面接に注目している点である。**みなさんならもっとうまくできるはずだ。**仮に平均して面接では候補者選びの質を向上させられない**としても、**それは**平均**の話であって、可能か否かの話ではない。十分な才能があり、知識を身に付けていれば、市場の平均を超える力を手にすることができる。それどころか、世界全体がうまく面接を活用できていないとしたら、それは**みなさんに**発見されるのを待っている、非常に才能のある候補者がまだどこかにいる可能性が高いということだ。

この件に関する研究のほとんどにおいて、募集対象が高い役職であるほど面接は有効であることが判明している。そのためタイラーは、経済の専門家を雇いたければ、面接中に経済に関する本質的な質問をするのは相手の能力を評価する手始めとして良い方法だと確信しているが、私たちの知る限り、それを証明した研究も反証した研究もない。ダニエルは、ベンチャーキャピタルがある候補者への投資を検討している場合、その事業計画について質問し、候補者が基本的なアイディアを十分に伝え、それを正当化できているかを確認するのは有効だと考えている。アイディアを論証できなければ、その事業を支える人材を確保するのに苦労するだろう。面接を否定する人々の多くは学者だが、彼らはこのような明白な事実を見落としているのだ。

面接は候補者を募集し、たとえ最終的にその候補者を採用しない場合でも、みなさんやみなさんの会社の良い印象を広める上で、非常に重要な役割を果たしている。そのため、面接という過程を省いたり、過小評価したりする傾向は気にしないことだ。面接は不可欠であり、多くの企業が心のこもらないお役所的アプローチをしているため、ハードルは低く、利益は大きい。

最も重要なルール：信頼され、頼られる人物になろう

面接を、候補者をあざむいたり、陥れたりするプロセスと見なしてはならない。第一にそうした行動は間違っている。第二に候補者が面接官のそうした意図に気づいたら、面接官を信用しなくなり、ほとんどの場合、警戒するだろう。その結果、候補者がその仕事や任務に適しているか判断しにくくなり、当然ながら、仮にこちらが適任と判断したとしても、相手は入社してくれないかもしれない。

私たちのアプローチでは最初に共通の土台を築き上げる。その方法はもちろん文脈によるが、共通の地元の歴史や趣味、関心事などを話したり、ひとまず現在の仕事やタスクについて質問したりしてもいいだろう。また、相手の職歴についての情報に基づき、本質的な質問をするというアプローチもある。何よりも重要なのは、**みなさん**

が本当に答えを知りたいと思う質問をすることだ。たとえば相手がクリーブランドにあるボールベアリングの工場で働いていたとしたら、ボールベアリングとクリーブランドとどちらに関心があるか自問しよう。そして、追加の質問でも自分が本当に関心を持っていることをたずねるのだ。

回答に関心を示せば相手を安心させられるが、それより大事なのはあなた自身も心が落ち着くということだ。候補者たち（とあなた）は質問モードから好奇心モード、会話モード、そして学びモードに入る。そうすれば、あなたが候補者から何かを学べると感じていることを相手に伝えられるため、同じように候補者も安心して回答できるようになる。そして何より重要なのは、退屈でわかりきった嘘くさい就職面接の領域から離れられることだ。

ほとんどの人間は、嘘や興味のあるふりを見抜く能力を生まれつき持っている。こうした嘘探知能力をかわす唯一現実的で確かな方法は、実際に相手の信頼を得ることだけだ。私たちが純粋に興味を持てば、相手の考えを引き出せる。こちらから関心を示すことで、相手も私たちを信頼するようになるのだ。これは難しい質問をしたり、つじつまが合わないと思う回答に疑いを抱いたりするべきではないという意味ではない。ただあなた自身が誠実に振る舞う必要があるということだ。

会話モードに入る

上述のとおり、最初から嘘くささを回避することのおもな利点は、できるだけ早く候補者を会話モードにできる点であり、これは面接において非常に重要である。人間はただ普通に言葉を交わすだけで、面接という設定から離れ、互いに直接相手と心を通わせることができる。これは自然な流れのように聞こえるだろう。実際、自然な成り行きだ。会話モードなら、相手が職場で普段どのようにほかの人に接しているか、通常の面接よりもはるかによく理解できる。もっとも、私たちは会話モードなら（みなさんがこの言葉を聞いて何を想像するかはさておき）相手の「本当の姿」がわかるといっているわけではない。会話モードでも、自分がどう見られたいかという意識的、潜在意識的な配慮が大いに働いている。その人の発する信号や雰囲気、気質、見せかけの行動、身に付いた社会的習性が反映されているからだ。とはいえ、少なくとも「偽りの人物の本物バージョン」を知ることはできるので、それだけでも、相手が面接用に準備してきた回答の意味を解読しようとするより価値がある。

では、具体的にどうすれば相手を会話モードにできるだろうか? これから私たちのおもなやり方を紹介しよう。まずはダニエルがとくに気に入っている方法だ。

事実やあらかじめ用意された回答より、候補者自身のストーリーを語ってもらおう

たとえば「今朝何をしましたか?」など、ストーリーを引き出すようにできた簡単な質問は、警戒されずに相手のことを知る良いきっかけになる。候補者から聞くストーリーには、その人がどのように考えをまとめ、感情的な価値を加え、どのような流れで語り、重要なポイントをどう選ぶかが反映されているはずだ。また、ストー

リーを語ってもらうことで、候補者の聞き手に対する意識――具体的にいうとみなさんや部屋にいるほかの人々のことや、みなさんが候補者との対話をどのように解釈し、それにどのような文脈を与えているかを意識しているか――もおのずと明らかになる。聞き手の反応を察知するスキルは、人間を相手にしたほぼすべての職種において重要なスキルである。語られるストーリーに嘘が含まれている可能性もあるが、ほとんどの仕事にはある程度の嘘が欠かせない。また、候補者が面接自体の性質をどの程度理解しているかも試すことができる。

急いでストーリーをまるごとでっち上げるのは難しいので、ストーリーを語ってもらう場合、関連する細かい情報は削除されているかもしれないが、その事実に関するある種の真実を聞くことはできる。もし「同僚から感謝されたときの様子を詳しく話してください」とたずねたら、ほぼ誰でも実際に起こった出来事について、その人なりに語ってくれるだろう。ストーリーを語るモードだと、とても多くの細かい情報やストーリーそのものの具体的な構造的特徴で頭がいっぱいになるので、簡単には嘘をつけない。もし嘘をついたら、情報量が多すぎて一度にさばききれなくなるだろう。

それに比べ、たとえば「前職では同僚に好かれていましたか?」など、純粋に事実に関する質問に答える際に嘘をつくのはずっと簡単だ。「ええ、とても。みんなに好かれていました」という内容の答えをダニエルもタイラーも聞いてきたが、面接官はこの回答に対して、具体的にどう対処すべきだろう?

場合によっては、相手が質問に登場した場所で心に傷を負った「被害者」ということもある。たとえば、前職についてたずねた相手が、前の職場でセクハラを受けていたという場合もあるだろう。タイラーは、ある候補者に過去の経験についてたずねたところ、張り詰めた雰囲気になり、イライラした口調で語り出したので、ハラスメントを受けていたのだろうと感じたという。実際に何があったのかは知るよしもないが、少なくともこういう人々の語るストーリーは、完全なる事実ではない、あるいは完全なる事実を語ることは恐らく不可能であることを覚えておいたほうがいいだろう。そのため、相手が心の奥に何かを隠していると感じたり、ストーリーの語り方に不自然な部分があるように感じたりする場合はとくに、ただ回答があいまいだと評価するのではなく、彼らの反応に知性や感受性が表れていないか確認しよう。そして、もとの質問の話題について問い直すよりも、どんな質問をすれば相手の緊張をほぐせるかを考える。相手はどんな話題について話したそうかと考え、その方向に話を向けよう。たとえば、候補者がどんな問題について考えるのが好きか、自由に回答できる質問を試すといいだろう。

退屈さは伝染する。わかりきった質問のおもな問題は、わかりきった回答を引き出してしまう点だ。事前に準備されがちなストーリーについて質問しないようにしよう。前職における成功や失敗に関する質問をしてはいけない。候補者が一緒に働きやすいタイプかどうかも聞かないこと。どの候補者もこの手の質問については回答を準備しているからだ。ちゃんと準備しているかテストするのはかまわないし、ある程度は必要だが、準備の度合いをテストするのは最も簡単なことであり、その評価も比較的容易だ。しかし、既に述べたように本書の目的は、みなさんがその他の能力をテストしやすくすることにある。

ここで、ストーリーを引き出すだけでなく、比較的興味深い回答を得られる質問をいくつか紹介しよう。

- 「今朝は何をして過ごしましたか？」
- 「あなたがこれまで訪れた中で、一番人里離れた場所はどこですか？」
- 「これまでの人生で、どんなおかしなこと、または変わったことをしましたか？」
- 「推薦者に私が電話したら、どんなことを話してくれると思いますか？」
- 「完ぺきなNetflixがあるとしたら、あなたにどんな映画を勧めると思いますか？それはどうしてですか？」
- 「現在の会社の同僚とあなたはどう違うと思いますか？」
- 「あなたが熱心に、ほとんど理不尽なほど支持している考えはどんな考えですか？」
- 「この面接のためにどのような準備をしましたか？」
- 「どのサブレディットやブログ、オンライン・コミュニティを楽しんでいますか？」
- 「どんなマニアックなことをしていますか？」

あらかじめ注意しておくと、こういった想定外の質問をすると、長い沈黙のあとで関連性のない答えが返ってくることも多い。これは素晴らしい兆候だ！　候補者は回答を用意しておらず、考える時間を必要としているのだろう。候補者は緊張しているかもしれないので、意味のないことをペラペラ話しだす前に考える時間を与えよう。たとえば「それは素晴らしいですね。当社で働きたい別の理由は何ですか？」など、質問を繰り返すのもひとつの手だ。また、そのときの状況について率直に「なかなか即答できる質問ではありませんよね。でも、問題ありません！　回答を考えていただくあいだ、**私自身**がどんなマニアックなことをしているかお話ししましょう……」と伝えるのもいいだろう。

候補者の口からなめらかに言葉が出てきたら、面接官の本当の仕事が始まる。相手の反応とそこから何が明らかになったか評価するのだ。そのためには、鍛え上げられた直感に加え、認知や人格に関する幅広い知識を活用する必要がある。その際、たとえば相手がどれだけ機知に富んでいるか考えることから始めるといいだろう。これはどんな職種でも明らかに役に立つ能力であり、危機的状況や困難な時期ならなおさらだ。また、機知があるかテストする際、回答が期待外れか否かにかかわらず、相手が引きつづき知的資源および感情的資源を活用して回答できそうか考えよう。どんなに突っ込んだ厳しい質問をしても、革新的な回答を返しつづけられたとしたら、その候補者は仕事に活用できる幅広い知識とエネルギーを持っている証拠だ。

ダニエルの会社は投資対象を選択するためにトーナメントを始めた。ファウンダー候補たちに一連のオンラインゲームをしてもらい、彼らがどれだけ進み、どれだけ積極的に参加していたかを数週間にわたって追跡するのだ。そうすることで、技術的なスキルと貢献度、競争力をテストできる。これらはいずれもテクノロジー系スタートアップ企業の世界で重要とされる資質だ。ダニエルはPioneer社が最終的な投資先を選ぶために行っているPioneer社のトーナメントについて、面接相手の候補者に批判的意見を求めることも好んで行っている。ダニエルは回答内容もさることながら、どのようなアプローチでそうした批判的意見に至ったかを知りたいのだ。その際に、相手が焦点を絞ったアプローチでフィードバックを提供するのではなく、あいまいな言葉でとりとめもなく話しつづけたり、テクノロジー業界全般について不平を言いだしたりするとくに不安になる（これは集中できていないことを示すよくある反応である）。ダニエルは、Pioneer社のトーナメントを改善することに特化した具体的で率直な意見を求めているからだ。

　また、ダニエルは候補者の回答をとても具体的なフレームワークに当てはめている。候補者がそれぞれのストーリーを語っているあいだ、ダニエルは「**この人は誰に対して反応しているのだろう？　または誰のために働いてきたのだろう？　誰を感心させることが重要だと考えているのだろう？　両親か？　特定の仲間か？　高校時代の友人か？　それとも前職の上司だろうか？**」と考えつづけているのだ。それがわかるのは、何よりも候補者が過去の成功や失敗のいくつかの側面について語ったときだ。面接という文脈の中でどれほど頻繁にこうした情報が得られるかを知ったら、驚く人もいるだろう。たとえば大学の教員にしかられたことや自分の考えたイノベーションが評価されなかったことを話す人もいれば、子どものころ両親からどう見られていたかということにいまだに固執している人もいる。この質問について考えれば、候補者たちがどういう文脈で語っているのか、さらには、より一般的に、彼らの野心や世界観がわかるかもしれない。いまだに高校時代の友人を感心させようとしている人は、集中力はあるかもしれないが、より大きな視点で自社の置かれた状況を理解したり、同社がどのような野心を持っているかを把握したりはできないだろう。何より大事なのは、過去にとらわれている人と過去から学んで前進し、より広範囲の人々を感心させようとしている人の違いを見逃さないことだ。著者の二人が出会ったばかりのころ、ダニエルはタイラーにこのアプローチの重要性を教えた。

ほとんどの人は、言葉遣いが上品で雄弁な人々を高く評価しがちだ。このことを常に念頭に置いておくこと。でないと、口は達者だが実力のない人物を採用し、貴重な創造的才能のある人を見落としてしまうかもしれない。**雄弁さを過大評価してはならない**。それよりも、質問に対する回答の内容と質に注目しよう。能力の高い候補者の多くは、即答したり、よく練られた響きの良い文章で語ったりはとくにしないが、それでも内容が良かったら注目すべきだ。また、イギリス人の発音に一目置いているアメリカ人を見たことがあるかもしれない。もっとも、イギリス人を雇うことはまったく問題ないが、発音がさほど重要ではない職場なら、アメリカ人から見て「ぎこちなく」聞こえるドイツなまりも、「なよなよした」感じのするフランスなまりも、候補者の人格や知性の具体的な評価に加えるべきではない。私たちはなまりを雄弁さや知性と関連させすぎる傾向がある。同様に、候補者の声の高さやイントネーションが変わっていたら、気になるのは仕方がないが、それだけで相手は「変わり者」だと即断すべきではない。これらのデータから信頼できる推論を引き出せるとは限らないし、ふたを開けてみたら、「変わり者」が最高のパフォーマンスを見せるかもしれないからだ。

また、チューリング・テスト（訳注：アラン・チューリングが考案した、ある機械が人間的かどうかを見分けるテスト。質問者（人間）が人間と機械の回答者に文字を介して質問し、それぞれの回答から、どちらが人間でどちらが機械か当てる）を受けたら、人間なのに機械と判定されそうな行動をする、つまり手に余る質問をされたSiriのように不完全なコンピュータ・プログラムではなく、自分は人間だと十分な証明ができそうにない候補者に遭遇することもあるだろう。言語の流ちょうさについて特定の基準を求められる職種も多いため、もし候補者がチューリング・テストに落ちるとしたら、それは重要な情報だ。とはいえ、その候補者をただ不採用にするのではなく、相手の事情についてより深く理解するように心がけよう。頭脳明晰だったアラン・チューリングは、話術や機敏さに自信がなかったようだが、当時第一線で活躍した数学者であり、コンピュータ科学者であり、論理学者であり、暗号解読者であった。チューリングは私たちが気の利いた砕けた会話をするときに使うスキルとは異なるレベルで情報を処理するのに長けていたのだ。[6]

ダニエルは候補者が集中力を維持し、良い回答をするためにどのような具体的戦略を用いているかに注目するのも有効であることに気づいた（ダニエルはたとえば重量挙げの選手がバーベルを持ち上げる前に「胸を上げよう」などと考えるように、アスリートがパフォーマンス中に正しい姿勢を保つために頭の中で使っているきっかけにならい、この戦略を「トリガー」と呼んでいる）。これはたとえば背筋を伸ばして座り直すなどの小さな身体の動きの場合もあれば、少し深く息を吸ったり、より命令的な声になったりする場合もある。一方、候補者の集中力が途絶えると、声の調子が変わったり、必要以上に同じことを繰り返したりするなどのネガティブなトリガーが見られることもあるだろう。この候補者は面接でどんな印象を与えたいと思っているのか、それをどうやって実行しようとしているのかを考えてみよう。その戦略はどのくらい成功しているだろうか？　そうすれば、面接している相手についてより洞察に富んだイメージをつかむことができる。

候補者を最もよく理解するには、質問の内容だけでなく、聞き方も重要である。少なくともいくつかの質問は意外なものにしよう。質問したあと、ぎこちない沈黙が訪れるのを恐れてはいけない。相手の回答に期待していることや質問に対して率直な答えを求めていることをはっきり示すために、緊張感を保つこと。緊張をほぐそうとぎこちなく笑ったり、あからさまにまばたきしたり、目をそらしたり、現在扱っている問題から注意をそらすことは一切してはならない。遠慮なく候補者に目を向けつづけよう。ただし、無愛想になったり、挑戦的になりすぎたりしないこと。リラックスしつつも、相手の話をよく聞き、候補者が質問をかわそうとしたら、もう一度同じ質問をしよう。

回答を得るまで粘るこの作戦は、気まずいと感じたり、さらには少し意地悪なのではないかと感じたりする面接官も多い。候補者が回答を控えようとしていることが明らかな場合、多くの人は話題を変えて緊張感を和らげたいという強い誘惑に駆られる。しかし、回答の内容に注目しつづけ、むしろさらにその点を強調すれば、候補者がプレッシャーにどう反応するかがわかる上に、すべての質問で確実に最大限の情報を引き出せるようになる。

質問に答えて候補者がストーリーを語るのを聞くときは、独自の言い回しを使っているか、自分で新しい表現をつくっているか、基本的な概念を一般的な方法とは異なる方法で説明しているか、便利な（模倣され拡散される）ミームを開発しているかのように話しているか、発話に独特なリズムのパターンがあるか、独自の世界観を生みだしているかに注目しよう。一部の人々はどんな話題のときも、まるで魔法のように聞き手を自分の世界に引き込み、聞き手は彼らがつくった映画やテレビ番組、劇画の中に足を踏み入れたように感じる。これは彼らのエネルギーと創造性の証しだ。

たとえば初めてピーター・ティールに会ったとき、私たち二人はそれぞれピーターが自分の説明に非常に集中し、さらには「技術的停滞」「現在とかけ離れた未来を想像する能力の欠如」「ジョージ主義経済学」「ジラールのいけにえ（スケープゴート）」などの概念を紹介し、文脈に当てはめながら、素早く、効果的に聞き手を自分の世界に引き込んでいることに気づいた。これらの概念が何を意味しているか知らない人もいるだろう。ピーターの話の聞き手も必ずしもいつも理解しているわけではないが、それは問題ではない。彼の主張には筋が通っていて、その論理を最高に強い確信をもって伝えており、聞き手は彼の主張の根底にある、失われたダイナミズム、悲観主義、他者やその習慣をまねしたいという実に人間らしい欲望といった一貫した世界観を正しく感じとる。ピーターはタイラーとの公開討論の際に「シュトラウス的キリストの解釈」に触れたのだが、ほとんどの人は恐らく「シュトラウス的キリストの解釈」が何を意味するのかわかっていなかったにもかかわらず、基本的に誰もが彼の話についていき、非常に熱心に聞き入っていたという。

創造性が低く、高い誠実性を求められる職種の求人をする場合、独特な言葉を使うのは必ずしも良い兆候とは限らない。だが、ファウンダーや起業家、一匹狼、またはベンチャー企業を次の段階まで導ける、高度に生産的な知能を持った人を探しているのなら、自分の言葉を創造し、使いこなせる能力は重要であり、有利な特性といえるだろう。真にクリエイティブでカリスマ性があり、生産性の高い、何か大きなものを生みだせる一〜二%しかいない人々のひとりを見つけたのかもしれない。もっとも、特別な言葉を持っているからといって、必ず成功するとは限らない。誰かが言葉によって独自の世界をつくり上げ、それを開放したとしても、その新しい独自の世界が素晴らしいものであり、雇用主や支援者とも相性が良いという保証はない。とはいえ、彼らは極めて重要な革新的天才の可能性もあるため、さらに詳しく調べる必要があることがわかる。

余談だが、この言語に関する特徴は、創造的才能を見つける上で、人類の知恵やフィクションを読み解く能力、そして、二カ国語あるいは三カ国語話す能力が役に立つ理由のひとつである。新しい個人的言語がどのようなものか理解するには、過去にこうした言語に接した経験が物を言う。たとえばシェイクスピアの言葉は、当時もそのほかの時代も、ほかの人々の言葉とは違っていたが、その響きを知るのにもこうした能力が役に立つだろう。フランス語やスペイン語、ヒンドゥ語、中国語ほか、学習した言語を流ちょうに話せるようになるのにも役立つ。それに大衆文化も見下してはいけない。『となりのサインフェルド』『ザ・シンプソンズ』『ゲーム・オブ・スローンズ』『リック・アンド・モーティ』といったテレビ番組には、昔のハイカルチャーの名作同様、それぞれ独自のリズムと言葉がある。タイラーはできるだけ多くのこうした「言語」を熱心に学んでいる。そうすることで、世界を深く理解できるようになるだけでなく、ほかの人々の言葉や文化的コードを認識し、より正確に評価できるようになるからだ。

面接の物理的環境を変える

カフェやレストランに行ったり、散歩したり、公園のベンチに座って話すのもいいだろう。面接の途中でこうした場所に移動してもいいし、最初から最後までそこで面接をしてもいい。いずれの場合も、普通の面接とは異なる環境なら、候補者が想定外の変化にどう対応するかの確認ができ、より会話らしいやりとりに移行もしやすい。また、候補者としても守りに入った面接モードを維持するのが難しくなる。それにオーダーをしたり会計をしたりするときまで面接モードで話すことはできないので、相手の別の面を見ることができる。その上、候補者はウエイターに自然な調子で話しかけたあとでは、またあなたと話すときに守りの面接モードに戻りにくくなる。

さらに新しい環境なら、たとえば「この店のサービスについてどう思いますか？」「普段、部屋の雑音が気になりますか？」など、候補者が回答を用意していないような質問をしやすくなる。また、比較的抑制を受けずに感情や不満を表したり、新しい想定外の環境を評価したりする機会を候補者に与えられる。用意した回答だけで、こうした質問に対応することは不可能だからだ。

新しい物理的環境は、面接室に座っていたら得られないようなランダムで予想外の出来事をもたらす可能性もある。もしスターバックスが満席だったら、候補者はどう反応し、次の行動として何を提案するだろうか？　そもそも候補者は次の行動を提案

するだろうか、それともあなたに任せるだろうか？　会計を延々と待たされたら、いつイライラしはじめるだろうか？　さらにはウエイターが候補者のシャツに何かをこぼしたら、どう反応するだろうか？（ただし、事前にウエイターと示し合わせて、わざとこぼさせるのはお勧めしない。マナーを忘れないこと）

時間や状況によっては、このように環境を変えられないこともあるだろう。その場合、しばらく別の部屋に行くという手もある。少なくとも座る位置が変わるため、たとえ参加しているメンバーが全員同じでも、会話に変化を持たせることができるはずだ。

ここで重要なポイントは、最高の面接はまったく形式的ではないということだ。候補者が面接モードから離れ、普段の自分になれるクリエイティブな方法をみなさんも考えられるはずだ。候補者を採用したら、みなさんが接するのは普段の姿なので、これは重要である。その上、仕事以外の環境のほうが、より突っ込んだ会話をしやすい。たとえば一緒にバスケットボールの試合を観戦してみよう。ハーフタイムや試合が中断しているとき、最も話題に上りやすいのは、仕事のことだ。または相手と一緒にジョギングをしてもいいだろう。昔のアプローチなら、一緒にゴルフのコースを回ることを勧めるところだ。いずれにしても、型にはまった採用方法とは違うアプローチも積極的に取り入れよう。

具体的で強制力のある質問をしよう

ひとつの経験則として確かにいえるのは、採用面接の本やウェブサイトで見つけた質問をしても、その候補者が面接のためにどの程度準備したかしかテストできない可能性が高いということだ。繰り返しになるが、ある程度まではそれで差し支えないが、候補者をよりよく理解できたと勘違いしないようにしよう。

ここで、これも文脈によるが、私たちがお勧めする、あまり一般的でない質問を紹介しよう。また、後ほど「メタ」について説明する際にも別の質問を紹介する。

・「配偶者やパートナー、友人があなたを一〇語で説明するとしたら、何と言うでしょう?」
・「これまでにしたことの中で最も勇敢な行動は何ですか?」
・「もしあなたが当社に就職して、その三～六カ月後に退職したとしたら、その原因は何だと思いますか?」または、五年後に退職した場合についても質問して、二つの回答の違いを比べよう。
・「子どものころ、何をするのが好きでしたか?」この質問をすると、候補者が社会に翻弄される前のことを思い出し、本当に好きなことが何かわかる。[7]
・「前職で高く評価されていたと思いますか? 評価されていないと一番感じたのはどんなときですか?」

これらの質問はとても具体的な情報についてたずねていることに気づくだろう。また、ストーリーを語ることを求めており、候補者の本来の性質にかかわる何らかの情報が明らかになるはずだ。
評価されなかったことに関する最後の質問に回答するとき、感情を抑えきれない人が多い。また、概して否定的な言葉を多用する候補者には注意が必要だ。将来トラブルを起こす、あるいは職場でうまく協力できない可能性がある。前職で嫌な経験をしたのは本人のせいではないとしても、その経験からどの程度立ち直れているかを評価するべきだ。管理職やファウンダーの面接をしている場合は革新的で気難しいタイプを探しているので、ほかの職種より大目に見てかまわないが、口が災いすることもある。罵り言葉や「嫌い」という言葉を多用したり、自分が傷付いた経験や、批判が正当化できるか否か、またその理由について延々と話したりする場合は注意が必要だ。

具体的な内容に意識を向けつづける別の方法として、候補者がみなさんの会社についてどの程度理解しているかを試してみるのもいいだろう。真剣に入社したいと考えている人なら誰でも、主要商品やサービスについて基本的な情報を学んでいるはずなので、商品やサービスについて質問しても、あまり多くのことはわからない。私たちは、それぞれの分野で直面する重要な概念的課題について、候補者がどれだけ注目しているかをさぐる質問をとても重視している。そこで、代わりに次のように聞くといいだろう。

「当社の競争相手は誰だと思いますか?」

よく知られているとおり、かつてNetflix社CEOのリード・ヘイスティングスは、自社の最大の競争相手は睡眠だが、自分たちはこの戦いに勝とうとしていると述べた。おもに市場の研究を行っているマーカタス・センターで、タイラーは同僚に、自分たちの競争相手はほかの研究所ではなく、多くの場合グーグル社だと言っている。もし人々が何かを知りたかったら、特定の研究所に当たるのではなく、ただGoogleで検索するだろう。そのため、自分の研究結果がGoogleの検索結果で上位に表示されるようにすべきであり、さらに良いのは、彼らがGoogleで検索する前に研究所のサイトに来てくれることだ。一方、ダニエルのPioneer社にとって最大の競争相手はほかのベンチャーキャピタル企業ではなく、トップレベルの候補者が、より大きな計画を忘れ、優良企業で安定した給料をもらうことを優先するリスクだ(快適だが挑戦の少ない生き方を選ぶなんて、ひどい人生ではないか?)。ダニエルは、新しい会社をつくることの神秘性とスリルは、惰性的な現状維持と怠惰に優るものでなければならず、自分は新しいものをつくるというビジョンをはっきり伝える責任があると考えている。

避けるべき陳腐な質問とは?

二〇一七年に出版されたペギー・マッキーの著書『How to Answer Interview Questions(面接での質問の答え方)』には一〇〇個以上の一般的な質問が掲載されていた。その一部を紹介しよう。

- 「職場で求められている以上の仕事をしていると感じたのはどんなときか、例をあげてください」
- 「組織が持続的に成長し、収益を上げられるように、あなたの持つ特別なスキルをどう役立てることができますか?」
- 「仕事に関するストレスやプレッシャーにどう対処していますか?」

・「前職について、好きだった点あるいは嫌いだった点を教えてください」[8]

さらにたくさんの質問を探し求めて、Googleで「15 Favorite Interview Questions to Completely Disarm Job Candidates（求人面接で候補者を完全に無防備にさせる、とっておきの一五の質問）」と検索すると、ジェフ・ヘイデンの記事と次の二つの退屈な質問を含むリストが見つかる。

・「あなたが一番大事にしている失敗は何ですか？」
・「五年前に戻れたら、当時の自分にどんなアドバイスをしますか？」[9]

スタンフォード大学には、面接の準備の仕方から質問への答え方まで、最適な方法を教えるエンジニア向けのクラスまである。[10] その準備すべき質問の典型的な例をひとつ紹介しよう。

・「あなたの最大の弱点はなんですか？」

この質問の答えも今ではほとんどの人が準備をしているだろう。より準備の行き届いた候補者と出会う、高いランクの仕事の面接ならなおさらだ。タイラーもダニエルも(質問を担当していなかった合同面接において)「時々仕事にのめり込みすぎるところです」という回答を聞いたことがある。こうした回答をどう解釈したらいいのかは定かではないが、恐らく回答者は誰かが書いた面接の攻略本を読んだのだろう。

仕事の成果に関する質問をする場合は、ありきたりの回答をかわすために、相手がもう事例を思いつかなくなるまで繰り返し質問しよう。「職場で求められている以上の仕事をしていると感じたのはどんなときか、例をひとつあげてください」と一回だけ聞いても、候補者が基本的な準備をしているかどうかしかわからないため、相手が答えをもう思いつかなくなるまで何度も何度も聞くこと。そして、視線をそらしたり、含み笑いをして緊張を和らげたり、候補者が注意をそらして質問をうやむやにする機会を与えたりしてはいけない。

ほとんどの候補者は最初にこの質問をされたら用意していた回答を言う。しかしながら、繰り返し質問しつづけると、遅かれ早かれ（たいていはあっという間に）用意していた回答が底をつく。そうすれば候補者の知的資源の深さと情緒的回復力がわかる。この候補者は繰り返し質問されたらどう反応するだろうか？　いくつの事例を思いつけるだろうか？　回答者が窮地に立たされていると感じ、本当にもう何も答えられなくなったとき、最終手段として、どれだけためらうことなく、どれだけ不器用にでたらめな回答でごまかそうとするだろうか？　最後に、もし候補者が本当に一七個も仕事上の見事な功績を持っていたなら、その一七番目の功績について、詳しく聞くといいだろう。

クリエイティブな仕事の場合、候補者が発案した最も良いアイディアについて、何度も質問するという手もある。仕事上の功績について、多くの人はこの種の質問の答えを一～二個用意しているが、五回聞かれたらどうするだろう？　八回の場合は？　そして「思いつく限り、私が出した良いアイディアはこれですべてです」と率直に事実を告げなければならなくなったとき、候補者はどう振る舞うだろうか？　または「ほかのアイディアについてもお話しできますが、良いアイディアと呼べるかはわかりません」と言うかもしれない。ここまで来たら、候補者が準備した範囲を超えた未知の領域に達した可能性が高く、相手が本当はどう考え、想定外の状況にどう対応するか、自分の行動の質をどれだけよく考えているか、またその人の自己評価全般について、さらに詳しく知ることができる。

この未知の領域という考えを念頭に「あなたのピアグループ（訳注：年齢や社会的地位が同じ人々からなる集団）としては珍しい、どんなことを成し遂げましたか？」と聞いてもいいだろう。ただし、ここでも一回質問するだけでは不十分だ。何度も聞いて、できるだけたくさんの回答を引き出そう。そしてもしそのピアグループとしては異例の功績を二三個達成した候補者に出会ったら、それはそれで価値のある情報だ。それに功績はひとつだけだとしても「一七歳で起業して成功しました」というような回答には、人々を感心させる力がある。

候補者が面接で話すために用意してきた、マネジメントや仕事で成功を収めるための本に関する退屈な話を聞きたい人などいるだろうか？　しかし、会話の中で本や音楽、映画、その他の形態の芸術のことが自然に話題に上ったのなら、ぜひその話題を掘り下げよう。著者の二人が出会った当初にダニエルがタイラーに対して最も強い親近感を抱き、共著である本書の実現につながったきっかけは、二人ともオースン・スコット・カードのＳＦ小説『エンダーのゲーム』の愛読者だったことだ。実のところ、この本は若い子どもたちを対象とした一連のタレント・コンテストを題材にしていた。同書について語り合う中で、私たちは同じことを評価していることに気づいた。それは同書の率直さと能力主義的質問の扱い方、そして、才能がいかに早い時期に花開き、明らかになるかということだった。同書は競争力と遊び心、共感、ゲーミフィケーション（訳注：コンピュータゲームの手法をゲーム以外のものに応用すること）、重要な利害関係といった、人材探しの名著が提供すべき要素を見事にまとめ上げている。二人の会話が終わるころには、互いにこれらの話題に関心を抱いていることが一層明らかになった。もし候補者が本やその他の芸術的あるいは美的作品をよく理解しているようなら、その方向に会話を進めよう。そうすれば相手の魂の内側をのぞき込めるからだ。

面接でたずねる質問の賞味期限

面接の質問の多くは有効期間が限られているため、最終的には使わないようにするか、手を加える必要がある。ここで「あなたが知っている賢明な人々はありえないと思っているけれど、あなたは真実だと思っていることは何ですか？」という歴史上最も有名な面接の質問について考えてみよう。この質問にはいくつかのバージョンがあり、たいていは「あなたが信じていることの中で、一番ばかげていることは何ですか？」など、どれだけあまのじゃくかを聞いている。この種の質問はたいていピーター・ティールによるものと考えられているが二〇〇六年にタイラーがブログに書いた記事で最初に紹介されたようで、批判的な自己分析という、より幅広い哲学的伝統の一部を成している。[11]

初期のころ、この質問は非常に効果的だった。回答者を驚かせ、少なくとも彼らが想定外の状況にどう対処するか観察でき、相手の能力に関するデータを集めるのに役立った。さらに候補者たちの答えは、彼らの世界観を大いに反映していた。「この人はどういう種類の変わり者なのか？」ということを知る機会を得られたのだ。実際、これ以上に何か知るべきことなどあるだろうか？　通常、この手の情報は履歴書には書かれていない。彼らがどれだけ迅速に議論を組み立て、信ぴょう性を与えるか（あるいは与えられないか）もわかるだろう。

一方、まったく平凡な伝統的考えに基づいた回答をしながら、非常に斬新なことを言ったつもりになっている人もいる。こうした人々は信頼性があり、規則によく従うという意味では雇う価値があるかもしれないが、改革を必要とする内部のシステムを刷新するようなことは期待できない。たとえば彼らが「この世界でグローバル化が広がりすぎた」という自分の意見は独特で、革新的で、ばかげていると思っているようなら、あなたがこの意見に賛成するか否かにかかわらず、彼らは多くの本当に革新的で独特なアイディアに接したことがなく、そうしたアイディアに出会っても、それが革新的であることに気づかないと結論付けるのが妥当だろう。

タイラーが初めてこのばかげた質問を発表した当時、気に入っていた（書面による）回答は「ビーチに行ったのに海にあなたを味わう機会を与えなかったら、海は好きなときに味見をしに来ると信じています」というものだった。後日タイラーがこの回答を書いた女性に会ったところ、非常に聡明で生産性が高い人物だったが、当時の職場では実力が十分に評価されていなかった。

この質問が効果を上げる理由のひとつはその意外性にある。ほとんどの候補者は面接官を喜ばせるため、一生懸命全部の質問に答えようとする。ところがこの質問に遭遇すると——これまで一度もこの質問について考えたことがなければの話だが——、まともな回答を思いつくのは難しく、真実を述べるしかない。嘘をつくのはリスクが高すぎる。ボロを出さないようにするのはとても無理だ。「アップルパイは砂糖が多すぎると思います」などと口走って、つまらない人間だと見なされかねない。その上、思いつく嘘の多くは、もし口にしたら必要以上にばかにされそうな内容だ。そのためほとんどの人は、多少美化された回答になったとしても、必死に本当の答えを探す。

しばらくのあいだ、この面接の質問は、本当にあまのじゃくな人を効率よく特定するのに役立っていた。タイラーは何人かの候補者がすっかり当惑するのを目にしたのを覚えている。彼らはばかげた考えをひとつも思いつかなかったのだ。タイラーは頭の中で、これらの人々について、「あまのじゃくではない」という項目にチェックを入れた。

しかし、この質問はあまりにも効果が高かったため、広く使われるようになり、やがて候補者たちは、この質問を期待しないまでも、念のため回答を準備して面接に臨むようになった。結局のところ、いくつもの求人に申し込めば、一度はどこかでこの質問をされるので、次の面接からは回答を準備するようになる。こうして事前に準備した回答からは、その候補者の用意の良さがわかるだけで、以前ほど多くの情報を得られなくなった。候補者は面接官がどのくらいあまのじゃくな考えを求めているかを予想し、それにぴったりの回答を準備するようになったのだ。するとたちまちのうちにこの質問は、ひねくれたタイプの従順さを持つ候補者に利益を及ぼすようになった。つまり、本来この質問によって明らかになるはずの本当の意味でのあまのじゃくさではなく、適切なレベルのあまのじゃくさに合わせられるかが問われるようになったのだ。

また、タイラーはこの質問とは逆の質問を使って実験をし、成功させた。次の質問は限られた目的にしか役立たないが、ここで紹介しておこう。

・「主流となっている意見またはコンセンサスの得られている意見で、あなたが心から同意できる意見は何ですか？」

この質問が「すること」と「しないこと」について考えてみよう。第一にこの質問は回答者に高い知性や鋭い分析力を要求しない。現在の状況は完全に理想的とはいえないまでも、擁護できる要素が十分にあるからだ。また、特定の回答を求めているわけではなく、たとえ陳腐な回答でもかまわないため、完全に的外れな答えになることもない。第二にこの質問は回答者に脅威を与えることも、挑戦されていると感じさせることもない。

では、この質問で得られることは何だろう？　第一にこの質問には驚きの要素が含まれている。質問内容がどれだけ簡単だったとしても、意表を突いた質問に対する回答者の反応には、たいてい情報的価値がある。第二にこの質問は、受け流したり、回答を拒否したりすると非常に気難しい人物だと思われてしまう。第三にこの質問をすれば、相手が主流となっている組織の権威とどうかかわっているかも明らかにできる。そして、四番目にして最も重要なのは、脅威を感じずに自分の価値観と方向性を示す機会を候補者に与えられる点だ。この質問に対する答えがTwitter上で自分への攻撃に使われることを恐れる人はいない。同時に回答者は自分の本当の優先順位が何かを伝えることができる。迅速なイノベーションを優先するのか、貧困削減あるいは民主主義のほころびを直すことを優先するのか？　この質問は、相手に脅威を与えることなく、世界における候補者の位置、つまりどこにどのように適合しているか、そして、どのような価値観を重視しているかを理解する方法を提供してくれるのだ。これは（たとえば非営利の世界でよく見られるような）価値観に基づく仕事や応用にとても役立つ。

ほかにも今では時代遅れとなった面接用の質問があり、これらは「Googleクエスチョン」とも呼ばれている。グーグル社は、とくにソフトウェアおよびエンジニア関連の職種の採用候補者に非常に分析的な質問をすることでよく知られている。これらは例を見るのが一番わかりやすいだろう。

・「一機の飛行機にはいくつのゴルフボールが入ると思いますか？」
・「マンハッタンにはいくつのガソリンスタンドがあると思いますか？」

もっと長くて複雑な質問が良ければ、こんな質問もある。

・「あなたは二つの卵を持っています（中略）あなたは一〇〇階建ての建物に入ることができます。卵にはとても硬いものからとても割れやすいものまであります。つまり、一階の床に落としただけで割れてしまう卵もあれば、一〇〇階から落としても割れない卵もあるということです。あなたの持っている二つの卵はまったく同じ硬さです。あなたは一〇〇階までのうち、今持っている卵を落としても割れない一番高い階は何階か確認しなければなりません。質問は、確認するためには何回卵を投げる必要があるかです。なお、卵は二つまで割ってもいいことになっています」[12]

これらの質問は、非常に頭の良い人々とただのとても頭の良い人々を区別するためにつくられた、特別な種類の分析能力を試す、つまり、特定の数学的意味で頭の良い人を見つけるのに適したテストだと考えることができる。

実のところグーグル社自体はこれらの質問をもう使わなくなっている。グーグル社の人事担当上級副社長だったラズロ・ボックは「当社は、頭を使う難問は、完全なる時間の無駄であることに気づいたのです」と明言している。しかし、無駄というのは大げさかもしれない。定量分析に基づき投資を行うヘッジファンドで成功している企業の中には、今でもこうした質問を有効に活用して分析能力をテストしているところもあるからだ。とはいえ、ほとんどの職種においては、対象となる仕事に直接関係する分析的質問をしたほうが良いだろう。そうすれば経済やプログラミング、数学などに関する候補者の知識を試すことができるからだ。というわけで、グーグル社と関連したこうした大半の質問には、敬意を持って退職を促すべきだろう。[13]

採用する候補者は、みなさんが理解できる人物でなければならず、そういう意味では、非常に特殊な技術を要する職種でない限り、この種の難問はあまり役に立たないことを覚えておこう。

メタ質問——最も効果的な方法

小さいスケールの質問（「一台のフォルクスワーゲンにはいくつのピンポン球が入ると思いますか？」など）をするよりも、より大きい視野でとらえたほうが役に立つことが多い。たとえば、候補者は自分自身や世界における自分の位置についてどのくらいよく理解しているだろうか？　そういう意味で、次の質問をしてみるのはどうだろう？

・「あなたが信じていることの中で、最も理屈に合わないことは何ですか？」
・「あなたの意見の中で、ほとんど理屈に合わない意見は何ですか？」

これらの質問は回答者の自己認識についての説明を求めている。要するに、回答者がいくつの文化的、知的世界に精通していて、自分自身の視点をどれだけ理解しているかを確かめようとしているのだ。このように自分の思考世界についてひとつ高い視点から、より一般的に距離を置いて考察することを私たちは「メタ」と呼んでいる。候補者がどれだけアイディアに精通し、異質な視点をどれくらい早く理解できるかをテストしているのだ。

こうした質問を受け流すのは難しい。**誰でも**まったく理屈に合わない考えを恐らくいくつも持っているはずだからだ。だが、理屈に合わない考えを述べるには、気まずい思いをしたり、弱みを見せたりしなければならない。それらの質問に対して、**なぜ**理屈に合わない考えを持っているのかと説明を強いられるためだ。理屈に合わない理由は、通常とても人間らしいものであるため、こうした質問に純粋に機械的に答えることは難しい。この質問をすると、候補者は人間的なモードや自己認識モード、気ままずいモード、そしてやや弱いモードへと導かれる。これを一気に行うことができれば、面接から有益な情報が得られるはずだ。

これに関連した面接用の妥当な質問を紹介しよう。

- **「あなたが信じていることの中で、一番間違っている可能性が高いことは何ですか?」**

次の質問は容赦のないメタ質問だ。

- **「この面接はどのくらいうまくいっていると思いますか?」**

さらに容赦のない方法として、一日に二回、別々の人が同じ質問をして、あとで回答を比較するという手もある。ほとんどの環境においてはこの方法は勧めないが、ここで少し時間を割いて、この質問が何を意図しているのか考えてみよう。この質問は本質的に候補者がどれだけ自分の弱さを見せられるかをたずねている。候補者は自分の弱さを明確に説明し、面接官が候補者に対して持っていた否定的な印象を裏付けてまで、洞察力の高さを評価してもらうべきだろうか？　それとも予防線を張って、うまくいっていることだけ回答したほうが良いだろうか？　少なくともひとつだけいえるのは、候補者は意外な状況に直面し、それまでとは異なる立場に置かれるが、難問に立ち向かって能力を発揮する機会を得るということだ。

しかし、私たちはこの方法を積極的に勧めてはいない。その理由を説明しよう。たとえば候補者がリスク回避型の選択をし、この面接の否定的な面については口を閉ざし、うまくいっている点だけを強調した肯定的な回答をしたとする。その場合、候補者のリスク回避にどれだけ抵抗すべきだろう？　相手が実際にリスク回避しすぎると断定できる確かな証拠はあるだろうか？　私たちにも明確な答えはわからない。否定的な面まで回答しないのは、ただ単に候補者が面接官を十分信用していないからかもしれないからだ。そのため「十分に強い信頼関係が築けていない」説と「候補者がリスク回避する」説を区別することができない。この質問のように候補者にリスクの高すぎるタスクを課したら、ほとんど何の情報も得られずに終わる可能性がある。そのため、この質問が大きな効果を発揮する特殊な状況も考えられるが、この質問をするときはよく注意しよう。巧妙な質問だからといって買いかぶってはいけない。

最後に、ピーター・ティールが使っている便利な質問をもうひとつ紹介しよう。

- **「どのくらい成功したいですか？」**

タイラーが気に入っているバージョンはこれだ。

- **「あなたはどのくらい野心がありますか？」**

単刀直入にいうと、この質問は少々ばかげているように聞こえるが、候補者の手の内を知るのに役立つ。たとえば「安定した企業の中間管理職に落ち着きたい」というような回答が返ってきたら、それは恐らく本心だろう。その場合、野心的な起業家やファウンダーとしてその候補者に投資するのは賢明ではない。中間管理職として投資するのはかまわないが、この種の人々は昇級があまりモティベーションにつながらない可能性があるという点に注意しよう。タイラーが研究者のポストに応募してきたある候補者にこの質問をしたところ「論文を何本か発表して、終身雇用されたいです」という答えが返ってきたことがある（タイラーは思わず「それだけ⁉」と聞き返しそうになった）。一方で、たとえばがんの治療法を開発するという志を持って助成金の申請をする人もいる。こうした志を持っている人は、ある程度自信を持って自分の考えを明確に説明できるはずだ。

改めて考えてみると、この質問に嘘の回答をするのは驚くほど難しい。本当にがんを治したいと思っていなければ、面接でそう簡単に説明し、自分の考えがいかに現実的か、正当性を主張することはできないだろう。その考えを実行に移す計画を裏付ける分析や細かな情報がなければ、ただ偉そうに口からでまかせを言っているように聞こえるはずだ。一方、本当に野心的な目標を持っている人は、積極的にそれを世界に向けて伝えようとする。また、既に計画を立てていることも多い。もちろん、相手の回答がどれだけ誠意のこもったものだったとしても、志が高すぎて現実味がなく、相手の判断力や自己認識を疑わざるを得ないとすぐに感じる場合もある。たとえば世界平和は素晴らしいことだが、世界平和を実現すると誓うような候補者を雇うべきかはわからない。

候補者の野心の高さを知ることはとても重要であり、その人が今後成長していく可能性があるかがはっきりとわかる。また、相手の自己認識がどういうものであり、想定外の状況下でその自己認識をどのように表現し、擁護するかもわかるだろう。私たちは、ほとんど誰もこの質問を予想していないことに気づいた。この質問はあまりにも直接的で、核心を突いており、相手の考えの深いところに触れすぎている。ほとんどの人は野心があるふりをしたり、野心を隠したり、その両方を行ったりして、ほかの人々も偽物のプレゼンテーションに付き合うという設定に慣れているのだ。

この質問を使う場合、注意してほしいことが二つある。一つ目は、この質問が知られるようになったら、候補者が答えを準備するようになり、次第に役に立たなくなるかもしれないということだ。回答者が事前にこの質問に備えてきめ細かい回答を用意していたら、面接官が求めていると思われるレベルの野心を提示するだろう。それに応じて、この質問は信用できなくなる。二つ目は、回答には性別や文化、人種的な違いが反映されている可能性があるということだ。この件については別の章で改めて検証するが、一例をあげるなら、さまざまな理由により、女性は極端な野心を表現するのをためらいがちであり、自分の中で野心を視覚化することすら望んでいないかもしれない。そのため女性にこの質問をした場合、その回答は野心に対する考え方だけでなく社会的抑制の影響を受けている可能性があり、その分だけ情報に雑音が含まれていることもある。こうしたゆがみが生じる場合があることに注意しよう。また、一部のマイノリティや移民の集団も同じ問題を抱えているかもしれない。仮にその候補者が非常に野心的だったとしても、文化的理由から面接官は自分よりも地位が高いと考え、たとえば分不相応あるいは反抗的と見なされるのを恐れて、面接官の現在の地位よりも高い地位を目指しているとは言いにくくなることもあるだろう。どんな場合でも、文化的背景を意識しよう。

また、面接官と候補者の立場を入れ替えるメタ質問もある。ぜひ「**あなたなら**どんな基準で採用しますか？」という質問を試してほしい。この質問も募集中の職種や自分自身、面接のプロセス自体について候補者がどの程度理解しているかをテストできる。

また「私に何か聞きたいことはありますか？」「当社に関して聞きたいことはありますか？」などといった質問も有益だ。こうした質問には、候補者が本当に関心を持っていることを語れるようにするという目的があり、なおかつ候補者が対象となる仕事やプロジェクトをどれくらいよく理解しているかもテストできる。その上、みなさんが知っている事柄について、候補者が鋭く見抜いているか、さらにはいつの日かその候補者が洞察に富んだ面接を行い、別の人々を採用する立場になれそうかも確認できる。

とはいえ、この質問は毎回役に立つわけではない。その理由のひとつは、回答を準備してくる人が多いからだ。一番効果を発揮するのは、候補者が準備してきたと思われる質問にすべて答えたあと、または準備してきた回答に頼れないくらい特化した質問をした場合だ。たとえば「先ほど議論の途中で『具体的なプロジェクト』について話しましたが、当該プロジェクトについて、何か質問はありますか？」と聞いてみよう。そうすれば、相手が会話にどれくらい積極的に参加していたか、その場でどのくらい素早く理解したかをテストできる。ただ質問を促すだけでは「御社の福利厚生はどうなっていますか？」などと聞かれて、相手が面接の準備をしていたかどうかしか確認できない。候補者が福利厚生のことを聞くのは至極当然だが、通常、面接官が求めているのは候補者自身に関するより多くの情報だ。

推薦者への問い合わせについて

とくに高いランクの仕事の場合、私たちは推薦者に問い合わせるのが大好きだ。というわけで、ここでは推薦者への問い合わせを効果的に行うための基本的なコツを紹介しよう。

①みなさんが電話をかける相手は、早く電話を切りたい、候補者を助けたい、あるいは足を引っ張りたくない、そしてあまり大きな嘘はつきたくないと思っていることだろう。とはいえ、真実を多少ねじ曲げるのはいとわないかもしれない。

②面接同様、重要なのはお役所的な領域から出て会話モードに入ることだ。相手の時間は限られているため、候補者との信頼関係を壊すことなく、否定的なことを言ったせいで訴えられる心配もなく、批判的なことを言っても大丈夫だと

いう雰囲気を早くつくりだす必要がある。それには問題の性質を率直に説明し、候補者の複雑な事情に理解を示し、（願わくは正直に！）あなたは実際に人々の欠点に対して寛大であることを伝えることだ。

③具体的な定量的比較に関する質問をしよう。こうした質問に対しては、真実をねじ曲げがちな推薦者でも嘘がつけないからだ。たとえば「この候補者は○○さんよりも優れたCOOになると思いますか？」と聞いても完全に正直な答えは得られないだろう。だが、相手が「ええ、もっと優れたCOOになると思いますよ」と即答しなかったら、それは否定的な情報の一種ととらえるべきだ。学術関係の市場では、推薦者にこれまで市場に送り出してきた別の学生または高い評価を受けている終身雇用の教授と候補者を比較してもらうと参考になる。

④推薦者リストに前職の上司（または直属の部下たち）が載っていなかったら、それは良くない兆候だ。

⑤みなさんの好奇心を満たす目的も兼ねて、推薦者が話したいだけ話させよう。その会話を終えたあとでも候補者の欠点がわからなければ、今のところみなさんの調査は成功していないということだ。

最後に、二〇一九年に開かれた公開インタビューでStripe社のCEO、パトリック・コリソンがリード・ホフマンに教えた面接用の三つの質問に私たちは感銘を受けた。[14] パトリックはこれらが「推薦者用の質問」とは考えていなかったようだが、推薦者への問い合わせにも役立つと思われる。その質問を紹介しよう。

①この人物はあなたがぜひ協力したいと思うほど優秀ですか？
②この人物は合理的なほかの誰よりも早く、あなたが目指している目標まであなたを導くことができますか？
③この人物とあなたの意見が合わない場合、この人物が間違っている可能性と同じくらい、あなたが間違っている可能性もあると思いますか？

これらはいずれも強制力を持った良い質問だ。推薦者だけでなく、候補者本人にも聞くといいだろう。

要するにみなさんにできる最も重要なことのひとつは、採用候補者または受賞候補者とよく話し合うことだ。これは人材を採用するだけでなく、こうした才能ある人材がそれぞれのスキルを活かして働きつづけ、モチベーションを維持できるようにする上でも役に立つということを忘れないでほしい。会話のレベルで相手に親しみを感じられなければ、相手のことを十分に理解できない上に信頼関係も築けず、モチベーションを与えるために金銭的インセンティブに大いに頼らざるを得なくなる。もしみなさんが何か練習できることはないかと考えているなら、会話のスキルを磨くといいだろう。

3

オンラインで相手とエンゲージメントする方法

現実世界の会話モデルを基準にオンラインでのやりとりを評価しようとすると判断を誤ることがある。たとえば会話している相手の声が大きいと「感じが悪い」という印象を持ちがちだ。しかし、リモート会議では、当然ながら相手はこちらの音量設定がわからないため、あえて大きめの声で話しているだけかもしれない。また、**通信システム**の不具合でイライラすることがあったら、それが**参加者**に対する評価に影響しないように気を付けよう。通信が途絶えたり、会議に遅れが生じたりすると、その後の話し合いが余計に批判的になることもあるが、これは字が汚いと書いてある内容まで信用できなくなるのと同じだ。冷静さを失わずに、ゆがんだフィルターをとおして見ているようなものだということを思い出そう。

ではここで、面接で聞いても面白そうなひねりのある質問を紹介しよう。

・「対面による交流のほうがＺｏｏｍ会議よりも多くの情報が得られるのは、どうしてでしょう?」

この質問をすれば、商品の限界と利点（「そもそもどうすればＺｏｏｍはうまくいくだろう?」「対面式のミーティングが成功する理由は何か?」など）を理解しているかを比較的すぐに確認できる上、相手の内省能力と社会的能力もテストすることができる。候補者はこれまで何度もオンラインや対面での面接を受けてきたことだろう。過去の面接はうまくいったのだろうか？　候補者は何を感じ、面接のタイプによって、どんな違いを感じただろうか？　候補者はこうした違いをどのくらい明確に語れるだろうか？この質問は自己認識と話の明瞭さ、そして、うまくこなさなければならないタスク（この場合でいうと面接のプロセス）に集中する能力をテストできる。

では次にもっと難しい質問を試してみよう。

- **「どうすれば、Ｚｏｏｍから対面の交流より多くの情報が得られるようになると思いますか?」**

私たちはこの質問を紹介するだけではなく、本章の残りの部分で、この質問に答えていきたいと思っている。オンライン媒体は対面の交流とは異なる。だが、どう異なるのだろうか？　これらの違いを利点に変える、あるいは少なくとも不利益を最小化するにはどうしたらいいだろう？

新型コロナウイルス感染症が発生する前から人々は徐々にリモート会議を行うようになっており、コロナ禍が終わってもこの傾向は続くと見て間違いないだろう。ダニエルのPioneer社は世界各地に住む人々の面接のほとんどをオンラインで行い、アドバイスをしており、タイラーのエマージェント・ベンチャーズも同じようにオンラインを利用している。コロナ禍になるはるか以前から、私たちはSkypeで電話し、その後は毎日のようにＺｏｏｍを使っている。最近では「バーチャル・ランチ」も定着し、ウェビナー（オンラインセミナー）が多くの講演会に取って代わり、大学の授業も一部または全部がオンラインに移行、ＺｏｏｍデートやClubhouse、BlueJeans、Housepartyなどさまざまなサービスも登場した。

その上、人材探しはよりグローバルになったため、インドのムンバイやナイジェリアのラゴスにいる採用候補者と話す場合、少なくとも初期の選考段階はオンライン面接になりがちだ。また、最終面接まですべてオンラインで行うケースも珍しくなくなってきている。たとえ相手が同じ街の反対側に住んでいる場合でも、交通渋滞やオフィスの予約、スケジュール上の制約を考えると、オンラインで連絡を取り合うほうが好都合なこともある。

オンラインで面接をする方法については、私たちが最もよく聞かれる質問のひとつだが、残念ながら、まだ最高の方法を調べた確かな研究はない。また、人材探しやマネジメントに関する本のほとんどは、現代人のコミュニケーション手段が直面する新たな現実を反映していない。研究結果も年季の入った成功事例もないため、この章は必然的にほかの章よりも推論に頼らざるを得ないが、私たちが出した基本的結論の有用性には自信を持っている。

対面とオンライン、何が似ていて、何が違う？

オンライン上の人脈にもいくつかの基本的真理は当てはまる。みなさんは信頼に足る人物でなければならず、信頼関係を築くには、自然な会話を始める必要があるのだ。そのためには、前章で学んだように面接相手と**誠実に向き合う**必要がある。では、オンライン形式のどこが従来とは異なるのだろう？　対面の面接と同じようにいかないのはなぜなのか？

そのほかの制約には、自分が見ている画面のフレームと相手が見ている画面のフレームが異なるため、相手がどこを見ているかわかりにくいという問題もある。たとえみなさんは「相手を真っすぐ見ている」つもりでも、実際には見ていない。これはテレビに映っているお気に入りのスターを見ていても、本当に相手と目が合っているわけではないのと同じことだ。それに自分と相手の目の動きは、対面のときのように は同期しない（参加者が増えればこの問題はさらに大きくなる）。画面を凝視していると、 相手は（あなたの頭の角度から、あまり集中していないように見える場合）あなたが自分を見ているのか、それとも虚空を見つめていて、こちらの顔が目に入っていないのかわかりにくい。そのため、画面を介した通話は比較的よそよそしくなりがちだ。

したがって、ほかの条件がすべて同じなら、オンラインの信用度は低い。その結果、対面の場合に比べると、クリエイティブで挑戦的な質問をするのが難しくなる。面接官であるみなさんは、実際よりも感じが悪い、あるいは高圧的、または単に「やる気がない」ように相手から見られてしまい、いずれの場合もみなさんの意図は伝わりにくい。そのため、こうした質問は少なめにせざるを得ないか、質問の切れ味が鈍くなるのは避けられないだろう。これはオンラインの面接では情報量が減ってしまう理由のひとつであり、どの角度からアプローチするかを決めるときに考慮すべき要素でもある。

とはいえ、難易度が上がった分を相殺する方法がある。あらかじめ強い信頼関係を築いておくのだ。共通の関心事があればそれを利用して絆を強めたり、自虐的なユーモアを使ったりして、あとで鋭い質問をしたときの印象を和らげることもできる。また、面接中は一貫して説得力のある話し方でとおすのもひとつの手だ。いずれも時間がかかり、みなさんの能力を出し切れないかもしれないが、こうしたアプローチなら、自由度が高まるので、さまざまな方向へ話題を広げ、より具体的な情報を得られることもある。

オンライン面接の場合、候補者はリスクを冒しにくいと感じがちだ。面接を受ける際、私たちは何かのエピソードやストーリーから始め、視覚的な暗黙のフィードバックを頼りに話を続けるべきかやめるべきかを判断することが多い。しかし、ほとんどのフィードバックが得られない、または遅れてくる場合、そもそもこういう流れにならない可能性が高い。そのため、候補者は実際よりも退屈で、リスクを回避し、個性がないように見えるので、面接官であるみなさんは、そのことも考慮して期待値を調整する必要がある。

より一般的な情報不足の問題を考えると、リモートのコミュニケーションにおいては、少なくとも社会的存在感（ソーシャル・プレゼンス）、情報の豊富さ（インフォメーション・リッチネス）、やりとりの完全なる共時性（シンクロニシティ）の三つの異なる情報源が欠如している。ここでいう社会的存在感とは、相手がほかの人々とどう交流し、自己イメージを伝えているかを理解することだ。情報の豊富さとは、たとえば相手がどのように歩き、自分とどう握手し、部屋に入ってくるほかの人々にどうあいさつするかなど、対面による交流能力のことである。そして、共時性は相互交流のリズムやパターン、一瞬の沈黙が持つ意味、理解し合うスピード、話す順番に関する協調がうまくできるかなどにかかわっている。

特定の面接において、これらの要素のうち本当に必要なものはどれか、なくてもかまわないものはどれかという問題は一考の価値がある。Ｚｏｏｍと「現実の生活」を頭の中で比較するだけでなく、現在直面している問題を構成要素ごとに分解して考えるべきだ。社会的存在感を確かめる機会を逸することは、たとえば営業職やチームリーダーを採用する場合、重大な問題となるだろう。だが、ライターや原稿整理編集者などで、大部分の仕事をテレワークや単独で行う予定の場合はさほど問題ではない。

具体的な問題や課題、論点に絞った特定の事柄を議論するのであれば、オンラインでの話し合いで十分な場合も多い。自然なやりとりをしたり、とくに目的を定めずに情報を引き出したりする手段としての機能は劣るため、対面による面接に比べると、そもそも質問するつもりではなかったような事柄について、理解が深まることはない。誰かがオフィスに訪ねてきて雑談する場合、壁に掛けられた写真や絵、ポスターなどから互いの接点に気づくこともあるが、Ｚｏｏｍの場合、そうした観察はしにくい。まず、きっかけとなるものが目に入りにくい上に、より会話に集中しているため、別のことを話題にする「余裕」もあまりないからだ。そのため、採用する職種において、こうした背景情報が重要な場合、たとえば相手の社会的経歴をより広く理解したいときなどは、何としてもこうした事柄を直接質問して、埋め合わせをしよう。

オンラインのコミュニケーションが持つ欠点をこのように分析してみると、別の方法でより多くの情報を得るにはどうすればいいかがわかってくる。情報が足りない領域について直接相手に質問したり、推薦者に問い合わせるときにその質問を追加したりすれば、オンライン面接の欠点を補うことができるだろう。

オンライン面接では、次は誰が話す番なのかを認識しにくいため、進行が難しいという問題もある。技術的問題もあり、メッセージが伝わるタイミングが遅れることもあるだろう（みなさんが本書を読むころにはこれらの問題の一部は解決しているかもしれないが、現在のところタイラーのポッドキャストに登場するゲストの約半数が会話中に一回以上この問題を経験している）。アメリカではまだ、本当に通信速度が速く、中断されないインターネットに誰でも普通に接続できるようにはなっていない。オンラインの会話は今でもわずかながらタイムラグがあり、ひどいときは一時的だがシステムがフリーズしてしまうこともある。また、タイムラグやフリーズが起こっていないときでも、参加者は自分の情報がどのように伝わっているかがわからず、会話の相手が送ってきたサインを自分が正確に素早く読み取れているのか自信が持てないため、会話全体の流れが乱れてしまう。こうしたオンラインでの交流では、文字どおり、また比喩的にも、参加者同士のつながりが途絶えやすいのだ。そのため、相互に送り合うサインを読むのが難しくなる。

オンラインにおける地位的関係

オンラインでの交流の別の特徴は、ステータスを表す伝統的な目印の多くが奪われてしまうという点だ。

オンラインの環境だと地位的関係のどれだけ多くの側面があいまいになったり、消え去ったりするか、考えてみよう。たとえばビジネス会議や面接では、事前に決められているかその場で自然に決まるかは別にして、席次についてある種の決まりがあるのが普通だ。通常、たとえば上司や決定権者が隅の席に追いやられることはない。しかし、オンラインの通話では、事前に決められた進行役がいて「ホスト権限を持つ」

ほかは、こうしたステータスを表す要素が大幅に欠如している。その上、ホストは上司ではなくテクニカルアシスタントの場合も多い。

Twitter上では、多くの女性が、Ｚｏｏｍ会議のほうが対等な立場になれるように感じると言っている。（たいていは男性である）上司は部屋の中心を占拠しておらず、「自分を優先しろ」というボディランゲージも使いにくい。また、ほかの人の邪魔をするのも難しく、発言の順序もバランスが取れていることが多い。そのため面接官は、候補者が通常どおりリーダーシップやカリスマ性を示せないことを認識する必要がある。ステータスを表す服装もオンラインの会話では違う役割をする。シャツやヘアスタイル、姿勢が普段より重視される一方、靴や腕時計、歩き方、スーツ、身長はいずれも普段ほど重視されない。また、命令権を持った物理的存在という概念もあまり役に立たない。いずれにしても握手の習慣は廃れていくだろうが、Ｚｏｏｍで握手をすることはないので、みなさんが相手の手を力強く握るタイプか軽く握るタイプかは誰にもわからない。かつては直接会った相手からステータスが高くカリスマ的と見られていた人々は、画面越しでは物足りなさを感じるだろう。オンライン通話では気の利いたやりとりをするのも難しく、気さくな会話で巧みに会議の流れをつくるのに慣れた人々の地位も低下していくことだろう。

これはつまり、オンライン媒体では地位的関係がどのように反映されるか改めて考えなければならないということだ。通常、オンライン媒体は、早く要点を言う人々の影響力と地位を高める。いずれにしても要点は早く言うべきだが、オンラインでは必要不可欠だ。オンラインで授業をしている教授の多くが、より長期にわたる授業の場合、Ｚｏｏｍでグループセッションを行い、クラスの学生に自分たちも授業の方法をコントロールできるという感覚を与え、授業への積極的参加と好奇心を維持する必要があると報告している。さらに長い目で見ると、こうした方法に向いているのは、自分がコントロールしているという感覚を一時的に手放すことのできる、被害妄想的でないリーダーであるため、そうでない人は自分のスタイルをこの方向に合わせる必要があるだろう。[1]

何としても最高の自分を見せたいタイプの人々は、オンラインという環境では普段ほど実力を発揮できず、思いどおりに行かないため、緊張して不安になり、物足りなさを感じる。一方、自分が不完全でも気にしない人は優位に立ちやすい。おおらかで社会的地位に満足している人は、かつて押しの強さや支配的な態度で会議を牛耳っていた人々よりも高いステータスを得るかもしれない。

新型コロナウィルスによるロックダウンのあいだで印象的だったのは、映画やテレビでお馴染みの有名人が、こうしたメディアに登場できなくなったことだ。彼らの多くはオンラインで個人的な情報を発信していたが、スペンサー・コーンヘイバーが『アトランティック』誌に書いていたように「彼らはこの上なくつまらなかった」。彼らはリラックスして、ありのままの姿を見せるというより、やる気もなければ配信にも向いていないように見えたのだ。有名人のほとんどは作品の文脈の中で尊敬され、さらには崇拝されていたが、ｉＰｈｏｎｅでつくられた動画で見ると、どこにでもあるしかめっ面で、一般人との違いは自分がしかめっ面になっていることに気づいていない点だけだった。ガル・ガドットとナタリー・ポートマン、ジェイミー・ドーナン、シーア、ペドロ・パスカル、ゾーイ・クラヴィッツ、サラ・シルバーマン、レスリーオドムJr、ジミー・ファロン、ウィル・フェレル、ノラ・ジョーンズ、カーラ・デルヴィーニュがジョン・レノンの『イマジン』を歌っている動画を見たとき、うっとりするよりも見苦しく感じたのはそのためだ。[2]

たとえ対面のときは自分のほうが確実に上の立場だとしても、こうした有名人の轍を踏まないようにしよう。オンラインの交流では、みなさんの神秘的な雰囲気の大部分がそぎ落とされてしまうので、その分、調整する必要がある。

考え方を合わせる上で最も難しいことのひとつは、自分が与える好印象のうちどれくらいが対面の際に投影される社会的地位の高さに頼っているかを認めることだ。簡単な例をひとつあげると、みなさんは自分で思っているほど気の利いたことが言えないかもしれない！　オンライン会議をもっとうまくこなせるようになるには、対面時の存在感のうち、どのくらいが一種の見せかけに頼っていたかを認識し、オンラインでの自分のカリスマ性をこれまでとは違う立場で再構築するといいだろう。つまり、よりおおらかで、ざっくばらんで、率直で、（押しつけがましくなく、むしろ控えめな）飾らない魅力をアピールするのだ。良いスーツを着て上座に座っていればステータスの高さをアピールできるという考えは捨て、面接官として、より努力する必要があるかもしれない。この状況を良い兆候ととらえ、何かを学び、自分自身が人間的に輝くチャンスと考えよう。

もうひとつの問題は、みなさんが大きな四角い枠に収まり「Ｚｏｏｍ会議におけるステージ中央」にスピーカーとして映し出されたとき、人々は注意がそれていない限り、みなさんを正視するほかないということだ。つまり、ほかの参加者がみなさんの不完全な部分、たとえばニキビや癖のある話し方、頭の動きなどに気づく可能性があるということであり、みなさんの中にはそのせいでストレスを感じる人もいるかもしれない。また、みなさん自身も自分の欠点に気づき、どこを見たらいいのかわからなくなり、自分の癖のことを忘れるために視線をそらすべきか、あえて時々チェックして正すべきか迷うことだろう。あいにく、見ている人々は何かが少しおかしいことに気づいてしまう。ライブで話をする場合、経験豊富な講演者は自分の欠点を隠すために、身ぶり手ぶりや、カリスマ性などで人々の注意をそらすが、Ｚｏｏｍで人々の注意をそらすのははるかに難しい。

なかにはZoomのバーチャル背景を使って自分の重要性を伝えようとする人もいるが、これは簡単なことではない。たとえば高層ビルの窓から見える景色を背にすると、明るすぎてZoom会議の視覚的仕組みには適さないため、いずれは代わりに高価な芸術作品を背景にすることになるだろう。

祖先が森林からサバンナへ移住したように近年人類は新型コロナの影響によりインターネットへ移住したわけだが、それに伴い、ステータス・シンボルはデザイナーブランドのジャケットからデジタル・ビットレート（訳注：一秒当たりのデータ量）に取って代わられたようだ。非常に有能な投資家やCEOはスタジオ用のカメラや照明に何千ドルも費やしている。ダニエルもPioneer社の投資先の多くが、便利なソフトウェアを使ってステータスを表すこうしたスタイルを模倣していることに気づいた。映像をクロマキー合成するグリーンスクリーンや音声を修正できるソフトウェア、カメラ映像を加工できるビデオフィルターを使い、限られた予算で、印象的なファウンダーに見えるように自分の外見に手を加えているのだ。これは技術的スキルが卓越しているというだけでなく、いかに興味深く成熟した人物かも証明している。人々がこれほどまでに気をつかうのは、ほかの人々が自分をどう見ているかを非常に意識しているからであり、対面の面接だけでは、ここまでしなかったはずだ。オンラインではステータスを表す信号を送りにくいが、ほかの人々よりもうまくステータスを伝えられる人にとってはチャンスになる。

タイラーはダヴィド・ブルリュークが描いた、テーブルに置かれた本のスケッチをＺｏｏｍの背景画像に使っていて（ブリュークは二〇世紀初頭に活躍したウクライナ（訳注：当時はロシア帝国）出身の前衛芸術家）、カメラをある角度に向けるとハイチの伝統的絵画（ウィルソン・ビゴーの『Night Market（夜の市場）』）が見える。タイラーは異文化への理解などの解放性とミステリアスな感じを伝えることで、相手が彼の活動をより深く知りたくなるようにしているのだ。一方、ダニエルは自分のウェブサイトと同じ鮮やかな黄色の背景を使っているが、この黄色はPioneer社のブランドカラーでもある。この背景が発しているメッセージは「文化」というより「テクノロジー」である。候補者が平凡な背景画像を使うことは必ずしも問題ではないが、背景も外の世界に自分を見せるひとつの情報である。つまり、こうした候補者は「才能が求められる仕事」よりも「実体のある仕事」に向いているということだ。

また、Ｚｏｏｍ会議では参加者の住まいや家庭生活に関する付随的情報まで露呈しかねない。これは公平ではないかもしれないが、オンラインの議論のために完全にプライベートと断絶した環境をつくることは不可能な場合もある。背後で電話が鳴ることもあれば、誰かが話したり、怒鳴ったり、イヌがほえたりすることもあるため、限定的ではっきりしないが、相手の家族の基本的なリズムがわかることもあるだろう。そしてもちろん、面接官であるみなさんも同じような信号を送っているかもしれない。実際にＵＰＳ宅配便が届き、荷物を受け取ってサインするために席を立たなければならないこともあるだろう。これはコロナ禍でほかの家族も全員家にいるときにありがちだが、そうでない場合でも十分起こりうる。

家庭の様子がわかるのはオンライン媒体の良いところだ。ただし、私たちはどういう家庭生活をしている候補者を見つけるべきかという独善的な姿勢を取るよう勧めているわけではない（甲高い声でキャンキャン鳴くイヌを飼っている候補者のほうがいいか、喉の奥から出る太い声のイヌを飼っている候補者のほうがいいかなど、わかる人がいるだろうか？）。とはいえ、家庭生活と仕事生活の境界線があいまいになることで、基本的な面接の構造に変化がもたらされる。これは良いことであり、スターバックスの店員と候補者のやりとりを観察するのと少し似ている。面接という設定から来る緊張やあいまいさ、あるいは違和感を緩和する要素は何でも歓迎しよう。そうした要素を利用するのだ。そして、想定外の話題として扱い、候補者が面接モードから会話モードに移行できるようにしよう。しかし、最初から候補者の家庭生活について詮索してはいけない。まずは自分自身のことを話してから、どのように話が展開するかを見守ろう。家庭という環境のほうがオフィスの面接室よりもセレンディピティ（偶然の幸福）に恵まれやすいこともある。

同様にタイラーは、Ｚｏｏｍを使ってオンラインで授業をすると学生たちは「家に招かれたような」感覚になることに気づいた。妻のナターシャが学生たちに手を振りながら画面を横切ったこともあれば、タイラーの家のソファが見えたことも、一度か二度、タイラーが席を立って冷蔵庫まで水のボトルを取りに行ったこともある。これらはいずれもちょっとした出来事だが、概して学生たちにタイラーと対等になったような感覚を与える。その上、少なくとも大学院生たちは、自分たちを宿題の期限に追われるなまけ者の学生ではなく、彼らが目標とするタイラーの学者仲間と見なすようになっていた。ダニエルはＺｏｏｍ会議やセミナーの際、通常はＴシャツを着るようにしている。シリコンバレーはもともとカジュアルだが、現在はますます家庭が職場を兼ねることが増えているため、これまで以上に家庭のカジュアルさを職場にも持ち込みやすくなっている。[3]

有名人の多くは、ロックダウンのために自宅からオンラインでインタビューを受けるようになったとき、本棚を背にして答えていた。ただし、どれくらいが意図的でどれくらいが偶然だったのかはわからない。たとえばケイト・ブランシェットの背後にはポール・メイソン著『ポストキャピタリズム：資本主義以後の世界』と『オックスフォード英語辞典』があり、どちらも知的な印象を与えていた。一方、チャールズ皇太子の背後にはウマのポートレートで知られる一八世紀イギリスの画家、バジル・テイラーの著書『Stubbs（スタッブス）』があった。この本はダニエルやタイラーには不釣合いだが、チャールズ皇太子にはぴったりだ。ちなみにイギリスの国会議員を対象とした調査によると、彼らは本棚にカバーをして、背景が平凡で目立たないようにする傾向があることがわかった。これは恐らく、読書家であることをアピールする利点より、本のタイトルが見えて有権者の機嫌を損ねることを恐れた結果だろう。たとえばウラジミール・ナボコフの『ロリータ』は奥が深く繊細な作品だが、実際にこの本が自宅にあることを地元の有権者に知られたいと思うだろうか？[4]

私たちはより対等な関係になるというオンラインでの面接や交流の特徴を享受しているが、私たち自身が行うオンライン面接でも新しい形態の地位階層が生まれており、これはPioneer社の投資先がそれぞれの背景画像のソフトをどうプログラムしたかだけが原因ではないことに気づいた。オンラインの環境をさらに分析していくと、個人のパフォーマンス自体、なかでもとくに面接の質問にどう答えるかがより重要であることがわかる。こうしたオンラインの面接はオンラインで行うスピードチェスに少し似たところがあり、何よりも動きの質（面接でいうと回答の質）が重要である。靴やカフスボタンの魅力が重要ではなくなる反面、すらすらと気さくに会話できるかが問われるようになるのだ。こうした会話のほうが知的価値をよく表しているかもしれないが、面接官としては、受け取れる信号は限られていることを認識する必要がある。巧みな言葉に魅了されすぎてはいけない。認識論的謙虚さ（訳注：知識は常に暫定的で不完全であるという認識）に対する意識を高くする必要がある。

最後にＺｏｏｍなどのオンライン会議は「Ｚｏｏｍ疲れ」になりやすい人々にとって不利になるかもしれない。既に見てきたとおり、Ｚｏｏｍ会議など、オンラインで他者と対面するときは、たとえば身ぶり手ぶりなど、普段見慣れている社会的情報のすべてが得られるわけではない。その代わり、相手が口にする言葉に集中しなければならず、実際、言葉以外の選択肢はあまりない（もちろん、ほかのことに気をとられて注意が散漫になるのとは話が別だ）。しかし、多くの人々はボディランゲージやより幅広い行動から社会的信号をうまく理解し、同じ信号を相手に返せているのだ。たとえば対話の相手がほほ笑めば、みなさんもほほ笑み返すだろう。こうした科学的証拠によれば、私たちの多く――恐らくほとんど――は、普段使っている社会的信号の多くから切り離され、対話という経験の一部の目印だけに注目することを強いられている。そのため、話している相手が少々「気が散っている」ように見えたとしても、より一般的な意味で注意がそれているとすぐに決め付けるべきではない。Ｚｏｏｍ会議は外向的な人々にとってとくに不利になるが、こうした外向的な人が適している職種もあるだろう。もしドアをノックして回り、「飛び込みの訪問販売」をするセールスパーソンを求めているなら、プログラマー採用ほどＺｏｏｍ面接に重きを置く必要はない。[5]

ダニエルはＺｏｏｍ疲れを回避するための方法のひとつとして、ただ単にビデオはオフにして、電話などの音声だけで行うよう勧めている。いずれにしても、ビデオは誤解を招くことが多いが、電話でもビデオ通話以上に親しくなれることもある。その上、望むと望まざるとにかかわらず、Ｚｏｏｍ会議やオンライン会議をしなければならない場合もあるだろうが、それ以外は電話を使うことに決めれば、Ｚｏｏｍなどのビデオ通話全般にうんざりせずに済む。また、画面で話すように頼まれたら、断ったほうが良い場合もある。[6]

対面での接触を避ける場合

カトリック教会の懺悔室では、懺悔をする人とそれを聞く神父は仕切りで隔てられている。Ｚｏｏｍ会議と違って目を合わせることも、その機会もない。しかし、この設定には役に立つ特徴もある。歴史をさかのぼると、カトリックの懺悔が公衆の面前で行われていた時代もあった。一六世紀半ばまで「暗い箱」を用いた方法は使われていなかったのだ。しかし、暗い箱を用いた方法が便利であることが証明され、数世紀のあいだに教会を通じて広まった。暗い箱の中だと人々は懺悔しやすくなるようだ。[7]

とくにソーシャルメディアでは、現在の「キャンセルカルチャー（訳注：おもにソーシャルメディア上で、過去の言動などを掘り起こして拡散し、その人物を追放しようとすること）」において、公開懺悔が復活しつつあると言っても間違いではないだろう。しかし、公に懺悔することが習慣化しても、ただ表面的パフォーマンスや不誠実な懺悔が増えるだけで、真実を明らかにできるわけではないと思われる。これも直接的接触を減らし、お互いの姿を見えなくしたほうが真実を引き出しやすくなることもある理由を表している。

伝統的な心理療法でも、対面での交流を意図的に避けている。患者は診察用のソファに横になり、心理療法士の目を見ずに話をするのだ。誤解のないように言うと、これは治療法の選択肢のひとつに過ぎず、直接心理療法士の診察を受ける人は対面で行うことも少なくはない。また、最近では多くの人々がSkypeやＺｏｏｍで診察を受けるようになったが、今でも時間を割いてお金をかけ、わざわざ心理療法士のクリニックを訪れて、横になり、あえて明後日のほうを向きながら診察を受ける人もたくさんいる。これも人々が最大限に対面による接触を求めない昔ながらの慣習のひとつであり、ここから学ぶことができるはずだ。

懺悔と心理療法の状況に共通する要素のひとつは、目を合わせないことで、告白したくなる、あるいはしやすくなる、または少なくともそのきっかけがつくれる点だ。神父が懺悔者の目をじっと見つめていたら、たとえば家族に対する責任を果たせなかったことなどを認めるのは難しくなるだろう。その上、匿名性も保てなくなる。同様に心理療法においても、患者は誰の反応も直接見えないほうが（「先生は私の話を聞いて眉毛を上げたのだろうか？」または「鼻であしらったのだろうか？」「笑ったのだろうか？」などと気にすることなく）幼少期のトラウマなどについて話しやすいだろう。アイコンタクトは絆を生むこともあるが、脅威となることもあれば、何かに過度に重点を置いたり、注意をそらしたりする原因になることもあり、リラックスして心を開くのが難しくなる人も多い。心理療法の場合、ソファでの診療効果に関する意見はさまざまだが、自由連想しやすくなり、診察のペースがつくりやすく、全体の環境から来る威圧感を和らげる効果もあるのかもしれない。**8**

アイコンタクトをしないということは、オンライン会議では相互の安心感が弱まる可能性があることを意味している。また、礼儀正しくしたり、ほほ笑んだり、相手からの同意や承認を求めたりする暗黙のプレッシャーも減る。そのため協調を促す情報がない場合に、相手についてより深く調べる機会が得られることも少なくとも時々は、あるだろう。そして、完全な社会的信頼関係が存在しない、あるいは直接接している社会的存在からの合図で同意が得られない状況で候補者がどう振る舞うのか知ることができる。

ロックダウンによって生まれたオンライン・デートの方法に関するいくつかの逸話は、余分なものを取り除いた環境のほうが心を開きやすい可能性を示唆している。ここでブルックリンに住む二七歳のジュディ・クォンについて考えてみよう。彼女はオンライン・デートの潜在的長所について重要な感想を述べている。「これにはたくさんの短所があることは明らかですが、少なくとも私はこの（状況の）おかげで、より真剣な会話をすることができました。（中略）私は普段よりも自分の気持ちを口にし、彼［デートの相手］にもそうするようにお願いしました。誰かと直接会って知り合うときのように相手のことを知ることができないからです。そのおかげでお互いの感情に触れることができたのだと確信しています」[9]

Ｚｏｏｍのデートでは気まずい沈黙を埋める方法が少ないことが、利点でもあり欠点でもある。レストランなら、テーブルに置かれたピッチャーに手を伸ばし、グラスに水を注いで沈黙を紛らわしたり、時間をつぶしたりできるが、Ｚｏｏｍの場合、そう簡単にはいかない。では、そんなとき（少なくとも一部の）人々はどうするかというと、率直に話したり、気持ちを打ち明けたりするのだ。その結果、少なくともデートが退屈で気まずくなり失敗に終わらず、互いにより早く、深く、理解し合えるようになることもある。[10]

面接に関しては、候補者との接触を増やすのではなく、減らすほうが良いなどと言ったら、信じてもらえないかもしれないが、「歩きながらの面接」を楽しんだことのある人なら、それほどおかしな発言だとは思わないだろう。歩きながらの面接はテーブルをはさんだ対面での面接よりも有益で、より多くの情報を引き出せる。どういうわけか、直接関係のないアイディアやより広い周辺領域の話題、議論の順序を探究したりする余裕ができるのだ。肩を並べて歩いていると、感情的なつながりや安心感、それに遊び心まで生まれることがある。恐らく一部の人々は、歩いているときはデスクや小さいテーブルをはさんで話すときほど自分の発言に「責任」を持たなくても良いと感じるのだろう。

アメリカの公共ラジオ局ナショナル・パブリック・ラジオで働いていたメディアのインタビューアー、テリー・グロスは、直接対面せず、離れたところからインタビューする技術を意図的に使っていた。「ゲストは離れたスタジオに、グロスはフィラデルフィアにある公共の報道機関ＷＨＹＹ内の自分の『小さい箱』の中にいて、顔が見えないゆえの親密さを提供できる状況をつくり上げたのだ。これは懺悔や患者と心理療法士が目を合わせないようにする心理療法とよく似ていて、相手のことをよく知らないほうが考えや想像したことをより自由に語れるという説に基づいていた。そのため彼女のゲストたちは打ち明けモードになりやすかったのかもしれない」[11]

さらにほかの状況でも、距離があることで、心を開きやすくなることがある。ロックダウンのあいだ、電話によるアンケートを行った研究者たちは、回答者が喜んで電話に応え、質問者と会話することに気づいた。回答者の多くはただ調査の質問に答えただけでなく、質問者を信頼して自分の抱えている不安や悲しみ、コロナ禍でどう生活しているかを打ち明けたのだ。こうした会話はある種の安全弁の役割を果たしたのだろう。多くの人々は顔の見えない質問者を信頼できる聞き手と見なしたようだ。ある一連のデータによると、通常平均一〇分程度で終わるインタビューが、コロナ禍では回答者が普段よりもよく話したので、一四分かかったという。[12]

これらを念頭に置いた上で、オンライン面接のひとつの作戦として、何かを打ち明けさせるような質問をひとつか二つしてみることもできる。挑戦的な質問をしたり、鋭い質問をしたりするのではなく、みなさんは相手を裁くためではなく、相手の話を聞くためにいるとでもいうように、受け身の姿勢で率直に質問するのだ。たとえば次の質問はどうだろう?

・「私同様、誰でも仕事でミスをしたことがあると思いますが、これまでにしたミスで、さほど長いあいだ後悔しなかったのはどんなミスですか?」

または次の質問はどうだろう?

・「職場という文脈において、意図的な罪の概念は実際のところ何を意味するでしょう？　単なるミスとどう違いますか？　あなたの同僚の誰かの経験から、このことを説明していただけますか？」

ここで留意してほしいのは、同僚の事例をたずねることで、この質問が比較的脅威に感じられないようにして、正直に答えやすくしている点だ。率直にたずねたければ、次のような聞き方を試してもいいだろう。

・「どんなときに職場で大きな後悔をしましたか？　その理由は何ですか？　そのやりとりの中で、あなたの落ち度はどのくらいありましたか？」

対面による面接では、候補者は内気すぎて参考になる回答ができないかもしれない。しかしオンラインの場合、いわゆる「真の告白」を引き出せる見込みがあると感じたら、試してみる価値がある。とはいえ、本当に胸の内を吐露する回答が得られた場合、その回答は相手が仕事を十分にこなせない、あるいは精神的問題を抱えている兆候と見なすのではなく、ひとつの情報として扱うこと。努力してその情報を引き出したのはみなさんであり、何らかの理由で通常よりも露骨な回答だった場合、そのような回答を求めたのはみなさん自身だということを忘れてはいけない。状況に応じて期待値を調整し、回答のポジティブな面に目を向けよう。こうした回答はみなさんの面接官としての成功を部分的に反映しているが、回答者の欠点を表しているとは限らない。

また、とくに男性の面接官と年下の女性の面接の場合などは、直接視線を合わせないほうが信頼関係を築きやすいということも覚えておこう。アイコンタクトは脅威になったり、場合によってはハラスメントなどの過去の不快な状況を思い出させたりすることもある。これもまたオンライン媒体があらゆる点で何か欠けていたり、劣っていたりするのではなく、単に対面と異なるだけであることを表している。

みなさんが面接を受ける立場なら、当然ながら、あまりカジュアルすぎたり、率直すぎたりしないよう自分を守りたいと思うことだろう。Ｚｏｏｍでデートしている人々の中には、オンライン・デートの前に「運動をして、シャワーを浴びて、デート用の服を着る」という儀式をすると安心するという人もいる。また、あえて一番いいコロンや香水を付けたり、さらには（あわよくばという期待から念のため？）ベッドを整える人までいる。これと同じように、十分に集中力を維持するため、多くの人は実際に対面による面接を受けるようなつもりで服装や準備を整えるべきだと私たちは考えている。そのため、十分自己管理ができていないような印象を与えてしまいそうなら、Zoom会議でもフォーマルな靴を履くことを考えてみよう。ただし、テクノロジーやベンチャーキャピタルなどのよりカジュアルな業界での面接については、この方法は**お勧めしない**。また、面接官の世界観に合ったスタイルで自己アピールしたかったら、適宜自分をどう見せるべきか考えよう。[13]

オンライン・コミュニケーションの未来

オンラインの面接は対面の面接とは本質的に異なる媒体によって行われるということを、なるべく早く認識したほうが良い。そうすれば、対面の面接で人材を見つける際に使われていた過去の基準に、手を加える必要があることがわかるだろう。テクノロジーが発展しても、この基本的な違いは変えられないのだ。

リモート面接のテクノロジーは「通用すれば十分」という考えにとらわれないようにしよう。いつの日かホログラフィーを使ったある種のバーチャルリアリティが開発されて、対面による面接を完全にシミュレーションできるようになるかもしれない。しかし、オンライン技術の進化は単に対面による面接に近づくということではない。私たちの注意をある特定の方向にゆがめているのだ。テクノロジーはすべての面が同時に進歩するわけではない（たとえば、バイアグラにはアルツハイマー病を予防する可能性もあることがあとから判明したのは、一部の人々の身体部位を延命させる効果のほうが、ほかの人々を延命させる効果よりも強かったからだ）。また、将来的にオンラインの交流が改善されたら、私たちの知覚に偏った影響を及ぼすだろう。たとえば、スクリーンの解像度が上がれば、発信される情報は増えるが、だからといって社会的存在感に大きな影響を及ぼすことはない。確かに客観的な意味では新しい技術のほうが「優れて」いる。しかし、より多くのピクセルに基づく印象が評価に加わるようになるだけであって、より多くの社会的存在感に基づく印象が評価に加わるわけでは**ない**のだと気づかなければ、判断を誤る恐れがある。繰り返しになるが、リモートのコミュニケーションの目的は「あたかもそこにいるかのような」状態に近づけることだと考えるのは間違いだ。[14]

その代わりにOculus（訳注：バーチャルリアリティ用ヘッドマウントディスプレイ装置）の技術が急速に発達し、バーチャルリアリティによる「パリ旅行」が、値段が安く便利な点を除けば本当の旅行と同じくらいの質になったところを想像してみよう。Oculusを使ったバーチャルリアリティによる面接でも、対面の面接と同じ感情的共鳴は得られないだろう。少なくともバーチャルな交流には、対面による出会いのような不自由さはないはずだ。みなさんのアバターは決してつまずいてコーヒーをこぼすようなことのないようにプログラムされているし、交通渋滞で面接に遅れることもない。また、バーチャルな三次元空間の部屋の様子を読み取るスキルは「現実の世界」で動きまわるのとまったく同じではないだろう。発達したバーチャルリアリティでは、誰もが少し生気がないように見えるかもしれない。まだ成熟していないテクノロジーについてアドバイスするのは難しいが、このテクノロジーが主流になるころには、面接官であれ、候補者であれ、こうした違いをどう補うか考えなければならないだろう。とにかく、新しいテクノロジーと実際の対面での面接とを混同しないことだ。

またここで少し未来のことを考えてみよう。オンラインの面接のほうが対面による面接よりも**多くの**豊かな情報を提供するようになった未来を思い描いてみてしてほしい。たとえばみなさんは、オンライン面接の様子をＡＩでモニターし、相手の健康状態や性格、次にするべき質問について実況解説してもらえるようになると想像しているかもしれない。さらに考えてみると、ＡＩ装置が伝えてくる情報を見るために常に下を向いていることはできないので、対面の面接でこうした技術を使うのは難しく、扱いにくいかもしれない。あるいは、未来ではオンラインのほうが対面の交流よりも「社会的存在感」をうまく伝えられるようになっている可能性もある。そんなことは当然ながら事実上不可能のように思えるが、人間はすべて同じではないことを覚えておこう。みなさんは面接において特定の個人的な存在感を経験するが、ほかの人だったら、同じ交流にどう反応したかはわからない。機械知能がオンラインの面接を分析し、候補者がみなさんだけでなく標準的な他者に対して、個人的存在感という意味でどんな「パフォーマンスをしたか」を報告するほうが簡単にできるかもしれない。繰り返しになるが、比較的不完全なコミュニケーション手段である対面の面接では、普段とは違った状況に陥ることもあるからだ。

しかし、こうした理想的と思われる状況ですら、ＡＩに基づく面接は評価にバイアスをもたらす。具体的にいうと、こうしたテクノロジーを使った場合、ＡＩがよく測定できる事柄に気をとられ、より雑音の多い情報にはあまり注意を向けなくなるかもしれない。また、多くの組織が同じＡＩ技術を使うようになると思われるが、その場合、みなさんにとって最も重要になるのはまさに個性的で雑音の多い情報だろう。誰もが人材を探しているなかで、みなさんはライバルが見つけられない人材を見つける必要があることを忘れないようにしよう。ＡＩが一般的に利用できるようになった場合、この挑戦においてＡＩがどれほど役に立つかは明らかではない。そして、ＡＩのおかげで、みなさんが探している、これまで過小評価されていた採用候補者を、ほかの人々も見つけられるようになると、みなさんのタスクはある意味で難しくなるかもしれない。

最後に対面での面接では、正しい決断がしにくい場合もあることを心に留めておいてほしい。面接で見られるすべての合図が適切なものとは限らない。Ｚｏｏｍの場合は、相手がどんな服装かわかりにくく（どんな靴を履いているかわかる人はいるだろうか？）、部屋に誰かが入ってきたときにどんな反応をするかもわからなければ、相手のにおいなど、さまざまな情報が欠けている。適切な人材を採用する上で、こうした情報のどれが重要かはわからない（どれも重要ではない可能性もある）。また、原則的に十分情報が提供されていたとしても、こうした領域の合図を誤解することもあるだろう。だからといってオンラインで交流するときに、最初からあきらめた態度で臨んではいけない——その面接のおかげで、自分自身が自分の最大の敵にならずに済む場合もある。また、少なくともオンラインでの会話は、本当に重要な情報により集中する機会を提供してくれる。

人々は本来自分が持っている誠実さがどの程度なのかを必死で隠そうとする。実はほとんどの時間、面接官をだましているのかもしれない。そもそも面接で不誠実だと思われたい人などいるだろうか？　ほとんどの面接官は相手の歩き方や一瞬の表情、第三者とのやりとりなどを考慮して、どれだけ本当に相手を信頼できるか、その判断が妥当かどうか判断する。しかし、私たちは実際のところ、こうした信号がどれだけ正確なのかわからない。そのため、もしオンラインの面接で、どの候補者からも偏りなくこうした信号が得られたら、より正確な判断ができるだろう。候補者の経歴をより詳しく確認しなければならないかもしれない。また、後ほど見ていくように、私たちは個人に関する最も信頼のおける情報源である「実証された優先傾向」つまり、実際の人生における活動や功績をとても重視している。

オンラインの面接では情報不足が予想されるが、そのおかげで面接官は女性などのマイノリティ・グループへの偏見を克服できるかもしれない。既に述べたようにオンラインの世界では、カリスマ性や社会的存在感を示す従来の合図が伝わりにくいが、多くの職業において、カリスマ性や社会的存在感は間違った指標である場合もある。とくにカリスマ的かどうか、どう解釈するかは文化によって大きく異なる。面接の際（オンラインでも対面でも）私たちから見ると、西洋以外の文化的背景を持つ人々は「過剰なほど」敬意を表すように感じる。彼らは恐らく突然かかわることになった文化的世界に関する深い知識がないことに気づき、失敗を恐れるあまり、礼儀正しさを頼りにしようとしているのだろう（ジェンダーと人種に関しては8章参照）。礼儀正しくすることは控えめに言ってもまったく問題ないが、こうしたアプローチをする人物のカリスマ性を判断するのは難しい。その結果、西洋出身の面接官は、こうした人々はあまりカリスマ的でないと結論づけたくなるだろう。しかしもちろん、それは間違いだ。相手はただ自分のカリスマ性を表現することを恐れているだけなのだから。オンラインの面接では**全員の**カリスマ性が弱まるため、人々に対する偏見が緩和されるかもしれない。繰り返しになるが、大事なのはオンラインの有利な活用方法を学ぶことである。

4

「人材《TALENT》」に知能《IQ》は必要か？

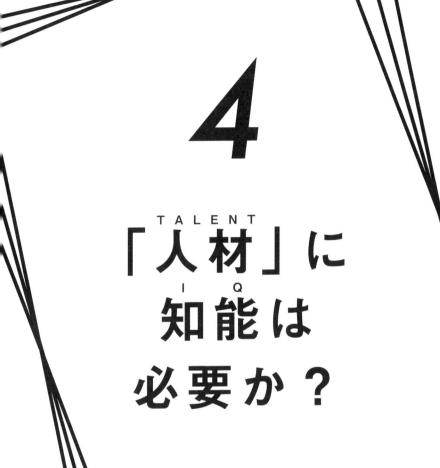

知能が話題に上ると、ヒエラルキーやランキングという発想を必要以上に助長しがちではないだろうか？　長い堂々めぐりの末、私たちは、一般に頭がいい人ほど知能を過大評価する傾向があるという結論に達した。しかし、知能が不可欠となる、とても重要な事例があることも研究により証明されている。そこで、知能が本当に重要となるのはどんな場合か、この疑問に関してわかっていることといないことについて、これからひととおりお話ししよう。既に述べたように、人材探しでは文脈がすべてを左右する。

まずは肯定的な面から見ていこう。知能があれば、ほかの人は思いつかないような新しいアイディアを見つけ、断片をつなぎ合わせるのに役立つ。また最高レベルのリーダーシップを発揮する場合、信用を勝ち取るには非常に高い知能が必要になるだろう。とても頭がいい人々を導く立場にある場合はなおさらだ。では、これから詳しく掘り下げていこう。

発明家、リーダー、起業家

まずは発明家について考えてみよう。とても優れたデータがあり、そこから導き出される結論は注目に値するからだ。これらのデータはフィンランドのもので、一九六一～一九八四年に生まれた男性労働者全員がカバーされており、徴兵の際に測定された知能指数（ＩＱ）とその後に就いた職業を比較している（ちなみに女性が対象となっていないのは、当時徴兵されたのは男性だけだったからだ）。研究者たちは、これらの人々の人生の大部分について、本人および両親の収入と学歴を含む包括的情報も持っていた。北欧の国々によく見られるように、このデータは広範囲に及び、信頼できるものと思われる。[1]

最も顕著な結果は発明家という職種に関するものだ。発明家を探している場合、ほかのどの測定可能な変数よりもはるかに重要なのはＩＱである。その上、ＩＱの測定値が高くなるほど、発明家である可能性が一層高くなる。ちなみにこの研究で使われたのはレーヴン漸進的マトリックス検査の一種で、言語能力より空間視覚能力を重視している。

ＩＱと発明家になる可能性との関係は、さまざまな方法で表すことができる。たとえばＩＱ測定値が九一～九五パーセンタイル（一〇〇人中上位六～一〇番目）または九六～一〇〇パーセンタイル（同五番目まで）の人々の場合、発明家である可能性は二～三パーセンテージポイント高くなる。また、仮にほかの要素が一定であれば、すべての人が上位十分の一のＩＱだったとしたら、統計的にいうと発明家の数は現状よりも一八三％増えると思われる。

発明家という職業に関する説明変数（訳注：結果に影響を及ぼすか、少なくとも結果に関連していると考えられる変数）のうち、ＩＱで説明できるものがどれくらいの割合を占めているかは注目に値するが、なんと全体の六六％に上るのだ（統計を学んだ人向けに説明すると、これは部分決定係数では**ない**。職業選択にかかわる変数のほとんどは測定できないからだ。この六六％とは、説明可能な測定された変数のうちＩＱに由来するものがどれだけかを表している）。この数字が驚異的である理由は、ほかの変数と比較するとある程度理解できる。たとえばＩＱの次に重要な変数である両親の学歴は、発明家になった人々のうち一％を占めているだけなのだ。[2]

これを最も簡単にいうと、ほとんどの人は発明家にはならないし、誰が発明家になるか予想するのはどんな場合も難しいということだ。それでも、このデータセットに含まれるすべての予測材料の中で、発明家になることをずばぬけてよく予想できるのはＩＱである。

これは仕事上の成功をもたらす要因として、ＩＱあるいは知能全般が過大評価されているという一般的見解と相容れないのではないかと思う人もいるだろう。しかし実際のところ、同論文で、ほかの主要な専門職に関しては、ＩＱが及ぼす影響はずっと少ないことが証明されている。たとえばフィンランドではどんな人が医師になるのか見てみると、説明変数に占めるＩＱの割合は、全体の八％にすぎない。弁護士の場合、ＩＱで説明できる変数はさらに少なく、約五％だ。つまり、概してＩＱはさほど重要ではないが、こと測定可能な変数が発明家になるという決断をどれだけ説明できるかという点において、少なくともほかの測定可能な変数に比べるとＩＱは非常に重要であると考えられる。

では、同じデータセットの中で、医師や弁護士になる人を説明する変数は何か気になる人もいるだろう。おもな説明変数は親の（ＩＱではなく）学歴で、これらの職業を選択した人々のうち、それぞれ三九％と五二％を占めている。また、親の収入の多さは発明家になるよりも医師や弁護士になる上で大きな役割を果たしている。

ひとつわかるのは、少なくともフィンランドでは、発明家は概してとても頭がいいということだ。これは恐らくフィンランドに限った話ではないだろう。一方、医師と弁護士になるには「良家の出身」であることがとても重要だ。恐らく法曹界や医学界で成功するにはこの種の社会経済的背景が本当に必要なのだろう。しかし、このデータを別の角度から解釈すると、フィンランドの法曹界と医学界はいくつかの意味で過剰に排他的であり、単に適切な社会経済的背景や出自に恵まれなかったというだけで、頭のいい潜在的候補者の多くが排除されているということもできる。

市場経済の中で頂点を極める

非常に才能があり、業績分布のトップ近くに位置する人々は、いくつかの基本的意味で発明家と類似していると私たちは考えている。こうした人々がそれぞれの専門分野でトップに立てたのは、新しい方法をいち早く開発したからだ。キュービズムを生みだしたピカソやブラックしかり、従業員に日給五ドル支払うべきだと気づいたヘンリー・フォードしかり、検索の問題は十分に高度な数学を駆使すれば解決できると気づいたセルゲイ・ブリンとラリー・ペイジしかりである。こうした人々はほかの人の目に入らない隅々まで目を配る必要があり、私たちの予想では、知能が重要でありつづける可能性が最も高いのは、このような分野である。

ある緻密な研究ではＩＱ分布の上位〇・五％という、極めてＩＱの高い人々の生涯賃金とIQの関係を調べた。このデータは当初一九二一〜一九二二年にカリフォルニアの学校で男子八五六人、女子六七二人を対象に行われた調査に基づき選ばれたもので、彼らが一生のうちにいくら稼いだかを追跡している。この研究において、IQが一ポイント上がるごとに収入は五％増え、このデータセットにおいては生涯収入が一八万四一〇〇ドル（訳注：論文が発表された二〇一八年当時のレートで約二〇二五万円）増えることがわかった。つまり、テストの結果がとても良かった人々のあいだでも「さらに頭がいい」と賃金が顕著に増える。また、非常に重要なのは、このIQが高い集団では、対象者全体と比べ、賃金／IQの傾斜が急であることだ。トップ層におけるこの急傾斜は、知能が最も大きな影響を及ぼすのは、非常に高い業績を達成している人々であるという私たちの見解と一致している。[3]

達成するレベルが高いほど知能の影響が大きくなるという主張を最も広範囲で検証したのは、一九六八〜二〇〇七年にわたり一万二五七〇人の労働者を網羅したスウェーデンのデータセットだろう。この集団のデータによると、分布の最下層では性格と誠実さが最も重要であることがわかる。たとえば賃金が下から一〇分の一までの人々にとっては、性格特性等の非認知能力が認知能力よりも二・五～四倍重要である。しかし集団全体で見ると認知能力が一標準偏差上がるほうが、非認知能力が一標準偏差上がるよりも、賃金の上昇幅が大きい（ちなみに標準偏差とはデータのばらつきを表す統計的概念だ。ひとつのサンプルにおいてある変数が「正規分布」している場合、平均値を中心にそのサンプルの固体の約六八％が一標準偏差の範囲に含まれる）。さらに認知能力と賃金の関係は凸状であり、賃金分布の上部ほど認知能力の高さから賃金の高さを的確に予想できる。つまり、この場合も、分布の最上位では業績を上げるために知能が本当に重要になるということだ。[4]

しかし、たとえそうだとしても測定された知能が高ければ成功が約束されているなどと考えてはならない。測定された知能が高い人の大半は仕事で大成功を収めないからだ。

トップレベルの人材は成功の乗法モデルと呼ばれるモデルで適切に説明できる。乗法モデルでは、最終的に成功するにはいくつかの特徴がかなり厳密に組み合わさる必要がある。特定の特徴の強さを表す変数が何らかの方法で掛け合わされ、強力な最終効果を発揮するのだ。たとえばクラシック音楽の一流作曲家になるには、優れた学習習慣と音楽の才能、ピアノを弾く能力、管弦楽の作曲をするスキル、粘り強さに加え、ヨーロッパ中央部またはその周辺の音楽の中心地の出身である必要があるかもしれない。上記のすべての特徴がそろっていれば、モーツァルトやベートーベンのように魔法のような結果が待っているだろう。しかし、これらの特徴のうちひとつでも足りなかったら、恐らく完全な成功はできないはずだ。たとえば音楽の才能があっても優れた学習習慣がなければ、地元の即興演奏家としては一流になれても、ペンを取って紙に向かい、大交響曲を作曲することはない。

ではここで、優秀なチェスプレイヤーながら、格段の努力をしなかったため、世界ランキングでは頂点を極められなかったアルメニア人のウラジミール・アコピアンの発言について考えてみよう。「才能のあるチェスプレイヤーは大勢いるはずです。私自身、時々とても才能のあるプレイヤーと対戦します。才能という意味では、多くのプレイヤーが肩を並べています。才能は特別なものではないのです。一方、努力はとても重要です。努力だけでなく、プレイヤーの性格的弱さや精神的不安定さによって差が出ることもあります。チェスはとても複雑なゲームであり、これらすべての要素が影響するのです。純粋に才能という意味では、私だけでなく、多くの人がトッププレイヤーさえ超える才能を持っているかもしれません。これはありうる話です。しかしながら、才能だけでなく、努力する意志とチェス以外のすべてを犠牲にする覚悟、精神的強さといったあらゆる要素を考慮すると、すべてを備え、頂点を極められる人は多くありません。プレイヤーが世界的エリートの域に到達するために必要な要素はたくさんあるのです」。チェスの試合で頂点を極める人々がとても頭がいいことは確かだが、チェス以外の分野において、チェスでの功績と知能との非常に強いつながりを示す証拠はない。[5]

トップレベルの業績を上げている人々において、知能の重要性が非線型的（訳注：グラフに表したとき、比例関係のように直線にならない関係）な例を考えるのは簡単だ。トップレベルのＣＥＯや野球投手になったり、科学者としてノーベル賞を受賞したりするには、さまざまな特徴を兼ね備えていなければならないが、この場合も、全体は各パーツの合計を超えている。これを私たちは**完全なパッケージ**と呼んでいる。

その結果、完全ではないデータセットから、たとえば非常に高い知能など、重要と思われる変数に基づいてすべての選択を行っても、成果を上げられないことに気づくだろう。繰り返しになるが、より高いレベルの成功を目指すなら、完全なパッケージを持った人を選ぶ必要がある。比較的よく設計された統計的研究から、知能の限界価値（訳注：供給量が一単位増加した際に増加する価値）がゼロであると証明されたとしても、トップレベルの人々はそれぞれの職業においてとても知的である必要があり、そうでなければ完全なパッケージを提供する機会を実際に得ることはない。つまり、こうしたレベルの人材探しでは、非常に知的な人材を探すことが不可欠であるということだ。

「人材《TALENT》」が発掘されていない未踏領域

同じ才能を求める競合企業が存在しないある種の才能に、みなさんが最初に目を付けた場合、共に知能も求める価値は比較的高い。つまり、とても若い人や遠隔地あるいは経済的にあまり調査されてない地域出身の人々および初めてネットワークに加わった人の場合、知能はその人がいかに有望であるかを表すより良い指標となるということだ。逆に既に業績が確立された六〇歳の人の採用を検討している場合、採用者の質を表す指標としての知能の価値は低くなる。

みなさんが知能などの望ましい性質を見いだすのが得意だと思うなら、若い人と働き、若い人材を探して開拓する時間を増やすといいだろう。また、外国の労働市場にもっと目を向けるという手もある。アメリカ国内でも、東海岸や西海岸の都市やその近郊は人材が探し尽くされているが、ほかの地域なら、まだ比較的手つかずのところもあるだろう。あるいは少なくともみなさんにとって、知的な人材を探すのは絶望的だと思ったら、比較的年齢の高い人々が多く働いている部門に目を向け、経歴や履歴書から最も適した人材を探してもいい。

市場の頂点において、知能その他の才能を持った人物を見つけることが比較的重要となるもうひとつの理由は、まだ探究されていない領域を取り込めるからだ。マーク・ザッカーバーグやポール・マッカートニー、バスケットボール選手のレブロン・ジェームズのように最高の業績を持つ人々がどのように能力を磨いていったのかを考えれば、まだキャリアの初期にあるスターをうまく見つけられるだろう。ピーター・ティールはマーク・ザッカーバーグを支援した最初のベンチャー投資家であり、マネジャーのブライアン・エプスタインはビートルズの才能を見いだして育てた。そして、どちらのケースも大きな利益を得ている。

逆説的に聞こえるかもしれないが、非常に高いレベルにおいて、知能や活力、その他の有益な性質を見いだすのは難しいかもしれない。その理由は、事実上、当然ながらマーケットの頂点は通常まだ探究されていない領域だからだ。最も才能ある人々はたいてい何か非凡なことや斬新なことをしていて、信じがたいほど才能に恵まれているため、少なくとも彼らの最終的な業績が完全に明らかになるまで、ほとんどの人は彼らの才能をよく理解できないことも多い。たとえば、グスタフ・マーラーが目の前に座って自分の作品のメロディをハミングしても、聴く側は彼が史上最高のロマン派の作曲家になる潜在的能力を持っていることを見抜くのに必要な才能を持っていないかもしれない。

つまり、非常に才能のある人々を最もよく見いだせるのは、非常に才能のあるほかの人々であり、そして世の中には非常に人材探しの才能に恵まれた人はあまり多くないということだ。もしみなさん自身が、才能のある人を見つける非常に高い才能を持っているなら、過小評価された知能や過小評価された優れた職業的習慣、過小評価された意欲など、多くの例を見つけられるだろう。こうした性質に気づける人はほとんどいないことから、みなさんはそれらが過小評価されていると（正しく）認識できるはずだ。たとえば一九六一年の段階で、ビートルズが世界に衝撃を与えることを理解できる人などいただろうか？（実際、多くのレコード会社に断られ、アメリカでの初期のレコードはヴィージェイ・レコードという比較的無名のレコードレーベルから発売された）。6

みなさんは音楽業界のジョン・H・ハモンドの話を知っているだろうか？　ハモンドはボブ・ディランやブルース・スプリングスティーン、ビリー・ホリディ、カウント・ベイシー、ベニー・グッドマン、ビッグ・ジョー・ターナー、ピート・シーガー、アレサ・フランクリン、ジョージ・ベンソン、レナード・コーエン、スティーヴィー・レイ・ヴォーンほか、数多くのミュージシャンを発見し、売り出したタレントスカウトであり、熱心な音楽愛好家であり、良き指導者でもあった。これは華々しい記録だが、ハモンドに関する文献を読んでも、彼の魔法がどのようなものだったのか、どうすればほかの人にもまねできるのかはわからない。ハモンドは確かに多くの時間を音楽や音楽家と過ごすことに費やしていた。裕福で、子ども時代から自立していて、人種差別の激しい時代だったが差別意識を持たずに仕事をした。言い換えると、ほかの人々が見逃していた黒人ミュージシャンに注目していたのだ。次にあげるジョージ・ベンソンの言葉は、ハモンドが成功した理由を解明する手掛かりとなるだろう。「ジョン・ハモンドは僕のレコードが何枚売れるかなんて必ずしも気にしていませんでした。むしろ『この才能あるミュージシャンのパフォーマンスを観て、僕と同じくらい楽しんでくれよ』というアプローチだったのです」。しかし、ハモンドのスカウトとしての経歴を見ると、結局のところ、メインストリームの人々がトップレベルの才能をすぐに見抜けなかったのは、まさにクリエイターたちが、何か斬新で、オリジナルなことをしていたからだということがわかる。[7]

乗法モデルが潜在的トップパフォーマーにも当てはまるのであれば、十分調査されていない人材という概念は重要だ。完全なパッケージを持つ人を見つけるのは、知的な人やギターが上手な人、または時速九八マイル（時速約一五七キロ）の球を投げられる人を見つけるよりもはるかに大変である。これらの具体的な特徴は、**比較的**簡単に見つけ、測定できる。しかし、完全なパッケージを持った人を見つけるには、さらに深い総合的な能力とかなりの幸運、そして私たちが起業家的注意力と呼んでいる、ほかの人々には見えない才能を見つけ、認識する能力が必要なのだ。

協働する集団全体を選ぶ場合

才能のある人々は、多くの場合、ダイナミックかつ非線型的に互いを高め合う。これは才能の尺度としての知能にも当てはまる。ジョージ・メイソン大学に勤めるタイラーの同僚の一人、ギャレット・ジョーンズは、これをテーマに『Hive Mind: How Your Nation's IQ Matters So Much More than Your Own（集団意識：あなた自身のＩＱより も国家のＩＱのほうがはるかに重要な理由）』という本を書いている。この中で、ジョーンズはいかに知能が非線型的な好影響を及ぼしうるかを強調している。たとえばビル・ゲイツを一人でジャングルに置き去りにした場合、彼より才能のないマネジャーよりも優れた行動をするとは限らないが、厳選された一〇〇人のサポーターのチームと一緒なら、明らかに優位に立つだろう。[8]

また、洞察力について、別の方向からも考えてみよう。たとえばうまく機能していない会社に非常に賢明な人物を送り込んだとしよう。この人物は自分だけでは物事を改善できないかもしれない。根底にある望ましくない習慣や規範、期待が、望ましくない企業文化に反映されているからだ。こうした状況を改善するのは至難の業だ。しかし、有能で協力的な社員ばかりの会社なら、大幅に改善できるだろう。同様に、粘り強く、用心深いディフェンスをしないバスケットボールチームに優秀なディフェンダーを一人投入しても、あまり役には立たない。誰かが担当の仕事を怠れば、敵のシューターが野放しになる。優秀なディフェンダーがたった一人では、相手チームのシューター全員を防ぐことなどできない。しかし、チーム全員が一流のディフェンダーなら、チームが一丸となってディフェンスすれば非常に効果的であることを証明できるだろう。

シリコンバレーはほかのどの地域と比べても、ソフトウェア開発で成功することがはるかに多く、これは（天然資源ではなく）人的資源のおかげであり、またこうした人々がうまく協力し合っているためである。ソフトウェア開発という文脈において協力は賢明な手段だからだ。シリコンバレーとたとえばイリノイ州シカゴ市のソフトウェア開発における生産性の差は、高いＩＱと低いＩＱの（比較的小さい）賃金格差よりもはるかに大きい。シリコンバレーでは大勢の非常に知的な人々が協力し合いながら働き、ソフトウェアを開発し、互いに起業の方法を教え合っている。シカゴとシリコンバレーでは重視している点が異なるため、シリコンバレーには数多くのユニコーン企業（企業評価額が一〇億ドルに達するスタートアップ企業）が存在するが、シカゴにはそれほど存在しない。この差はうまく組織された集団の力を証明している。

その上、知能の高い人々のほうがうまく協力し合えることを直接証明したエビデンスも存在する。研究者のエウジェニオ・プロト、アルド・ラスティチーニ、アンディス・ソフィアノスは参加者にお金を払い、現金の報酬を伴うさまざまな種類の協力ゲームをしてもらった。研究者たちはゲームをする参加者の性格特性とＩＱのデータを持っていたため、異なるタイプの人々について、その作戦と成功を測定することができた。この実験の結果は明確だった。ＩＱの高い人ほど一般にこれらのゲームで協力し合うことが多く、また短期的な目標を達成しようとするとより長期的な配慮ができず、長期的な配慮をすると短期的な目標を達成できないタイプのゲームほどＩＱの重要性が高かったのだ。研究者はこう述べている。「より長い目で見た場合、知能はほかの要素や性格特性よりもはるかに重要である」[9]

また、みなさんは社員が適切に協力し合える環境を整える必要がある。つまり、知的で優秀な社員たちが互いに足りない部分を補い合えるようにするのだ。個人の知能と個人がより大きな集団の生産性にどう貢献できるかは別の問題だ。プロバスケットボール選手のステフィン・カリーがゴールデンステイト・ウォリアーズで本領を発揮できたのは、ほかの強いシューターとペアを組んだからだ。こうした選手のおかげで、相手チームはカリーのガードに専念できず、カリーは味方のシューターにボールをパスすることができる。もしチームメイトのスピードが遅く、大柄の選手が多かったら、カリーは今ほど活躍できなかったかもしれない。

では、実際のところ雇用主あるいはタレントスカウトにとって、これはどんな意味があるだろう？　比較的成熟した組織のために誰か一人を採用する場合、その人の知能や才能にかかわるその他の特性よりもその集団に適応する能力のほうが重要となる。一方、スタートアップ企業を立ち上げる、あるいはゼロから組織をつくるためにチーム全員の求人を行う場合、知能と協調性を含む、さまざまな才能がはるかに重要になる。とても知的な人々をまとめて雇えば、非常に前向きで、ダイナミックで、非線型的利益を生みだせる可能性がある。比較的短期間でチームのメンバー全員を雇う場合、才能を示す要素により注目すべきだ。

スタートアップの世界に仲間がいて（タイラーにとって、ここでいう仲間とはダニエルのことだ。ちなみにこの段落はタイラーが書いている）、その仲間が非常に知的な人々と働いているとしても……うらやましがる必要はない。むしろ世の中は良い方向に進んでいると思いながら、安心して眠りにつくことができるだろう。

知能《IQ》への反抗

とはいえ、知能には真に重大な限界がある。それらをこれから見ていくことにしよう。対象とするのがより一般の人々の場合、実績と成功に及ぼす知能の影響は少なくなる。

まずは私たちがこれまで出会った中で最も賢明な人物の一人、マーク・アンドリーセンの見解から紹介しよう。アンドリーセンはベンチャーキャピタル、アンドリーセン・ホロウィッツの共同ファウンダーで、テキストと画像を同じウィンドウで扱えるウェブブラウザを発明した人物だ。ベンチャー投資家として、マークはFacebookやTwitter、Groupon、Lyft、Airbnb、Stripeを始めとする数多くの企業の資金集めに協力してきた。マークの頭の良さを疑うなら、今のようなウェブブラウザなどなかった時代にNCSA Mosaicを発明したことの意味を考えてみてほしい！　しかし、それだけではない。マークに質問をしたら、政治哲学から古代ローマ史、ハリウッドにおける契約の仕組みに至るまで、ほぼどんな話題でもよどみなく鋭い見解を語り、みなさんをびっくりさせることだろう。

しかし、そんなマークですら一般的に知能が過大評価されていると認識している。

二〇〇七年にマークは「これまで一緒に働いた中で最も優秀な人々を雇う方法」と題する論文を書いた。[10] その中で、人材雇用の際に知能が過大評価されていると論じているのだ。知能は文脈に左右されるものであり、その企業が市場に関して既に好ましい状況にあるときに最も重要となるとして、マイクロソフト社とグーグル社をこの現象の例にあげている。知的な人材募集中という看板を出したり、論理的難題を解くよう社員に指示したりするだけで成功した企業はない。知能が高いのはもちろん良いことだが、ほかの要素がすべて同等なら、人材を雇う上でより重要となるのは意欲と自発性、好奇心、倫理感だとマークは論じている。また、彼はとくにインターネットを使って余暇に自分の専門分野について無料で最新の動向を把握できる時代において、意欲のある人はかなり高い確率で好奇心も強いとも述べている。

私たちもマークの主張には一理あると思う。では、なぜ一般的に知能を最大限に優先するのは適切な方法といえないのか？　より体系的かつデータに基づく理由についても考えてみよう。

知能《IQ》の形式的な測定値だけでは、収入を正確に予想できない

人材を評価する方法のひとつは、結果的にその人物がいくら稼いでいるか調べることだ。市場が常に正しいとは限らないが、ある特質がまったく賃金と結びつかないとしたら、その特質は生産性においてさほど重要ではないのかもしれない。

経済学者のジェフリー・Ｓ・ザックスとダニエル・Ｉ・リースがウィスコンシン州のデータに基づいて行ったＩＱと収入の関係を調べた代表的研究によると、ＩＱのポイントがひとつ上がると、生涯賃金が平均で一％未満増加することが予想された。しかし、概してＩＱが一ポイント上がるごとに生涯賃金が一％上がるという相関関係の推定値はやや気前が良すぎる。別の研究ではＩＱが一ポイント上がるごとに生涯賃金は〇・五％しか上がらないと試算されているからだ。要するにＩＱが増えてもさほど

収入は増えないということだ。[11]

ノーベル経済学賞受賞者であるジェームズ・ヘックマンも共著者となっている別の研究結果から、知能が二五パーセンタイルから七五パーセンタイルに上がると、収入は一〇〜一六％増えることがわかっている。この一〇〜一六％の賃金格差は生活水準から見るととても控えめな差であり（ちなみに税引前の数字だ！）、アメリカの標準的な地区に住む人々のあいだの賃金格差や一般的な仕事の初任給と一〜二年勤めて昇給したあとの給与の差はこれよりはるかに大きい。[12]

また、最近発表されたカナダの賃金に関するある研究も一考する価値があるだろう。この研究で用いられた計算はいくぶん複雑だが、おもな結論は、認知能力が一標準偏差上がると、賃金が一三〜一六％上がるということだ。これもまた知能の差はかなり大きいが、わずかな賃金の差にしか結びついていない。つまり、知能の差が、それなりに大きいが著しい差というほどでもないケースについて考えると、彼らの賃金の差はわずかだということがわかる。[13]

さらに別のアプローチとしては、トップの業績を上げている人々を対象に、彼らがどれだけ知的かを、完全ではなくとも一般的な測定法ではある、知能テストで、調べるという方法もある。ただし、こうしたデータはなかなか見つからないため実際に研究を行うのは難しいが、スウェーデンのＣＥＯを対象にしたとても優れたデータがあり、このデータに基づいた研究が行われている。この研究のおもな結果によると、中央値、つまり「最も一般的な」小規模企業のＣＥＯは認知能力においてスウェーデンの全人口の六六％を上まわり、大企業のＣＥＯの認知能力の中央値はスウェーデンの全人口の八三％を上まわった。どちらのケースも参加者は平均よりも賢かったが、上位一％はおろか、五％にすら入らなかった。つまり、ＣＥＯに関していえば、とても高いレベルの業績を上げていたとしても、少なくとも知能テストで測定した限り、みなさんが思うほど頭がいいわけではないということだ。[14]

また、知能と業務遂行能力に関する学術的文献もかなり多く存在する。なかでも最も慎重かつ示唆に富んだ研究はケン・リチャードソンとサラ・Ｈ・ノーゲートによるものでＩＱは本当に業務遂行能力を予想しているのか？」というタイトルだった。ＩＱと一般的知能は必ずしも同等ではないが、研究者たちの結論は「基礎研究によると、一般にこうした（ＩＱと業務遂行能力の）相関関係では分布の九五％が説明できない」[15]という厳しいものだった。

つまり、ほかの要素はほとんど考慮せずにＩＱの高い候補者を探すのは才能ある人材を見つける上で良い方法とはいえない。一般的に危険なのは、恐らくみなさんも含め、知的な人ほど知能を過大評価しがちだということである。恐らくこれはそれほど驚くことではないだろう。

知能《IQ》はしばしば市場価格に反映される

知能そのものに執着すべきではない別の理由は、知能は市場価格に反映されているからだ。ほとんどの人はある種の頭の良さに価値を見いだすため、明らかに頭のいい人々を求めていたら、彼らに最高の金額を支払うことになる。しかし、明らかに頭のいい人々が、必ずしも明らかな掘り出し物だとは限らない。

ここで金融学を例に考えてみよう。もし誰かが「頭のいい人ばかりがいる企業の株を買い占めなさい」と言ったとしたら、これは良いアドバイスではない。知能の重要性を信じたければ好きなだけ信じてかまわないが、優良企業は株価が割高になる傾向があり、少なくとも知能を重視する限り、頭のいい人ばかりの企業も同じ傾向が当てはまるだろう。経済学者たちはかなり以前から、価格を度外視して優れた性質を追究して投資しても、余分に利益を得られるわけではないことに気づいていた。その代わりに重要となるのは、過小評価されている企業、つまり隠れた長所を持つ企業を見つけることだ。求める特質が知能であれ、ほかのものであれ、隠れた長所は優秀な人材の採用にも当てはまる。

場合によっては「勝者の呪い」と呼ばれる現象が起き、他社と張り合って必要以上の賃金を支払うことになるかもしれない。ある一人の働き手を獲得するため、いくつもの企業が名乗りを上げている場合、この競争に勝つ可能性が高いのは、その人物を過大評価した企業であり、こうした企業は最終的に割高な賃金を支払うことになる。たとえ勝者となる企業が候補者の資質に対してさほど過大な値を付けていなかったとしても、獲得競争に勝って得られる利益は期待していたほど多くない場合もある。

才能を示す特定の要素をどれだけ追究すべきかは、そのビジネスの性質や利益源により異なる。たとえば強いブランドを持っている、あるいは競合他社には簡単にまねできない特別な立場であるため、多くの利益を得ているとしよう。その場合、特別な人材を採用することで利益を得る必要はない。必要なのはうまく事業を維持するための労働力だけだ。才能ある人材に見合う市場価格を支払ってもまったく問題ないし、そこには知的な人材も含まれるかもしれないが、市場評価を上まわるよう努力する必要はない。このビジネスには別の長所があり、それが役立っているので、こうした長所が失われないようにする必要があるが、無難な人を雇い、正規の賃金を支払うという戦略でもいいだろう。

また、ベンチャーキャピタル企業やスポーツチームのように優れた人材選択に基づくビジネスモデルもある。その場合、普通の人材に対する一般的な市場価格を支払うだけでは十分ではない。ダイヤの原石を見つけるには、すぐ手に入る情報だけでなく、その先まで考える必要があるのだ。たとえば三回ＮＢＡチャンピオンに輝いたステフィン・カリーは二〇〇九年のドラフトでは、いまだに無名のジョニー・フリンよりもひとつ下の七位だったが、いずれは殿堂入りするだろう。ドラフトの時点で、カリーは背が低すぎると思われた。そして、プロになってからも、当初は明らかなスター選手ではなく、度重なる怪我に悩まされていた。以上のことから、基礎的な統計を見て、天の啓示に期待するだけでは不十分であり、本当に重要な特定の種類の知能をどう選ぶか慎重に考えなければならない。二〇〇九年の時点ではそれが何か明らかではなかったが、ステフィン・カリーはただ素晴らしい運動神経だけでなく、バスケットボールにかかわる抜群の知能を持っていたため、それまで誰も成しえなかった方法でスリーポイントシュートを練習し、習得できたのだ。

知能への執着から解放され、文脈を理解する重要性を説いてほしければ、ほかの多くの仕事に目を向けるといい。たとえばアメリカ大統領はどうだろう？　大統領の仕事に近づくだけでもかなりの頭の良さが求められるはずだ。選挙に勝てるくらい多くの有権者にアピールする方法を学ぶなど、少なくとも特定の分野に精通する必要がある。しかし、そうした範囲にいる人々にとって、本当のところ頭の良さはどれほど重要なのだろうか？　実際、知的な大統領ほど優れているという見解を明らかに裏付けるデータはない。たとえば歴史学者はたいていウッドロー・ウィルソン、リチャード・M・ニクソン、ジミー・カーターを二〇世紀で最も理知的な大統領にあげる。ここで政治的議論を始めるつもりはないが、三人に関する記録を見ると、合理的な基準のほとんどにおいて、彼らの評価はひいき目に見ても賛否両論ある。ウィルソン政権時代は人種差別的、分離主義的政策が増え、彼が遺した第一次世界大戦の遺産が第二次世界大戦につながった。ニクソンは外交政策と大気汚染防止法で見事な実績を残したが、根っからの嘘つきで、スキャンダルで窮地に陥り、不名誉な形で辞任せざるを得なくなった。その一方で、ニクソンが著書の中で見せた知性と教養には目を見張るものがある。ジミー・カーターについては議論が難しい。とはいえ、カーターは再選を果たせず、外交の手腕もなく、アメリカに高インフレと高金利、経済の混乱をもたらしたと見ている人も多いだろう。その多くはカーターのせいではないが、明らかに成功したアメリカ大統領の一人とはいえない。

どのアメリカ大統領が成功したか、各党の熱心な支持者の意見が一致することはないだろうが、よく名前があがるのはフランクリン・ルーズベルトとロナルド・レーガンだ（当然ながら、回答者の党派やイデオロギーによって、選ばれる大統領は変わってくる）。ルーズベルトもレーガンも伝統的な意味において知的ではなかったが、その一方で二人ともかなり抜け目がなかったことは確かだ。しかし、少なくとも標準化したテストで測定できるような知能という意味で、一般に最も頭の良い大統領とは見なされていなかった。

私たちは候補者の知能レベルを考慮して大統領を選ぶべきだといっているわけではない。むしろ私たちが指摘したいのは、大統領に当選する可能性のある人物だけに注意を向けると、知能以外の要素がより重要になってくるということだ。

全米大学雇用者協会による二〇二〇年の雇用見通し調査を見ると、知能を重視していることがわかるが、同調査は（アメリカではマイノリティである）大学の卒業生に焦点を絞っているため、これは驚くことではない。採用候補者に最も求められる資質は「問題解決能力」であり、これはかなり明らかに直接的に知能と結びついている。しかし、二番目は「チームで働く能力」と「強い労働倫理」であり、全体としては上位一〇位のうち七つは知能と関係していなかった。つまり、この調査によれば、知能が重要であることは明らかだが、こと適性においては圧倒的優位を占めているわけではないということだ。[16]

以上が知能に関する私たちの見解だ。次は性格について見ていこう。

5

「人材《TALENT》」におけるパーソナリティとは？

第Ⅰ部：基本的特性について

イーロン・マスクはいろいろな意味で型破りな人物だ。PayPalやスペースX、テスラといった年商一〇億ドルを超える企業をいくつも築き上げたり、単独または共同でファウンダーとなったりしている。マスクはStarlinkを使って全世界がインターネットにアクセスできるようにする計画を立てたり、太陽光発電で成功したベンチャー企業、SolarCity社に設立資本金を提供したりもしている。また、トンネルを建設するBoring Company社も創設。宇宙にも行ったことがある。脳とコンピュータをつないで操作したり、コンピュータから脳に直接刺激を送ったりするブレイン・マシン・インターフェイスを開発するNeuralink社と人工知能を研究する非営利団体OpenAIの共同ファウンダーでもあり、世界の長者番付で一位にもなっている。その一方で、人気コメディアン、ジョー・ローガンのビデオポッドキャスト番組出演中にマリファナを吸ったこともあれば、(そのせいで、スペースX社がアメリカ政府に衛星打ち上げサービスを提供している関係で保持していた機密取扱資格を失うリスクを冒した)こともあれば、証券取引委員会に問題視されるようなツイートをしたり、最初はジョーク通貨として始まった暗号通貨ドージコインを巧みな宣伝とツイートで(しばらくのあいだ)非常に価値の高い暗号資産にしたりしたこともある。イーロン・マスクは必ずしも「やりたいことは何でもやる人物」とはいえないが、現在のビジネス界のほかの誰よりもこの呼び名にふさわしいだろう。しかも、リスクに対する耐性も非常に高そうだ。

当然ながらほとんどの場合、みなさんは次なるイーロン・マスクを探しているわけではないだろう。これは幸いである。次なるイーロン・マスクなど存在しない可能性が高いからだ。とはいえイーロン・マスクは、活動の幅を広げ、彼のように卓越した知性を持っていてもそれだけでは及ばなかったであろう範囲まで影響を及ぼす上で、性格がいかに重要であるかを証明した。

では、特定の状況において、本当に重要なのは性格のどの特徴であり、それらの特徴のうち見落とされたり、評価されなかったりしがちな特徴はどれだろう？　性格について、人々はどのような誤解をしているだろうか？　この章では標準的な性格心理学および最もよく議論されている特性のうちいくつかを取り上げ、著者たちの見解を述べるが、次章では、一般的ではなく、まだ十分テストされていない性格の概念について推論を交えて考察する。

最初にシリコンバレーのベンチャーキャピタルが性格の評価によく使っている、いわゆるビッグファイブ理論（五因子性格モデル）を詳しく分析した上で、次にメディアで盛んに使われている話題の用語を検証する。これらの用語は未来の労働者に求められる特性を表している。未来の労働者は開放的で冒険的、大胆など、最新の標語にうたわれている特性を兼ね備えていなければならないというのだ。通常、こうした主張はある程度正しいが、**当てはまるのは特定の文脈のみ**である。そのため、性格について考える上で必要不可欠なスキルのひとつは、性格と仕事に関する主張を聞いたら、その主張が普遍的なものではなく、いかに文脈に左右されるかに気づける能力だ。

ビッグファイブ理論について、私たちは次のように考えている。このモデルのことを初めて知った人やまだ使ったことがない人は何かを学ぶことができるが、この理論を実際に利用したり引用したりしている人のほとんどは、その効果を大幅に過大評価し、限界を見落としている。この章を書くにあたりダニエルとタイラーは、ビッグファイブ理論を極端に強調しないよう、互いに注意し合わねばならなかった。そして、実のところ二人とも最終的にこの理論を重視しないことにした。ダニエルには心理学者で予測的性格研究の限界を理解している姉妹がいたのが幸いした。一方、タイラーは経済学者で、経済学はしばしば理論というより技術であり、心理学の領域においても通常普遍的に予測できる法則など見つけられないことを知っていたのが役に立った。こうして二人がビッグファイブ理論について二年間にわたり議論し合った結果をこれから紹介しよう。

ビッグファイブ理論

ビッグファイブ理論は人間の性格を、最もシンプルで感覚的に理解できる説明的要素に要約することを目的としている。採用候補者の分類に時々使われるこの理論の主要な形式は、性格を理解するための五つの主要な分類として、神経症傾向、外向性、開放性、協調性、誠実性を提示している。これらの五つの因子は複雑で数々の議論が交わされているが、簡単に定義すると次のようになる。

神経症傾向

恐怖、悲しみ、困惑、怒り、罪悪感、嫌悪感などの否定的な感情と否定的な影響を経験する一般的な傾向。

外向性

外向性の高さは社交的な性格、人懐こさ、愛想のよさ、話し好き、ほかの人々とかかわりたいという積極的な欲求として表れる。

開放性

この特性には寛容さ、新しいものや多様な考えを探究する意欲、実験を好む傾向、好奇心、さらなる可能性を考える積極的な想像力が含まれる。

協調性

協調性の高さは、他者と仲良くし、他者を助け、他者に同情し、協力したいという欲求を意味する。協調性が低い人は、競争的で他者と異なる行動をしようとしがちである。

誠実性

誠実性が高い人は、自制心が強く、とても責任感があり、義務感が強く、通常は頼りになるため、計画を立てたり、物事を組織したりするのがうまい。

一般にトップレベルのベンチャー資本家は、まだ発見されていないファウンダーを探している場合、とても気難しく、開放性が高い人物を探す。気難しい人々は、たとえほかの人々が納得していなくても、新しいアイディアを信じて全力で前進する。その上、開放性も高ければ、その人物はむしろイノベーターとなり、必要であれば喜んでフィードバックを受け入れる。

ただし、誤解のないようにいうと、これらの性格特性について、どれが「良い」特性でどれが「悪い」特性か、条件反射的に判断すべきではない。たとえば神経症傾向は悪いことのように聞こえるかもしれないし、状況によっては好ましくないが、無条件で悪いというわけではない。社会的正義という大義のために、不正に気づき、抗議できる活動家を採用したい場合、神経症傾向は望ましい特性かもしれない。歴史上とくに重要な数々の社会運動において指導的役割を務めた人々は、ビッグファイブ理論でいうと高い神経症傾向があると見なされた可能性があるのだ。たとえばジャンヌ・ダルクやジョン・カルビン、ガンジーを性格の観点から分類できるような公式な情報はないが、彼らは一般に厄介者あるいは扱いにくい人物と見なされていたことは確かだろう。繰り返しになるが、文脈が重要なのだ。同様に開放性が高すぎる場合、有益な努力と有益ではない努力を区別する能力が足りないのかもしれない。また、協調性は浅薄さの表れである可能性もあり、極端に外向的な人はすぐにまわりを不快にすることもある……必ずとはいわないが。**最終的に**みなさんは特定の仕事について、特定の特性の組み合わせが望ましいかどうか判断しなければならないが、これらの性格特性が良いか悪いかを**最初から**決めてかかると情報を得る上で足かせとなる。

さらにビッグファイブ理論はモティベーションの問題を軽視している点に注意すべきだ。恐らくみなさんの知り合いにも、自分がやりたいことをしているときはとても誠実だが、それ以外のときはとても怠慢で信用できない人がいるのではないだろうか。実のところ**みなさん自身も**そういう傾向があるかもしれない（あるいは私たちもというべきだろうか？ タイラーはインドの伝統音楽のコンサート情報を探すときはモティベーションが高まるが、オフィスの掃除をするときはそれほどでもない。ダニエルはマラソンには熱心だが、列に並んでコンサートのチケットを買うことにはあまり関心がない）。つまりビッグファイブ理論は出発点に過ぎず、個々の状況に目を向け直す必要があるということだ。個人について最も重要な問題のひとつは、その人の行動が状況によってどう変化するかであり、ビッグファイブ理論にこだわると、この問題を詳しく見ようとしなくなってしまう。

ビッグファイブ理論はどのように役立つのか？

ビッグファイブ理論で収入をどの程度正確に予測できるかというと、一般に受け入れられている回答によれば、五つの性格因子をかなり正確に解読した場合でも、予測できるのは人々の収入の差異のうち約三〇%である。こうした文献の中で最もクオリティが高く、最も有名な論文のひとつによると、五つの性格特性を総合すれば、収入の面から測定した職業的成功における差異の約三二%が予測できるという。[1]

この統計的概念を説明すると、ひとつの変数が別の変数を十分に説明できる場合（たとえばインチの単位で測定した高さは、センチメートルの単位で測定した高さを**とてもよく**予測できる）、この変数には一〇〇%の予測力があるということになる。同様に、ひとつの変数がもうひとつの変数とまったく関係がない場合、予測力は〇%であり、したがって二つめの変数との差異をまったく説明できないということになる（たとえばタネも仕掛けもない硬貨を指ではじいて出た面は、次にはじいたときに出る面をまったく予測できない）。つまり、収入の差の三二%を予測するとは、上記二つの例のあいだということになるが、一〇〇%よりも〇%に近い。

この分野における、より信頼性の高い別の論文では、ビッグファイブ理論とは異なる五つの性格特性、外向性、協調性、誠実性、情緒的安定性、自主性の組み合わせを使い、オランダのデータを考察している。この研究では収入の差の約一五％が説明できた。つまり、三二％という推定値は少なくとも現在のところ上界（訳注：部分集合において、任意の要素よりも小さくない要素）といえるだろう。[2]

性格と収入のこうした相関関係をテストするひとつの方法は、性格が業績に対しても同等の影響を及ぼすかどうかを確認することだ。たとえば科学的功績について見てみると、科学者を対象としたある研究において、科学的潜在能力と知能に合わせて調整したところ、性格変数は業績の分散のうち最大で二〇％を説明していた。これは性格変数が賃金をどれだけ予測できるかを証明したものではないが、収入に関するヒエラルキーであれ、科学的認識に関するヒエラルキーであれ、外的ヒエラルキーに精通し、うまく上の階層へと登っていくことと性格の相関関係がどれくらいあるか、おおむね一貫性のあるイメージはつかめるだろう。[3]

ビッグファイブ理論全体を考慮すると、実際の収入の差異のうち一五〜三二％を説明できるという場合、これらの数字は大きいのだろうか小さいのだろうか？　ビッグファイブ理論を裏付けているのだろうか、否定しているのだろうか？　また、みなさんは一般的な仕事のための一般的な人材ではなく、特定の仕事のために求人をしていることを忘れてはいけない。職種によって、性格が収入を説明できる割合は増えることもあれば減ることもある。ビッグファイブ理論も多少役に立つことがあるとはいえ、全般的に見て、ビッグファイブ理論にとらわれるべきではない。

より関連性の高い結果が出たケースとして、カナダの賃金データに基づく最近の研究を見てみよう。五つの因子のうち、賃金の予測に関して統計的に有意（訳注：確率的に偶然ではなく意味があると考えられること）だったのは誠実性と神経症傾向だけだった。誠実性が一標準偏差上がると、賃金が七・二％上昇し、神経症傾向が一標準偏差上がると、賃金が三・六％低下したのだ（既に説明したが標準偏差とは統計的分散の尺度である。詳しくはもう一度4章を参照するか、Googleで検索してみよう）。私たちの考えでは、これらの結果を見た限り、性格変数に圧倒的影響を及ぼしているとはいいがたい。ここでも、人材選びは少なくとも理論であると同時に技術であるといえるだろう。[4]

この研究の信頼性についていえば、性格特性と人生の結果に関する研究は合理的なレベルで再現できる（つまり、再度同じ研究をするとほぼ同じ結果が出るということだ。ちなみに学術研究においては残念ながら必ずしもすべての研究が再現可能とは限らない）。コルビー大学の心理学者クリストファー・J・ソトは「再現の試みのうち八七％は予想された方向に統計的に有意である」ことを発見した。さらに、この章で論じてきた性格と収入に関する結果は、被験者に賞金をかけたゲームをしてもらい行った室内実験により再現されている。この実験の設定では、神経症傾向は低収入、誠実性は高収入と関連しており、どちらの結果も労働市場のデータから得た結果と一致していた。これらの結果のおもな違いは、実験では開放性と収入の相関関係が見られない点である。[5]

このテーマの良いところは、相関関係が因果関係を意味するのか、あまり気にする必要がない点だ。たとえば、先のとがった靴を履いて面接に来た人々が、全員非常に生産性の高い候補者だったとしよう。その場合、ただ彼らを採用するだけでいいのだ！　先のとがった靴を履くと生産性が高まるのか、生産性の高い人は先のとがった靴を履く傾向があるのか、そのほかの変数がこの関係に影響しているのか（たとえば賢い両親は子どもを良い学校に行かせる**だけでなく**、彼らに先のとがった靴も買い与えるのかもしれない）、気にする必要はない。私たちの目的において、ほとんどの場合、因果関係の有無が最も重要となることはない。私たちのおもな仕事は才能があるか**予測する**ことであり、そうした意味では、内在的な因果関係のプロセスを必ずしも理解していなくても、相関関係から情報を得ることはできる。

また、性格特性は測定が難しいという問題もある。性格心理学に関する残念な真実のひとつは、通常、ただ被験者自身に質問して、その回答から重要な変数を測定している点だ。たとえば誠実性などの変数は、実際のところ、質問を受けた被験者が自分はどれくらい誠実だと主張したかを表している。そういった意味では、性格心理学の大部分は比較的脆弱な基礎の上に築かれているといえるだろう。研究者にしてみれば、ほかに良い方法がない場合が多いのだろうが、こうした理由からも性格心理学の結果は鵜呑みにできない。

その上、経験豊富な面接官ですら、面接をしただけでは相手の性格特性を見抜けるとは限らない。そのため、性格心理学で使われる手法についてどれだけ懐疑的な人でも、こうした欠陥のある方法を超えられないかもしれない。ある研究によると、面接官は候補者の親しい友人ほど正確に候補者を評価できないが、面接官の評価と候補者自身による評価にはわずかながら相関関係(〇・二八)があることがわかった――いずれも候補者の自己評価を元に測定しているわけだが。面白いことに面接官にとって最も評価が難しい二つの特性は、誠実性と情緒的安定性だった。これは恐らく、面接中、候補者は積極的にこれらの印象をコントロールしようとするからと考えるのが最も妥当だろう。面接で見せかけの行動をとるのは、よくあることであり、通常は気づかれない。[6]

とくにほとんど誰でも実際以上に誠実に見せるべきだということを知っているため、面接での印象には注意が必要だ。推薦者への問い合わせにかなりの時間を割かない限り、事前に誠実性をきちんと判断できないことが多い。誠実か否かは採用したあとで判明するものだ。そのため、たとえ誠実性が重視される職種であっても、採用プロセスにおいて「誠実かどうかを見極める」ことが過大評価されていると思われる。誠実性が本当に重要なら、必ず推薦者にもコンタクトするべきだ。このことについては後ほど詳しく説明する。

ちなみに、次の話題に移る前に、どうして私たちはこうした性格分類やその測定方法についてわざわざ論じているのかと疑問に思っている人もいることだろう。人間のゲノムを分析して、科学的にその人が「本当はどんな人なのか」判断できないものだろうか？　確かにこうした研究をしている科学者もいるが、現在のところまだ成功していないのだ。ある研究はこう結論付けている。「これまでのところ起業家精神に関連する遺伝的変異にかかわる具体的な遺伝子の変異型を特定する試みは成功していない」。いつの日か状況は変わるかもしれないが、予見しうる範囲の未来においては遺伝子に頼って近道することはできそうにない。そのため、人材選びの技術がなおさら重要であるといえるだろう。[7]

固有の性格特性とその重要性

ビッグファイブ理論で特定された特性などの性格が最も重要になるのは、ファウンダーや起業家といった、企業を立ち上げ、ある程度成長するまで見守る役割の人々を採用するときだろう。第一にこうした人選は大きな賭けであり、スタートアップ企業は失敗に終わる確率が高いことを考えても、誰でもこなせる仕事でないことは明らかだ。こうした人々はイニシアティブを発揮し、大胆に振る舞え、また、何らかの方法で自分の意志を世界に示せる必要がある。その一方で、さまざまな職務を行い、数々の役割を演じ分けることが求められるが、事前に知らされていない場合も少なくない。彼らは非常に柔軟で機知に富んでいて、率直に批判するが、必要とあればとても高いレベルの自制心を発揮し、断固として信念を貫く。

ファウンダーにとって、最も過小評価されている課題は恐らく「ドアに自分の名前が書かれたネームプレートがかかっている」ことに由来するものだろう。従業員と違いファウンダーの自尊心は、自分のベンチャー企業の成功に左右される。ほかに責任を負う人がいない場合、失敗や挫折からとくに大きな打撃を受ける。優れたファウンダーは、失敗した経験から生産的に知識を得て躍進を遂げるが、これには多大なるエネルギーと好奇心、能力が必要だ。これらの性格的特徴はとても複雑で、必ずしも簡単に見分けられるものではなく、そもそも見つけること自体難しい場合もある。こうしたファウンダーの気質について、ベンチャーキャピタル、Y Combinator社前社長のサム・アルトマンは自身の見解をこう語っている。[8]

私は闘志があると同時にしたたかなファウンダーを探しています（この組み合わせは意外とまれなのです）。任務を重視し、会社のことに没頭し、がむしゃらで、意志が強く、非常に頭が切れ（これは必要な要素ですが、それだけでは十分ではありません）、決断力があり、機敏に反応し、頑固で、勇気があり、強い信念を持ち、誤解されることをいとわず、コミュニケーション能力が高く、まわりを巻き込む力のある伝道者であり、不屈で野心的になれる人物を探しているのです。

> これらの特徴のいくつかは、ほかの特徴よりも変えやすいでしょう。たとえば人々は短期間ではるかに不屈で野心的になることができます。しかし、人間は反応に時間がかかるか機敏に反応できるかのどちらかである傾向があり、この傾向を変えるのはもっと難しいようです。機敏に反応できるのは重要で、卑近な例をあげれば、私は重要なメールにすぐ返信してこないファウンダーに投資したことはほとんどありません。
>
> また、当然のように聞こえるかもしれませんが、私が投資して成功したファウンダーたちは、自分たちはいずれ必ず成功すると信じていました。

もちろん、ファウンダー以外の職種についても考える必要がある。そうすれば、特定の文脈において、性格のある一面がほかの面よりもはるかに重要になることがわかるだろう。たとえばレジ係を募集している場合は、好奇心や新しいアイディアに対する開放性よりも誠実性のほうが重要だろう（実際、新しいアイディアに対してより開放的な人は、ほかの人よりも早くレジ打ちの仕事に飽きてしまう可能性があり、レジ係の候補者としては劣っているかもしれない)。レジ係を雇うのに、完ぺきなパーソナリティ・プロファイルは不要だが、好ましい態度で出勤し、仕事をこなせるかを確認することは必要だ。一方、優秀な戦闘機のパイロットは、ある程度大胆不敵で虚勢を張れる必要がある。トム・ウルフはこうしたパイロットを研究した著書『ザ・ライト・スタッフ——七人の宇宙飛行士』の中で、「へ? 気違いじみた滅茶苦茶な競争もしたことのないパイロットなんか一文の値打ちもねえな。それだって正しい資質(ザ・ライト・スタッフ)のうちなんだ」(『ザ・ライト・スタッフ——七人の宇宙飛行士』トム・ウルフ著、中野圭二、加藤弘和訳、中央公論新社、一九八三年)という見解を引用している。彼らも万全の状態で戦闘に臨むことが求められるが、ある意味、誠実性という言葉の伝統的解釈からはかけ離れている。[9]

性格心理学と収入に関する恐らく最も正確で優れた研究はIQ分布の最も上の層に注目しているが、データと研究方法が優れているため、知能の章で既に紹介した研究をもう一度見てみよう。コペンハーゲン大学のミリアム・ゲンゾウスキーは一九二一〜二二年にカリフォルニア州の一年生から八年生までを対象にIQ分布の上位〇・

五％の生徒（ＩＱ一四〇以上の男子八五六人と女子六七二人）を網羅したデータセットを再度検証した。さらに生徒たちは、経験への開放性、誠実性、外向性、協調性、神経症傾向といったビッグファイブ理論と同じ性格特性についても評価された。一九二一〜二二年というと確かにずいぶん昔だが、そのおかげで最終的にどのような職業に就いたか、一九九一年まで網羅するとても良いデータが手に入った（なお、女性の労働市場は機会や差別の点で大幅に変化したため、ここでは男性に注目する）。[10]

このデータセットから判明した顕著な結果のひとつは、収入においては誠実性が本当に重要であるということだ。誠実性が一標準偏差高いと測定された男性は、一生のあいだに平均で五六万七〇〇〇ドル（訳注：一九九一年当時のレートで約七六〇〇万円）多く稼ぎ、平均生涯収入が一六・七％高かったのである（繰り返しになるが、収入と誠実性に因果関係があるかはわからない）。

また、外向性も高収入と相関関係が認められた。外向性が一標準偏差高い男性は一生のうちに四九万一一〇〇ドル（訳注：一九九一年当時のレートで約六五八〇万円）多く稼いだのだ。さらに外向性が高いことで賃金が増加する割合が最も高かったのは最も高学歴な男性だった。

協調性に関していうと、このデータにおいて協調性が高い男性は収入が大幅に低かった。協調性が一標準偏差高いと生涯賃金が約八％、二六万七〇〇〇ドル（訳注：一九九一年当時のレートで約三五八〇万円）低かったのだ。この結果は二〇世紀の一時期におけるカリフォルニアのＩＱの高い人々についてのみ当てはまるものだが、本書で引用したものも含むほかの研究結果ともおおむね一致している。こうした人々は自分の主張を押し進めるほどの積極性がなく、流れに身を任せるほうを好んだだけかもしれない。

さらにベンチャーキャピタルへの売り込みに関する体系的研究でも、協調性に関してほぼ同様の結果が得られた。この研究は二〇一〇〜二〇一九年に行われたベンチャーキャピタルのためのピッチ一一三九件を対象に機械学習技術を使ってスタイルを分類した。おもな結果は、ベンチャー資本家はとても前向きで、楽観的なピッチを聞きたいと思っているが、前向きで楽観的なピッチをした人々の業績は標準よりも劣っていたのだ。したがって、協調性に影響されすぎてはいけない。約束どおりの成果をもたらさないことも多いからだ。一方、みなさんに対して、まったく思い違いをしている、世界は滅茶苦茶で、間違った方向に進んでいると言うような気難しいファウンダーのほうが恐らく高い業績を上げるだろう。[11]

これらのデータはもうひとつ面白い特徴を示している。性格が（相関という意味で）重要になる場合とならない場合があるということだ。性格特性と収入との相関関係は労働者が三〇代前半から強くなり、四〇～六〇歳でピークに達し、その後はどんどん低下していく。これらの結果をどう解釈すべきかはわからないが、最も特徴的な性格特性が完全に開花する（あるいは悪化する？）には時間がかかり、最終的に人格が成熟を極めると性格特性も安定すると推測できる。

ゲンゾウスキーの研究はＩＱの高い人だけに注目しているので、こうした結果におおむね一貫性があるかを確かめるためにはほかの結果も考察する価値があるだろう。

たとえば、フィンランドで行われた一卵性双生児を対象とした研究では、双子のうち、より外向的あるいはより誠実な人は収入が多いことがわかった。これらの性格特性が一標準偏差上がると、収入が約八％多くなったのだ。さらに、双子のうち、より神経症傾向がある人は収入が低い傾向にあった。神経症傾向が収入に影響する理由のひとつは、神経症傾向が強い人は同じ仕事を長く続け、勤続年数が上がっても出世するのが難しいからだ。神経症傾向のスコアが一標準偏差上がると、予想される収入は八％減る。[12]

これらの結果は文献全般とおおむね一致している。たとえば、神経症傾向の低さ、協調性の低さ、あるいは外向性の高さ同様、誠実性の高さが職業的成功を予測するのはよくある結果だ。とはいえ、ほとんどの採用を決定する際には文脈が重要であることを忘れないようにしよう。たとえば、協調性の低さがすべての仕事において有利に働く可能性は低く、恐らく有益ではない仕事がほとんどだろう。[13]

性格に関するいくつかの研究は、完全な結論とはいえないものの、どの性格的要素がどういった職種に最も有益かを示唆している。この相関関係は一般に実験が十分に再現されていないため、正当性が確認できていないが、部分的な結果あるいは推論としては興味深い。たとえば陸軍士官学校の士官候補生を対象にしたある研究では、認知能力よりも学業成績平均値（GPA）のほうが、初期にどの程度昇進するかをよく予測していることがわかった。なお、この傾向は、対象期間の一六年間にわたり持続した。[14]

研究者たちは付随的な結果について、以下のようにまとめている。[15]

専門職に関して、仕事の業績全般を予測できると思われるのは誠実性の値のみである。同様に営業職では、誠実性とその一面である業績、信頼性、秩序だけが全体の業績をよく予測している。高い技術またはある程度の技術を要する職種では、誠実性に加え、情緒的安定性から業績を予測できる。警察および法執行機関では、誠実性、情緒的安定性、協調性が有益な性格的特徴である。サービス業においてはビッグファイブのすべての側面から業績全般を予測できる。最後に管理職について業績を予測できるのは、支配とエネルギーの側面を持つ外向性と業績と信頼性の側面を持つ誠実性だ。以上から、性格変数の異なる組み合わせは、異なる職種の集団について、仕事上の業績を予測する上で有益といえる。

また、次の結論も納得しやすいはずだ。カリスマはCEO（最高経営責任者）にとっては重要だが、CFO（最高財務責任者）には重要ではなく、COO（最高執行責任者）はCEOとCFOのあいだに位置する。さらに別の論文では、GitHubの貢献者とテニスの選手を比較した（GitHubとは、現在マイクロソフト社の傘下にある企業で、個人がプログラミング実績の概要を投稿できる）。その結果、GitHubの貢献者は開放性が高く、誠実性、協調性、外向性が低い一方、成功したテニス選手は、それぞれの特性がまったく逆であることがわかった。また、救急隊員と信頼性の高い職業（航空機のパイロット、軍人など）に関する文献によると、こうした職業には外向性と誠実性が高く、神経症傾向が低い人が好ましいようだ。[16]

また（収入ではなく）発表した論文数と引用数から測定した科学での成功を予測する

要素を見てみると、全般的に科学者は誠実かつ成果主義で情緒的に安定しており、一般の人々よりも神経症傾向が低かった。これらはいずれも驚くことではないだろう。むしろ興味深いのは、著名な科学者は科学者全般に比べ、支配的で、横柄で、非友好的で、自信家であることだ。また、著名な科学者はそうでない科学者に比べ、思考や態度が柔軟である。これは重要度の低い職種ほど誠実性が重要であり、指導的立場の仕事には誠実性はあまり重要ではないという一般的な見解と一致している（詳しくは後述）。[17]

もちろん採用する側が注意をしなければならないが、これらはみなさん自身が考え、人材探しを始める出発点だ。最後になるが、次の話題に移る前に優れた倫理観と正直さの重要性に関するとても基本的な点を強調しておきたい。ここで再びマーク・アンドリーセンの言葉を引用しよう。これらはみなさんが耳にするであろう、採用に関するアドバイスの中でもとりわけ重要かつ最も確実なアドバイスだ。

倫理観のテストは難しい。しかし、候補者の経歴や推薦状から、**少しでも倫理観が疑われる要素が見つからないかよく注意しよう。**もしこうした要素があったら、その候補者は絶対に絶対に絶対に避けること。非倫理的な人は生まれつき非倫理的であり、囚人が改心するように突然倫理的になる可能性は極めて低い。

職場の倫理観が損なわれると、それががんのように広がるため、このアドバイスはとても普遍的だ。倫理的な社員は非倫理的な新入社員に嫌悪感を覚えるだろう。そして、周りにいる――既に雇われた――非倫理的な人々は、行動をどんどん悪化させる言い訳を見つける。非倫理的な人物を雇うメリットはほとんどない。その人物が優秀であればあるほど多くの問題を引き起こすだろう（非倫理的な人物の能力が低い場合、恐らく不満が広がる範囲はより狭くなる）。

五万八五四二人の労働者を対象にした、この問題に関するある研究では、約二〇人に一人が「有害な社員」という理由で最終的に解雇されていることがわかった。なお、有害性については、セクハラ、職場での暴力、文書の改ざん、虚偽、その他の仕事に関する「著しい」不正行為といった行動の観点から定義した。残念なことに、有害な従業員はほかの従業員も有害になるよう勧める。こうした悪影響もあることから、有害な従業員を一人雇うコストは、平均的な従業員の代わりにスーパースター級の従業員を雇うことで得られる利益をもってしても賄いきれないようだ。当然ながら、人材探しではスターを見つけるだけでなく、問題のある人物を採用しないようにすることも重要である。[18]

非倫理的な人物を雇うことが理にかなっているといえる状況は、基本的にビジネスモデル自体が非倫理的なときだけだ。しかし、その場合、私たちはアドバイスを控えさせてもらいたい。

どのような状況で誠実性が過大評価されるのか

誠実性は、五つの因子の中で最もよく全般的な仕事の業績を予測できる唯一の因子である。[19] しかしながら、誠実性を就職活動において最も重要な因子と見なすべきではない理由がある。

第一に知能の章で論じたように、低収入の職種ほど非認知能力が重要になる。要するに誠実性は雇用されている人々と相関関係があり、それは良いことだが、高収入になる見込みが大幅に高まるわけではなさそうだ。既に述べたように収入が下から一〇分の一までの人にとっては、非認知能力が認知能力よりも二・五〜四倍重要になるが（スウェーデンのデータによると）人口全体においては、認知能力が一標準偏差上がると、非認知能力が一標準偏差上がる場合に比べ、収入の増加幅が大きくなる。そして、収入が多い層ほど、認知能力と収入の関係が重要になっている。[20]

第二に誠実性は、モティベーションの問題について論じた際にも触れたように、不適切なところあるいは少なくとも雇用主の望んでいないところで発揮される場合もある。たとえば新しく雇った社員は自分の漫画コレクションを整理したり、地元で開催されるすべての電子音楽のコンサートに行ったり、毎日二時間水泳をすることにかけてはとても誠実かもしれない。小説家のヴィクラム・セスは、名著『A Suitable Boy（ふさわしい青年）』を書くことになったのはスタンフォード大学で経済学の博士課程を修了するのに十分な誠実性がなかったからだと言っている。しかし、セスの発言は「**何に対する**誠実性か?」と問う必要性を指摘している。セスがとても長い小説（およびその後の作品）を書き上げたことは確かであり、多大な努力が実って素晴らしい作品となり、ベストセラーとなっただけでなく、名作となった。セスは「執着があったから続けられたのです」と語っている。セスは最終的に**適切な**執着を育み、その上に努力を重ねていったのだ。[21]

残念ながら仕事上の責任と家族への責任が対立するのは事実だ。トップレベルの人々の多くは家族を顧みなかったり、家族と疎遠になったりしていることは恐らく間違いないだろう。上司あるいは人材採用担当者として、みなさんは具体的に何を求めているだろうか？　私たちには倫理的に正しい判断を提供するなどというおこがましいことはできないが、誠実性は常に商業的に有利に働くわけではなく、トップレベルの業績を上げる非常に優れた才能を高めるとも限らない。

もうひとつの潜在的短所は、一部の誠実な人々は業務のプロセスに慣れ、業務自体を楽しんでいるために仕事を続けていることだ。そのおかげで業務が順調に進み、いくつか良い面もあるが、なかには仕事をすること自体が目的となり、仕事を山積みにして、プロセス自体の満足感に喜びを見いだす人もいる。こうした人を観察していると、いつも嬉々として仕事をしているが、タスクにかかる時間は減るどころか増えてしまっている。より長い目で見ると、みなさんの組織は活力を失い、お役所的になってしまうかもしれない。その原因のひとつは、人々が教わったとおりの方法をただ続けているからだ。

感情とモティベーションを外部に向ける「外在化行動」は攻撃性や多動性と結びつけられ、好ましくないものとして扱われることがとても多い。しかしながら、多くの人々、とくに多くの男性にとって、こうした外在化行動は高い収入を予測しており、これは気難しさの利点と関連していると考えられる。こうした男性の場合、外在化行動は学業成績の低さと収入の高さを予測している。すなわち、常に学業成績の高さばかりを求めるべきではないということだ。ジョン・レノンは才能ある著述家であり、卓越した音楽家であり、マーケティングにも長けたメディアの有名人だったが、若いころは攻撃的な大酒飲みで、よく喧嘩をしていた。そのため、ビートルズが解散したあと、レノンが『ハウ・ドゥ・ユー・スリープ？（眠れるかい？）』という曲を書き、ビートルズの元メンバーで一緒に曲を書いてきたポール・マッカートニーを痛烈に批判したのも、意外な行動とは言い切れない。しかし、それでもレノンは二〇世紀で最も成功した音楽界のスターの一人だった。[22]

ベンチャー企業が反抗的で気難しいアウトサイダーを探すのはよくあることだ。アンドリーセン・ホロウィッツのマーク・アンドリーセンも同じような特性を持った人物を探しているが、その際、アウトサイダーとしての独自の臭覚を利用している。彼のやり方は少しだけ多くドーパミンに作用する。夜型で有名なアンドリーセンは、早口で、早食いで、世界が許容するよりも速いスピードで現実の糸を引こうとするタイプだ。陽気である反面怒りっぽく、矛盾を体現しているが、これはベンチャーキャピタルのトップレベルの人材に共通して見られることだ。しかし、アンドリーセンはベン・ホロウィッツと共同でアンドリーセン・ホロウィッツを運営している点に注意すべきである。アンドリーセンは快活でエネルギーにあふれているが、ホロウィッツはむしろ物静かで、秩序や組織を重視する傾向がある。この二人の組み合わせが功を奏しているる理由のひとつは、とても強く信頼し合っていて、お互いに相手の出したサインを瞬時に解読できるからだ。普通の誠実な人々は、アンドリーセンとホロウィッツが成功のために選ぶタイプとは必ずしも一致しない。二人は標準的な人とはかけ離れた人物を探しているのだ。[23]

また、第四章で論じたように、一部のデータセットでは誠実性と協力のつながりが低い、またはまったく認められないことにも留意すべきだ。もしチームで取り組む任務において、誠実性が協力に費やされないのだとしたら、誠実性にはみなさんが思うほど価値がないということだろう。誠実な従業員は時間どおりに出勤し、基本的な業務をきちんとこなすかもしれないが、その結果得られるチームワークの利点は限られている。誠実性があまり協力を予測できないのは、誠実性には数々の側面があるからで、こうした側面のひとつには一種の**注意深さ**がある。状況によって、誠実性は人々の協力を増加させるのではなく減少させる。その理由は自分が協力してもほかの人々は協力してくれないのではないかと不安に思うから、あるいは協力することは誠実な人々の既知のプログラムから外れる行為だからだろう。現実世界において、実際に協力を行うには積極的な行動が必要であり実際に大胆さがなければならないが、誠実な人が必ずしも大胆であるとは限らない。

ここで、誠実性についての考えを根底から揺るがすのに役立つ比較を紹介しよう。みなさんは二世代のあいだに貧困を脱し、裕福になった韓国の人々がとてもよく働くのをご存じだろうか？　しかし、多くの人にとって意外なことに、労働者の国別ランキングにおいて、韓国の人々の誠実性は下から二番目だった。それにもかかわらず、労働時間ごとのランキングでは韓国は一位に入っている。これは何を意味しているのだろう？　こうした測定には価値がないのだろうか？　または韓国の人々は生まれ持った性格のためではなく、お金と社会的圧力のために働いているのだろうか？　測定したすべての国々が掲載されたランキング表全体を見ると、誠実性と労働時間には正の相関関係が見られず、実のところ（統計的に有意な）負の相関関係が確認された。このことからも誠実性はみなさんが思っているほど有益ではないといえるだろう。恐らく、それほど誠実ではなくても、インセンティブを与えればすぐに反応し、依頼どおりのことをしてくれる労働者を求めるべきだろう。誠実ではない人が誠実な人の行動を模倣できるとしたら、誠実性は必ずしも求めるべき最も重要な変数ではないのかもしれない。その上、誠実性は柔軟性の欠如を体現していることもある。[24]

さらに誠実性を疑うなら、コロナ禍のスペインで行われた別の研究では、スペインでの誠実性とマスク着用にはまったく関連性がないことがわかった。これらの研究には何か問題があるのかもしれないが、別の可能性として、研究における誠実性という概念は、どのような時代や評価法でも再現できるよう精密に磨き上げられており、その過程で、誠実性という言葉に対する一般的な解釈から離れてしまったのかもしれない。[25]

組織のリーダーは、誠実性が少なすぎるのではなく、多すぎることがある。こうしたリーダーはもっと不誠実になるべきだといっているわけではないが、リーダーシップのスキルには創造性と勇気、リスクのある未来について再考する能力が含まれることが多く、毎日決まった時間にタイムカードを打刻するタイプの人がこうした特性を持っているとは限らない。たとえばイーロン・マスクは、オンラインで動画をストリーミングしたジョー・ローガンのポッドキャストでマリファナを吸わなければ余計なトラブルに見舞われなかっただろう。しかし、イーロン・マスクがもっと落ち着きのある人物だったら、あれほどの情熱を持ってスペースXやテスラを立ち上げなかっただろう。時としてリーダーは、ルールを破る、またはせめてルールを曲げてもかまわないかの判断ができる必要がある。この見解と同様にメタ分析による研究は、より複雑な業務やより高いレベルの役職での職業的成功を予測する上で、誠実性という予測因子は比較的重要ではないことを示唆している。リーダーやクリエイターに関して誠実性はいくぶん過大評価されているが、その一方で、業績との相関関係において神経症傾向の程度は過小評価されているのではないかと思われる。本書で何度も触れているテーマだが、平均的な労働者であれば適切に予測できる因子でも、トップレベルの人々やスターについては予測できない。[26]

最後に、そして恐らく最も重要なことに、潜在的雇用者であるみなさんは、前章で説明した理由により、候補者の賃金自体を予測する必要はない。たとえば、みなさんの業界において誠実性が高い賃金を予測するとしたら、みなさんはそのことを知っているはずだ。しかし、雇用主として、みなさんはいわゆる高給取りを採用する必要はなく、むしろ**過小評価されている**人を雇いたいと思っていることだろう。その上、こうした人物を特定するのに役立つような、ビッグファイブ理論に関する本格的な研究はあまりない。その理由のひとつは、みなさんが支払わなければならない賃金に関連して、利益における個人の真の貢献度を測定することは難しいからだ。そして何より、誠実でよく働く人材を雇うという発想は、決して新しいものではなく、現在の賃金の相場に反映される個人の資質があるとすれば、誠実性と勤勉さが含まれると予想される。要するに誠実性は市場において、あまりにも安易かつ均一に評価されすぎているということだ。

スタミナの意味

私たちは誠実性とGRIT（やり抜く力）、そして、私たちが**スタミナ**と呼んでいる概念を比較するとわかりやすいことに気づいた。スタミナは人材探しにおいて、とくにトップレベルの人材やリーダーおよび大きな実績をあげている人々を探している場合、大いに過小評価されがちな概念のひとつだ。

スタミナについて、経済学者のロビン・ハンソンはこう記している。「私は三〇代半ばになるまで、とても成功した人々に間近で接することがなかったため、彼らにははっきりしたパターンがあることに気づかなかった。最も成功した人々は、ほかの人よりも**はるかに**多くのエネルギーとスタミナを持っているのだ。（中略）思うにこれは『なぜこの卓越した若き天才は成功しなかったのだろう？』と思う多くの事例を説明するのに役立つ。彼らにはしばしばスタミナあるいはそれを生かす意志がなかったのだ。私はそういう人々を何人も知っている」**27**

さらにロビンは、医療、法律、学問といったステータスの高い専門職の多くは、キャリアの早い時期に若い人々に非常に過酷なスタミナ・テストを課すと指摘している。つまり、彼らは将来的に成果を上げるのに必要なスタミナを持っている人物を探すためにテストするのだ（こうしたテストはある意味無駄だと思う人もいるだろう。しかし、これらのテストはとても競争的な状況ではまだ生き残っているようだ）。また、成功した政治家もとても高いレベルのスタミナを持っているようだ――彼らの多くはどれだけ握手をしたり、新しい人と会ったり、立候補を表明し宣伝しても疲れ知らずである。そのため私たちは、スタミナあふれる人物に出会ったらすぐに、その人が大きな影響力を発揮し、学習して向上できるように複合的な利益に投資するチャンスを高めるようにしている。

ボブ・ディランは信じがたいほどのスタミナを持った有名人の好例だ。彼は一〇代のころから取りつかれたようにフォークとブルースを学び、六〇年近くのあいだに何十枚ものアルバムを発表。フォークギターと作詞をマスターし、フォークからロック、ポップス、ゴスペル、ブルース、アメリカのポピュラー音楽のスタンダード・ナンバーまで幅広く、さまざまなスタイルを試している。また、映画に主演あるいは出演し、衛星ラジオでＤＪを務めて（素晴らしい選曲をし）、感動的な自伝を書き、ノーベル文学賞を受賞し、画集を八冊発表し、一流のギャラリーで展覧会を行い、その上、何十年間も絶え間なくツアー（その名も「ネバー・エンディング・ツアー」）に出ており、一九九〇年代と二〇〇〇年代にはしばしば年間一〇〇日以上演奏した年もあった。そして、二〇二一年後半の時点で八〇歳にもかかわらず（少なくともコロナ禍前までは）コンサート活動を続けている。彼の作品を好きかどうかはともかく、これほどのスタミナを持った人物が存在し、音楽だけにとどまらず、広い世界に大きな影響を及ぼしたことは事実である。

またはスパイ小説の著者ジョン・ル・カレについて考えてみるといいだろう。『ワシントン・ポスト』紙の記者ジョン・リーンはル・カレと共に二週間マイアミに滞在し、ル・カレの助けを借りて地元の犯罪現場を調査した。この一時的な協力作業の終わりに、リーンはこう記している。「私は彼のエネルギーと活力、毎日現場に向かい、何時間ものインタビューやランチ、ディナーをこなす能力に衝撃を受けた。私は彼の年齢の半分を少しだけ過ぎたところだが、それでもヘトヘトだった。彼は決して疲れた様子は見せず、常に鋭く、洞察力に富んでいた。彼は既に六冊のベストセラーを出し、使い切れないほどのお金を稼いだ。それなのにどうしてもっとベストセラーを出したいと思う、あるいは出す必要があるのだろう？　ル・カレを第一線にとどめている要素は何か？　彼の活動を支えるエンジンは何だろう？」[28]

時々「ＧＲＩＴ」について論じている文献があるが、私たちは「スタミナ」のほうが正確な言葉だと思っている。ＧＲＩＴは「個人的に意義のある長期目標を達成するための情熱と粘り強さ」と定義されているとおり、情熱と粘り強さという二つの側面を持っている。さらにＧＲＩＴは誠実性と強い相関関係にある。また、誠実性で調整後の統計的に重要と思われるＧＲＩＴの特徴のひとつは、情熱ではなく努力の粘り強さである。この結果は私たちがスタミナと呼んでいるものに近い。そのためスタミナの概念は、誠実性を超越した、ＧＲＩＴの中でもより重要な部分なのだろう。理想としては、集中的に練習を行い、その結果、複合的学習によって仕事上の知識を高められるような誠実性を求めるべきである。[29]

たとえ（通常この言葉の使用は勧めていないが）「特別な技術を要しない」と思われる仕事でも、スタミナが本当に重要になることがある。たとえばコロナ禍以前にサンフランシスコにあるダニエルのオフィスに出入りしていた別の会社の営業員、ドゥオルスキーのことを考えてみよう。ロックダウンのあいだ同僚がドゥオルスキーに植物の世話を頼んだところ、ドゥオルスキーは人知れず六〇個ある植物すべてに毎朝水をやった。これはちょうどドゥオルスキーがやらなければと感じる種類の仕事であり、その理由は彼が生来持っているモティベーションと関連していた。Pioneer社の人々はこれを「ドゥオルスキーの強さ」と呼んでいる。なぜなら、もともと持っている筋肉組織がとても強いため、たくさん働いているという意識もないままにたくさん働いているからだ。この場合、これらのすべての植物が最終的に水をもらえた。そのため、候補者のレベルとは関係なく、ドゥオルスキーの強さを探そう。

スタミナはかなり重要だが、短い時間面接しただけではスタミナがあるか判断するのは難しい。これも推薦者の面接をするべき理由のひとつだ。「人格は週末に表れる」という名言を覚えているだろうか？　推薦者は候補者が週末や、さらには平日にもどんな活動をしているかをよく知っている場合も多い。とくにスタミナの有無を判断する際にはより長い時間、候補者を観察する必要がある。そのため、面接官としてのスキルも多角的にし、推薦者にも目を向けるべきだ。

6

「人材《TALENT》」における パーソナリティ とは？

第Ⅱ部：より風変わりなコンセプトについて

ビッグファイブ理論は性格について考えはじめるための総合的な手引きとなる。また、この理論は、本当に重要なのはどの特性かという持論に直感が流されないよう、けん制してバランスを取る役割も果たす。しかし、性格心理学にはさらに別の用途もある。具体的にいうとチームのメンバーと性格について議論し、性格に関する主張を評価するための共通言語を開発する手段として使うのだ。私たちはビッグファイブ理論を次のように利用することを勧めている。人材を採用したり、発掘したり、面接したり、パートナーの有力候補と会ったりする際は、それぞれの候補者がどの分類に入ると思うかチームメンバーにたずねよう。そうすれば個々の候補者について何が得意か否かすぐに判断でき、別の候補者と比較したり、特定の仕事に必要な資質を備えているかを判断したりするためのフレームワークが得られる。したがって、ビッグファイブ理論は人々の未来の収入に関する包括的な理論でもなければ、彼らのクリエイティブな価値を計算する明確な公式でもなく、人々について話し、考えるための**入口**なのだ。

ビッグファイブ理論がとりわけ便利なのは「一度覚えたら忘れない」言葉で、同僚たちもすぐにマスターして共有し、更新していけるだからだ。ビッグファイブ理論の五つの分類はほとんどの人が感覚的に理解できるものであり、印象的な言葉やフレーズで表現されている。このコンセプトの価値の大部分は、採用や人材探しのプロセスにおいて、共通の言葉を持つことにある。

多くの研究者がビッグファイブ理論を批判したり、見直しを試みたりしてきた。たとえば六番目の因子として、とりわけ中国に見られる東アジア特有の伝統因子が存在するという主張もある。さらにこの理論にはわずかに異なるさまざまなバージョンがあり、なかには基本的性格特性が一六種類もあるものもある。当然ながら、より多くの因子を基本的理論に加えれば網羅できる事例も増え、説明能力も高まる。[1]

もっとも、私たちが目指しているのはもっと単純なことだ。具体的にいうとチーム内の会話に適した枠組みをつくり、**みなさんにとって**重要な要素を特定することである。たとえ一部の研究設定においては一六因子モデルのほうが「正確に予測できる」またはより有益だとしても、恐らくチームのメンバーは一六個全部の因子を覚えきれないだろう（早口言葉の要領で、なるべく休まず、メモも見ずに私に続けて次の言葉を言ってみてほしい。抽象、懸念、支配、適応、躍動、変革、完ぺき、隔絶、推理、規則、自立、感度、大胆、緊張、警戒、親近）。これらの用語が共通の議論に使われることはなく、そしてこの性格理論はみなさんの同僚の認知力にとって重荷にほかならないだろう。それにどうして一六なのだろう？　一七でも一八でも、それ以上でもないのはなぜなのか？　それぞれの文化や地域ごとのリストがないのはどうしてだろう？

とはいえ、性格に関する議論のためにビッグファイブ理論の用語を共通言語にしておくと、チームメンバーは一般的ではないが自分の働く業界や組織に関連した新しい概念を学ぶことができる。たとえばプログラミング関連の仕事をしていたら、プログラミングの締め切りに間に合わせるため洞窟に数日間閉じこもれる能力を予測できる特殊な形態の内向性が求められるかもしれない。この能力はH・G・ウェルズの小説『タイム・マシン』に登場する架空の種族にちなんで「モーロッキズム」と呼ぶことにしよう。十分に書類選考と面接を行えば、候補者のモーロッキズムがどの程度か大体わかる。しかしモーロッキズムから包括的所得を正確に予測できるかは疑わしく、第六の重要な因子としてビッグファイブ理論に追加する必要はないだろう。とはいえ、一部の雇用主にとっては重要な概念である。

一般的な話題に戻ると、性格理論にはさまざまな形態があるが、いずれもみなさんの採用ネットワークに分散した情報を集めて伝えるツールとなる。そのため、ビッグファイブ理論に手を加えたり、新しい項目を追加したければ、最新の科学的研究結果を反映したり、再現したり、予想したりしようとするよりも、チームメンバーの役に立つ言葉を考えるべきだ。[2]

経済学における同様の例を知りたければ、経済学者のイスラエル・カーズナーが一九七三年に発表した著書『競争と企業家精神――ベンチャーの経済理論』にまとめた起業家精神の分析について考えてみるといいだろう。カーズナーは優れた経済的意思決定の裏にある主要な変数として起業家的「敏捷性」を強調している。ここでは他者の才能に対する敏捷性について考えてみよう。カーズナーのいう敏捷性とは、単なる努力や熟慮した調査、形式的決まりなどに要約できるものではなく、特別な認識力を反映した一種の洞察力を意味する。では、この敏捷性はどこから来るのだろうか？まずは潜在的な分類を用意する必要がある。それらの分類は最終的に普遍的説明だという理由で退けることになってもかまわない。才能に対する敏捷性は多種多様な概念的土台や経験的結果、自由に使える規則性から得られるからだ。ツールボックスが広い範囲を網羅し、優れているほど、人材を探しているときに「なるほど！」と思える瞬間が訪れる可能性が高くなる。

既に前章で、スタミナという分類が分析に役立つと述べた。そこで本章では、さまざまなプロジェクトにおいて何を達成しようとしているかという文脈において、採用に関する話し合いを改善するのに役立つ、あるいは興味深いと思われる、そのほかの性格特性をいくつか紹介する。

自己研鑽がもたらす複利の利益

前章で論じたスタミナの重要性にも通じることだが、会うたびに相手が成長しているかを確認するようにしよう。その人は自分を高めることを絶えず意識しているだろうか？　ここでもベンチャー資本家サム・アルトマンの言葉を見てみよう。

> 一番簡単なのは、数回相手と直接会うことです。三カ月のあいだに三回会えば毎回明らかに成長しているのがわかるので、その点に注目しましょう。現在持っている絶対的能力よりも成長率のほうが重要なことも少なくありません（とくに若いファウンダーは非常に早く成長することがあります）。[3]

複利効果は株主ポートフォリオだけでなく、人間の才能についても重要だ。ある人が生産性において一年に一％しか成長しなかった場合、生産性が二倍になるには約七〇年かかる。みなさんは恐らくそれほど長く待てないだろう。それに二倍では大したことがないかもしれない。その人物を採用した場合、得られるのは現在の能力だけだ。では、たとえば一年に三五％成長できる人がいたとしたらどうだろう。多くの人にとっては難しいが、とくに若者や適切な知的柔軟性を備えている人なら決して実現不可能ではない。こうした人々は二年ごとに生産性が二倍に増える。そして、二年ごとに二倍になったら、わずか八年で一六倍になるのだ。これが複利の仕組みだ。最初、複利効果は比較的小さく見えるが、時間がたつにつれて非常に大きくなる。[4]

みなさんはほかの評価者たちも既に自己研鑽がもたらす複利効果を理解していると思うかもしれないが、ほとんどの人は指数関数的過程を考えるのがあまり得意ではないと思われる十分な証拠がある。仮にある国の経済が別の国の経済より、たとえばわずか一％だけ多く成長していた場合、数十年後にはより早く成長している経済のほうが**はるかに**裕福になっている。コロナ禍の初期に政策当局も含めた多くの人々が新型コロナウイルスのもたらす危険を無視したのは、指数関数的に考えるのが得意ではなかったからだ。感染者数は急増しており、恐らく五〜七日ごとに倍増していただろう。もしそうだとしたら「現在のところ問題ないと思われる」という公衆衛生学的評価は不十分だ。実際、私たちはこの指数関数的過程がどれほど急速かつ強力に人々に襲いかかるかわからず、準備の時間を無駄にした。

才能を評価する上で最も重要なスキルのひとつは、人々が複利の利回り曲線に沿って成長しているか否か判断する感覚を養うことだ。多くの性格理論は、性格特性のレベルあるいは絶対的度合いを観察することを重視している。しかし、みなさんはむしろダイナミズム、知性、成熟、野心、スタミナ、その他の関連する特性について変化率がプラスかどうかを重視すべきだ。

たとえばライターを採用する場合は、相手がほぼ毎日執筆活動をしていることを示すサインを探そう。重役を採用する場合は、人脈づくりや意思決定能力、働いている業界の知識を高めるために**常に**行っていることは何か把握するように努める。概して、新しいアイディアを吸収することにどの程度開放的だろう？　批判的なフィードバックは受け入れているだろうか？　候補者にモティベーションや情報を与え、導き、候補者も同じようにすることを期待している仲間からなる少人数の活発なグループをつくっているか？　繰り返しになるが、現在の能力レベルという観点からばかり考えてはいけない。時間の経過と共に成長率のほうが重要になることも多いからだ。軌道の観点から考えよう。就職希望者や特別研究員の候補者については、成長曲線を検証し、本当にトップレベルのスポーツ選手やミュージシャンのようにたゆまぬ努力を続け、自己研鑽に励んでいるかを考えることだ。

本書の冒頭でも述べたように、タイラーは「ピアニストが音階の練習をするように、あなたが練習しているものは何ですか？」という質問が気に入っている。タイラーはプロのミュージシャンやスポーツ選手が自然としているようなことについて、多くの職種に当てはめて考えるのが好きなのだ。この質問をすれば、成長しつづけるためにその人が何をしているかわかり、前述したようにみなさん自身も何かコツを学べるかもしれない。また、具体的にどんな練習をしているかだけでなく、自己研鑽を続けることに関する相手の**考え方**もわかる。自己研鑽についてあまりよく考えていないように見える候補者でも採用する価値はあるかもしれないが、その場合は候補者の現在の技術的レベルに満足すべきだろう。

タイラーの質問に対する適切な回答の例は「発表の技術を磨くために友人たちに練習を聞いてもらっています」「腕が落ちないように、実用的なアプリケーションを使わずに原因不明のプログラミングの問題を解決する練習をしています」「何かを深く、徹底的に学ぶことの意味を知るためだけに科学のとても専門的な分野について知識を蓄積しています」などで、不適切な例はただ「わかりません」というだけの答えだ。

ではここで、有望な採用候補者と配属先について考える際に役に立ついくつかの分類を紹介しよう。

頑強さ

頑強さとは極めて規則的かつ業績が長く途切れないよう毎日仕事をこなす資質である。長期的プロジェクトに携わる人々にとって頑強さはとくに重要だ。また、軍事訓練を耐え抜くのにも、高度なストレス管理が必要な職種にも役に立つ。[5]

こうした意味において、頑強な人々は私たちがモーロッキズムと呼んでいる能力をあまり必要としていないことが多い。頑強な人々の顕著な特徴のひとつは、常に締め切り前に余裕を持って仕事をこなすことであり、これはごく早い段階からプロジェクトに取り組むからだ。

作家の場合も頑強さは強力な美徳であり、必ずしも生産性が高くない作家にも同じことがいえる。たとえば本を執筆していて、一日に一ページずつだが、毎日休まず書きつづけたとしよう。一年続ければ三六五ページになる。これはほとんどの本よりも長い上に、三文小説の著者を除けば、これほどのペースで本を書ける作家はなかなかいない。タイラーの生産性についてダニエルにたずねたら、いかに頑強かを説明することだろう。一日がかりで移動し、やっとホテルに落ち着いたと思ったら、もういつもと変わらぬ様子で嬉々としてニュースコラムやブログ、新しい本を書いているのだ（ほとんどの人は生産性を上げるのにカフェインの力を借りるものだが、タイラーはコーヒーも紅茶も飲まない。彼の原動力は体の中にあるのだ）。

生成性

これは野心と呼ぶ人もいれば外向性と呼ぶ人もいるが、驚異的な人々にはある種のバイタリティが備わっている。こうした人々は早口で、行動も早く、概して人生に夢中になっているように見える。頭の中ではアイディアのあらゆる組み合わせが試され、どのような可能性があるか、より深く理解しようとしている。また、彼らの性格特性としては、開放性のレベルが高い傾向がある。私たちはこの資質を「生成性」と呼んでいる。

こういう人々と一緒にいると交流を通じて新しいアイディアが浮かんでくることが多い。また、生成的な人々が話すアイディアが、のちのちたとえば起業や政策提案、有益な未来予測につながることも珍しくない。

生成的な人々は、ベイエリアのテクノロジー業界で働く、より知的な層の中でも相対的にステータスが高い。たとえばテクノロジー分野の起業家で、仮想通貨を支持するバラジ・スリニヴァサンは、生成性が高い人物の好例だ。メディアから仮想通貨、コロナ禍まで、ありとあらゆる話題について自身の意見を毎日のようにツイートしている。その多くは推論的で、間違っている場合すらあるかもしれないが、予想が的中したときのインパクトは大きい。たとえば二〇二〇年一月にはコロナウイルスの影響を予言し、私たちが現在目にしているように社会にダメージを与え、多くの人々の命を奪い、誰もがマスクをするようになると言い当てた。先見の明を養えるのは、確立した過去のドグマに縛られず、頭の中であらゆる情報を検討し、さまざまな可能性を試しているからだ。では、仮想通貨に関するバラジの予想は当たるだろうか？　私たちは彼ほど熱意を持っていないが、仮想通貨がどのように発展するか、さまざまな可能性について知りたければ、ぜひバラジの情報を参照すべきだ。

彼らの意見に賛同できるか否かにかかわらず、生成的な人々は役に立つ。むしろ賛同できない分野ほど役に立つことも多い。なぜなら、彼らはほかの人々が見落としている可能性に気づけるからだ。

不安によるオーバーアチーブメント

私たちが不安によるオーバーアチーブメントと呼んでいるのは、自分の出した成果が**優れている**ことを深いレベルでは理解しているにもかかわらず、決して安心できない（やや神経症的な）資質のことである。この資質は批判的な心の声と高いレベルの野心に起因することが多い。こうした人々は高い業績を上げているにもかかわらず、決して自分に満足しないため、チームメンバーとしては問題となることもある。さらなる努力が必要な人々にモティベーションを与え、指導するにはとても役立つが、時には相手に強く要求しすぎたり、良い結果を上げているにもかかわらず十分な見返りを与えなかったりすることもある――ESPN制作のマイケル・ジョーダンに関する特別番組『ザ・ラスト・ダンス』は観ただろうか？

不安によるオーバーアチーブメントは、とくに親が子どもに何かを強いる場合など、家庭環境に起因するケースも多く、移民という生いたちと関連していることもある。

エリートおよびスーパーエリートであるオリンピック選手の心理社会的特徴を調べたある研究によると彼らは「努力して実績を上げる文化をとても重視している家庭の出身で、きょうだい間の中程度の競争を経験している」ことがわかった。[6]

悲観的完ぺき主義

私たちは、不運にも悲観的完ぺき主義に分類される多くの知的な人々に出会った。一般にこうした人々は自分たちの仕事は決してうまくいかず、キャリア的にも失敗するか、十分高い水準を満たすことができないと思い込んでいる。知性があるのに自分の仕事を積極的に進めようとせず、不安によるオーバーアチーブメントをする人々と違って意欲や勢いが続かない。その代わり、悲観的完ぺき主義に分類される人々は何度も挫折感を味わわないですむように、前もって言い訳をしたり、早々にキャリアをあきらめてしまったりする。直感的に理解しにくいかもしれないが、彼らは挑戦する前に失敗して不快なことにけりをつけ、自分で状況をコントロールしているつもりになっているのだ。彼らにとって、「送信」や「公開」ボタンを押す、あるいはそれに匹敵することをするのは本当に大変なのだ。

とはいえ彼らの知性を活用する方法はありそうだ。彼らは人間関係において受け身であることが多い（彼らの問題の一部は自分をだますことができない点にある。結局のところほとんどの人は世界レベルではないが、自分の可能性を少しだけ過大評価したほうが、モチベーションを持ちやすいだろう）。しかし、彼らに計画の立ち上げや仕上げを任せてはいけない。彼らは、貢献はしてくれるが、最終的なアウトプットや承認の決断にあまり責任を感じないですむようなチームであれば、よく働くこともある。

幸福（または楽しさ）

私たちの意見では、少なくとも成功を予測することに関して、人々に求める資質としての幸福は過小評価されている。常に笑顔を絶やさず楽しそうにしていることは強力な資質であり、そのおかげで次の企画に参加するようほぼ確実に声をかけてもらえるかもしれない。こうした人々と一緒にいるのは楽しい。みなさんが野球好きなら知っているかもしれないが、殿堂入りしたシカゴ・カブスのアーニー・バンクスは「二試合やろう！」という言葉で知られていた。これはバンクスがダブルヘッダー（同日に二試合連続で出場すること）が好きだったことを表しているのだが、解説者のスコット・サイモンはこう言っている。

「バンクスはどんなに不満があったとしても、生きていくには試合に出て、知らない人々から声援をもらえるように頑張らなければならないことを自分自身とチームメイトに思い出させるためにこう言っていたのです。また、人生を賛美し、ほかの人々に喜びを与えられる機会を大事にすることを思い出させてくれます」[7]

あらゆる新しいアイディアを試す人々は、たいていそれを楽しんでいるため、幸福（または楽しさ）が生成性のエネルギーとなることが多い。しかし、なかにはまったく異なるタイプの人々もいる。こうした人々は生まれつきアイディア志向なのではなく、朝起きたらすぐに問題に取り組みたいと心から楽しみにしているだけだ。彼らは真面目なタイプでもあるが「意欲満々」で、良い意味で敏感であり、やる気にあふれ、この性質は周りにいる多くの人にも感染する。

支離滅裂

なかには特殊なタイプの賢い人々もいる。彼らは往々にして理知的で物知りな上によく働くが、自分の考えを簡潔に表現することができない。彼らに質問すると原点を明確にするのではなく、古い情報に新しい情報を上乗せして答える。支離滅裂な人々は本当に良い点もあり、実際、知識も豊富である。知識が多いがゆえにまとまりがなくなってしまうのだ。しかし、支離滅裂な人々に具体的にどのような仕事をさせたら高い生産性が発揮できるかは明らかではない。彼らは思考にまとまりがないため、発言や文章もまとまりがない。

彼らは潜在的貢献者であるという点を決して見落とすべきではないが、明晰な思考とコミュニケーションが求められる職種に配属すべきではない。

あいまいさと明確さ

あいまいな思考は支離滅裂な思考とは異なる。支離滅裂な人々は関連する概念に奇異な秩序を過剰に課し、概念のたくさんの差異に注目しすぎて明確に整理できない。対照的に一部の人々はあやふやな概念や不明確な言葉で考えることに満足し、個々の概念をあまり区別していない。議論する喜びが強すぎて、聞き手がどのような経験をしているか考慮せず、相手に議論の内容すら伝わっていなくてもお構いなしだ。あいまいな思考の持ち主は、長すぎる作品を撮っている映画監督のようなもので、今、どのシーンを撮っているのかすらわからなくなっているのである。そして、いつも伝えたいことをすべて伝えきれないでいる。なかには優れた洞察の主張もあるのだろうが、それを編集してまとめるのは難しい。

一方、あいまいさの対極にいる多くの人々は、不明瞭で延々と続く話に不満を抱き、レーザーのように正確な思考を求める。通常、こうした人々は比較的内向的で、仲間をつくることよりも情報を伝えることが目的であり、関連する点を十分に説明することにはやや消極的なこともある。また映画監督にたとえると、このタイプの人々は自分が監督している映画を観客である聞き手が楽しめるかを常に自問している。また、スピードと簡潔さに誇りを持っていて、「単刀直入に話す」度合いが高く、関連する内容についての説明が非常に厳密であるが、時には簡潔すぎて不満を覚える同僚もいる。

みなさんの候補者がどちらのグループか、また、どちらのグループに入ってほしいか考える価値はあるだろう。あいまいな思考を持った人々は営業に向いているかもしれないが、戦略家はより分析的なほうがいいだろう。

早熟性

科学者に関していえば、最初に論文を発表した年齢とその後の生産性および名声には相関関係があることが認められている。さらにタイラーは、査読のある雑誌に初めて**投稿**した年齢も、掲載に至ったかは関係なく、その後の成功を予測すると確信している。また、ほとんどのスポーツやチェスにおいても、高いレベルで成功するには早熟であるべきだ。[8]

8章で見ていくように、才能を測る指標としての早熟性は、女性の場合、男性の場合ほど信頼性が高くない。さらに早熟性はすべての職業について良い測定基準だとは思えない。たとえば優れた小説家や倫理学者は必ずしも神童ではなかった。年長のプログラマーのほうが若手のプログラマーよりも分別があって安定しており、これは（すべてではないが！）多くの職種において有利である。早熟性は総合的あるいは蓄積された知識よりも流動性知能に依存し、早めのスタートと長期間にわたる経歴が重要となる分野のほうがよく成功を予測できる。いずれの場合も、みなさんが募集している分野において早熟性がどれくらい必要か考えよう。

粘着性

「チーム・プレイヤー」の概念と重なる粘着性という特性は、生産工程が複雑化し、役割が細分化される中で、その重要性を増している。チーム全体としてどのような努力が必要か判断し、それを進め、提供できるのはどんな人物だろう？　スポーツでは接着剤（グルー）のような役割をする選手を「グルーガイ」と呼んでいるが、当然ながらこの言葉に含まれるのは男性だけではない。社会的知性は異常に高い評価を得ていて、一般的にみなさんが重視するどんなものよりも重視されている。チーム・プレイヤーは、誰が役割を果たしているか、誰がサボっているか、企業内のチームにおけるリーダーは誰か、攻撃的な態度で規則に逆らっている人は誰かなどを生まれつき理解できる傾向がある。さらにこうした直感に従って行動し、物事を正しく行おうとする。ある意味、たとえば倫理や誠実性の扱い方など、私たちはずっとチームのスキルについて話してきたともいえる。しかしながら、集団の問題を理解し、社会的知性を使って問題を解決する能力は明らかに美徳である。最近の研究から、チーム・スキルは同集団の知性全体と同じくらい生産性を向上させることがわかった。[9]

チーム・スキルについて知るための比較的直接的な方法のひとつは「職場でチームの問題に気づき、解決するために介入したことはありますか？　具体的にどんな方法で解決したのでしょう?」と質問することだ。なかには嘘をついて面接官を満足させる回答ができる人もいるが、実際のところ何と回答していいのか見当もつかない多くの人々は(たとえほかの面では生産性が高いとしても)うまく社交的な言葉を使って考えることができないため、この種のストーリーを語ることはできない。チーム・プレイヤーをテストする場合は、組織内の社会的問題を詳しく分析し、明確に語るスキルがあるかを確認しよう。

その他の特性

この章で論じた特性の価値は、みなさんの業界や採用する職種に特有の状況ごとに異なる。私たちからの最も役に立つアドバイスは、チームで独自の性格の枠組みをつくり上げることだ。そして、全員が自分たちの置かれた状況において(自分の前提を疑う意志がある場合)何が重要か理解を共有し、そのことについて正確に話し合うための共通の言語を持つべきである。

みなさんはほかにどんな特性を思いつくだろうか？

とくに重要な特性として注目してほしいのは**複雑なヒエラルキーを見抜き、理解し、登る能力**だ。これはその人物がトップに立つために何が必要か理解し、マスターしようとしていることを意味する。

たとえばタイラーは一〇代のころに出会った多くのチェス選手に強い感銘を覚えた。その多くは知的で、頭が切れ、自分で努力する能力を持っていた。当然ながら彼らは勝敗の考え方やレーティングのポイントのことも理解していたが、多くのプレイヤーたちにとって、チェスのヒエラルキーの外に目を向け、自分たちが創造的な目標に向かっていないことを理解するのは難しかった。彼らは目の前のことしか見ていなかったのだ。チェスをしていると短期的な肯定的フィードバックやチェス仲間が得られるため、狭い世界でチェスの道を歩きつづけるが、気づけば四三歳になってもまともな仕事もなく、健康保険にも加入しておらず、着実に落ちぶれていく未来しかないという場合もとても多い。それとは対照的にケネス・S・ロゴフはチェスの名人だったが、ある時点でチェスをやめてハーバード大学の教授となり、世界レベルの経済学者となった。そして、もちろん報酬もずっと増えたはずだ。

または、初期のブロガーたちの世界について考えてみよう。そこに住んでいたのは多くの非常に頭の良い努力家たちだった。彼らのうちの何人かは今もスウェットパンツ姿で実家の地下室に陣取り、興味深い記事を書いている。一方、インターネット業界が進化していることに気づいたエズラ・クラインは、ニュースサイト、Ｖｏｘの創設に貢献し、スタートアップ企業を立ち上げることでより高い地位を目指し、のちに『ニューヨーク・タイムズ』紙のコラムニストとなった。また「Crooked Timber」というサイトでブログを書いている一人、ヘンリー・ファレルは「The Monkey Cage」というブログの創設に一役買い、同ブログは『ワシントン・ポスト』紙に掲載されるようになり、大きな影響力を発揮している。ミーガン・マッカードルはニュースサイト『The Daily Beast』やブルームバーグ、そして『ワシントン・ポスト』紙のコラムニストとなった。こうした人々は目の前のヒエラルキーを理解し、戦略を駆使してトップまで登り詰めた。彼らはライバルのブロガーたちよりも頭が良かったのだろうか？

その可能性もあるが、彼らの違いは、業績というトーテムポールを登る新しい方法を解明し、このトーテムポールの正体について、狭いビジョンから広いビジョンへと移行できる能力にあった。

スタートアップ企業の世界でダニエルは、あまりにも多くの若者が次々にカンファレンスに参加し、頭脳明晰で雄弁で将来を有望視され、肯定的なフィードバックを受けることに満足している様子を見てきた。また、彼らはTwitterでプロフィールをつくり上げ、いいねやリツイートしてもらい楽しんでいるが、実際のところどの有益なヒエラルキーで上を目指しているのだろう？　最も有望な人材は、自分たちが実際に行っているプロジェクトおよび会社の構築により集中している。もし彼らが有名なファウンダーに出会ったら、瞑想についてや歴史学者であり瞑想家でもあるユヴァル・ハラリについての意見を求めるよりも「最初の五人の社員をどうやって見つけ、採用しましたか？」と質問するだろう。

人々は目標を達成できなかったり、帳簿の付け方やオフィスの整頓方法の仕組みといった小さすぎる目標に集中したりしがちだ。たとえば学問の世界には、データセットの整理には時間をかけても（これは大事なことだが）、研究を実際に重要性のある幅広い問いに結びつけようとしない助教もいる。この二つのスキルはとても異なり、人々は自分が心地良いと感じるタスクばかりをしがちだ。仮に誰かがヒエラルキーの存在に気づき、それに取り組み、上へと登っていくのに長けていたとしたら、それはどんな努力をすれば良いか理解し、不安のあまりより広い視野で物事をとらえられなくなるのを防げるということだ。これは彼らが最も関連性の高い課題に取り組み、最初はうまくいかなくても、適切な支援を受けたり、必要なことを学習したりできることを証明している。

その一方で、大きすぎる目標や不明確な目標あるいは途中に参考になる中間結果や試験点、チェックポイントのない目標を選ぶ人もいる。採用候補者が堂々と「あらゆる病気を撲滅させること以外に関心はありません」と言ったらどう感じるだろうか？たとえ世界保健機関でも（というか**とりわけ**世界保健機関では）、こうした姿勢はとても現実的とはいえない。「小さすぎる目標」に集中するのと同様に「大きすぎる目標」に集中するのも、不安や視野の狭さ、先見の明の欠如により、成功に続く適切なハシゴを登れないことがわかる。

正しいヒエラルキーを見定め、上へと登っていく方法を知っていることは、最も説得力がある上に最も普遍的な、実行可能なテストのひとつである。それには情緒的自制心と洞察力、野心、展望を持ち、適切に優先順位を判断し、何かを実際に達成できるくらい秩序を持って行動する必要がある。このスキルを持った候補者がいたら、さらに詳しく調べてみよう。そして、その候補者が語る逸話から、ヒエラルキーを理解していないようだったら評価を大きく下げるべきだろう。いかなる仕事も継続的イニシアティブと長期的学習が最低限必要だからだ。[10]

さらにもうひとつ、専門用語で「要求回避」と呼ばれている性格特性（「病理学的要求回避」と呼ばれることもあるが、この言葉はあまりにも主観的な価値観に基づいているように思われる）もあまり議論されていない。この言葉は（臨床的ではなく）より実践的な意味において、なかなか上司に従えない人々のことを表している。こうした人々は職場のヒエラルキーを**あまりにもよく**理解しているため、上下関係に苦しむのだ。職場で受ける依頼について過大な要求が多すぎると感じ、不当な要求ととらえることも多い。こうした見解は決して的外れではなく、実際にほとんどの職場では従業員に理不尽な要求や少なくとも非効率的な要求をし、時には度を超した要求になることもある。実際、不愉快あるいはさらにひどい上司や管理者も多い。しかしながら、要求回避をする人々は現代の職場の問題を感情的な意味で十分客観視できないこともあるため、恨みがつのるという問題もある。彼らは「愚痴を言わずに」ただ仕事をこなすことが得意ではない。極めて洞察力が高いということは、彼らの批判のほとんどが的を射ていることを意味するが、それは彼らが経験している苦境をさらにつらいものにしている。

明るい面として、要求回避が起業のきっかけになることもある。命令に従うのが嫌なら、上司になればいい――個人事業主になるための正しい資質を持っていればの話だが。しかし、ほとんどの人は部署内においてすら管理職になることはない。有望な応募者が要求回避型だったら注意が必要だ。こうした人々はとても知的で印象も非常に良い。要求回避型の人々は**適切な環境があれば**極めて生産性が高いが、こうした環境はとても特殊な場合もある。彼らの多くは学者になり、ファウンダーになることもあるが、そのほかの人々の多くは上司を恨みながら暮らし、転職を繰り返す。もし（上司である）みなさんにもいくらか要求回避する傾向があり、彼らに共感できる場合は足をすくわれやすいのでとりわけ要注意だ。みなさんが上司の座にいる限り、彼らは上司になれないことを覚えておこう。

重要と思われる最後の特性は、私たちが「選択的協調性」と呼んでいるものだ。一般にいわれているとおり、私たちがビッグファイブ理論の重要な概念の中で最も問題深いと考えているのは協調性だ。ご存じのように私たちは協調性を次のように定義した。「協調性の高さは、他者と仲良くし、他者を助け、他者に同情し、協力したいという欲求を意味する。協調性が低い人は、競争的で他者と異なる行動をしようとしがちである」。大成功を収めた人々の多くは、とても気難しいという特徴を持っていた。たとえばスティーブ・ジョブズは、デザインした製品が十分に美しくないとチームのメンバーを激しく非難した。しかし、仕事の成功について考える場合、それが高いレベルの成功でも低いレベルの成功でも、協調性があるか、気難しいかという一次元のスペクトラムが適切な構成概念なのかはわからない。大きな成功を遂げた人々について考えてみると、彼らは気難しさが最も重要なときには**選択的に**気難しくなることに長けているようだ。その一方で状況によっては優れた社交家や協力者になることもできる。

ここでアップル社のファウンダーの話に戻り、スティーブ・ジョブズの伝記を書いたブレント・シュレンダーによる、この的確な描写について考えてみよう。「スティーブは、自分の望む落としどころに話を持っていく術も心得ており、硬軟織りまぜて攻めていく」（『スティーブ・ジョブズ 下：無謀な男が真のリーダーになるまで』井口耕二訳、日本経済新聞出版社、二〇一六年）[11]。ジョブズは決して気難しかったわけではなく、むしろ極端な目的志向型だったのだ。感情尺度を自在に使いこなした名匠ジョブズは、愛想の良い魅力を使うこともあれば、無愛想な悪意を見せることもあったが、いずれにしても常に正しいメロディを奏でて目標を達成した。アップル社がダニエルの会社のひとつを買収したため、まだ駆け出しだったダニエルが同社に勤めながら観察したところ、ジョブズの手法は見事に機能していた。

ということで「この人物は必要に応じて選択的に愛想が良くなったり、気難しくなったりできるだろうか？」という、より複雑だが洗練された問いも必要だろう。こうした資質はテストしにくいが、この質問はより有益だ。ことチームのリーダーシップに関する限り、必要に応じて厳しくもなれば社交家にもなれる自立的思考をするあまのじゃくな人々には利点も多い。

使いこなせるコンセプトの枠組み

最後にもうひとつ確認すべき特性は、その人物がどれだけ多くの異なる概念的枠組みを使いこなせるかだ。この議論は知能の章で行うこともできたが、この特性には知能とは異なる要素があると私たちは考えている。一部の人々は、実用的理由と感情的理由の両方により、ただできるだけ多様な視点を持とうとしているだけだ。これは一種の好奇心であるが、未開の分野に踏み込もうとするような単なる好奇心を超越している。この好奇心は型や枠組み、文化的理解、自制心、思考方法およびジョン・スチュアート・ミルを偉大な思想家兼著作家たらしめた種類の特性に関するものである。最近の例でいえば、Stripe社のCEO（最高経営責任者）兼共同ファウンダー（および活発な著作家）であるパトリック・コリソンだ。彼のコンテンツは、経済学、科学、歴史、アイルランドの文化、テクノロジーを始めとする多くの分野や影響を題材にしている。

その候補者はエンジニアが問題にどうアプローチするかを解明しようとしているだろうか？　プログラマーの精神的枠組みを特徴付けるものは何か？　管理職と従業員の視点はどう違うのだろう？　それは複数の概念的枠組みに興味があるかどうかだ。この点が当てはまるのは専門的職業だけにとどまらない。たとえば「モルモン教における神の概念は何だろう？　その概念はモルモン教徒の世界観にどう影響しているだろうか？」または「なぜ一部のアメリカ人とカナダ人の視点はこれほどかけ離れているのか？」といった質問をする人はどうだろう？　みなさんはこうした具体的な質問について、相手が事実に通じていると期待する必要はない（もし通じているなら、それも悪くないが）。むしろ彼らはこうした事柄を理解することの意味を理解するのに十分な概念的多様性を持っているか、もし時間と意志があれば、彼らはこうした質問を実際に理解できるかを考えよう。

これは職場および顧客対応、みなさんを含む同僚との関係における候補者の多様性について考える良い方法だ。タイラーは時々「文化的暗号を解読する」という言い方をするが、その候補者は新しい異なる文化的、知的枠組みに心を開き、理解するのがどのくらい得意だろう？　そのために時間を費やし、努力をしているだろうか？　そもそも、そうする意味を理解しているだろうか？

このスキルの利点のひとつは、自分でスキルを高めたければ、旅行や休暇の際に高められる点だ。実際、そうするのが最も効果的かもしれない。世界の別の場所にいるときや郡または州の別の場所にいるとき、みなさんはどれくらい早く、何が起こっているか判断できるだろうか？　ヴァージニア州からウエストヴァージニア州に入ったら、具体的にどんなことが変わるだろう？　ハイファ市はイスラエル国内のほかの都市と具体的にどんなところが違うと感じるか？　バリ島で闘鶏を観ている人は、全員本当に楽しんでいるのだろうか？　こうした質問は、人材探しのための質問には聞こえないが、だんだんそれらしく聞こえてくるはずだ。一般的な文化的暗号を分析する訓練がどれだけできるかによって、異なる種類の才能を見抜き、長い目で見て人材をより適切に管理できるようにもなる。

この点は職場の人間関係においてますます重要性を増している人種および人種差別の問題に関係している。その人はたとえば「白人ばかりの地域で黒人として育つのはどんな感じだろう？」または「異人種間の結婚にはどのような潜在的圧力が働いているだろうか？」、「学問の世界やテクノロジー業界であまり話題にされない微妙な人種差別の問題は何だろう？」といった質問を始めるための概念的枠組みを持っているだろうか？　労働人口はかつてないほど多文化になっており、仕事の採用候補者や関係者がこの種のことを理解しているかどうかがますます重要になってくるだろう。繰り返しになるが、みなさんは候補者がこうした特定の質問を理解しているかたずねるだけでなく、質問全般について、より深く理解する能力があるかを問うこと。これにより、彼らが異なる概念的枠組みをどのように管理するかという質問に立ち返ることになる。

概念的枠組みの生産性は見落とされている。シリコンバレーが成功したのには数々の理由があるが、そのうちのひとつは、多くの人々が未来を大きく変えられるという思考の枠組みを身に付けていたからだ。こうした人々は異なる視点を持ち寄り、共通の土台にある実行可能な要素に取り組み、それが起業につながったのである。

パターンマッチング

この章と前章で紹介した特性の多くは、面接中や候補者のキャリアおよび履歴書を確認しながら**能動的に**彼らの才能を評価するのに役立つ。一方、より**受動的な**考え方もある。これはパターンマッチングと呼ばれ、とくにダニエルが気に入っている。私たちが人と会い、彼らの話し方や手のジェスチャー、言葉やスタイルを観察するとき、私たちは候補者と同じような特性を持つ別の知り合いを思い出し、候補者もその知り合いと同じような特性を持っていると予測する。これは良い結果をもたらすこともあれば、悪い結果をもたらすこともあり、面接中、人間の精神が持つこの特性を抑える試みについて書かれた文献も多い。私たちは、パターンマッチングは比較的避けられないものと考えており、研究でも、無意識の偏見についてトレーニングしてもほとんどあるいはまったく効果がないことが証明されている。一方、このスキルを活用するというアプローチもある。パターンマッチングを避けるのではなく、効果的に行うのだ。

課題は新米面接官の場合、まだ経験が限られていて、マッチングに苦労することだ。これが初めての仕事で、一〇回目の面接だとすると、比較できる材料があまりないはずだ。この問題は、とくにさまざまな背景を持つ幅広い人々と働いていれば、経験と共に軽減する。

それまでは、自分で自分のデータバンクをつくる実験的な方法がある。テレビだ。とくに企業の環境を描いた映画や番組がいいだろう。テレビが役に立つ理由は二つある。第一にみなさんの意識は個々の人々と結びつけられる、より多くの基準点を得られる。つまりより多くの人々を「見る」ことができるのだ。第二にチームの全員が同じ番組などを観ていれば、これらの基準点を共有して参考にできる。「彼はまるでテレビドラマ『ジ・オフィス』(アメリカ版)のジム・ハルパートだ」と言えば特定の素朴な好ましさを意味し、「『マダム・セクレタリー』のエリザベス・マッコードみたいだ」と言えば秩序を重んじるリーダーシップのことだとわかる。また「『24 ——TWENTY FOUR——』のパーマー大統領のようだ」と言えば、醸し出される重々しさが鮮やかに伝わる。この場合『ザ・ホワイトハウス』や『マダム・セクレタリー』のような番組のほうが『スパイダーマン』よりも役に立つだろう。組織に関するストーリーを選ぶことだ(ただし、次に活躍しそうなアーティストやミュージシャンを探しているなら『スパイダーマン』のほうが役に立つかもしれない)。タイラーは時々プロのチェスプレイヤーに対してマッチングの練習をしてみたくなる。もっとも、ほかの人々と情報交換をする際、こうしたチェスプレイヤーに見られる傾向はほとんど役に立たないだろう。

私たちは基礎ではなく、追加機能としてのマッチング戦略を提案している。架空の登場人物は娯楽用につくられたものであり、正確さは二の次だ。実在のどんな人よりも大幅に誇張された特性を持っていることも多い。私たちは機械的に連想して候補者をテレビ番組と結びつけることを勧めているわけではなく、認識力を鍛えるためにメディアを活用することを提案しているのだ。そうすれば、とくに通常は出会うことのないような、さまざまなタイプの人々に関する考えを広げることができる。性別も人種も性格特性も異なる印象的な登場人物をたくさん見ていたおかげで、あなたの街で、ほかの人には見向きもされないような隠れた才能を見つけられるのがみなさんだけだったとしたら、かなり優位に立てるだろう。

業界内における自社の位置を知る

最後に、有望な採用候補のデータを解釈するときには、序列における**自社の**位置を念頭に置くこと。業界のトップレベルの場合と、中堅の場合やさらには底辺に近い場合とでは選考過程がまったく異なる。とくに業界トップではない場合、選択効果により、明らかにプラスの要素がマイナスになることがあるのだ。

たとえば、みなさんがアップル社やグーグル社のような企業で、プログラマーまたは管理職になる人材を募集しているとしよう。みなさんは本当にトップレベルの候補者たちの中から採用者を選ぶことができ、面接でもトップレベルの資質を持つ候補者を探すことができる。そのため「この人はどうして**うちみたいな会社に**来たいのだろう？」という疑問で頭がいっぱいになることもない。誰もがみなさんの会社に自然に溶け込むとは限らないため、この質問は自問したほうがいいが、トップレベルの人々がアップル社やグーグル社のような企業に就職したいと思う理由はたくさんある。そうなる理由は、大規模で複雑な理論を用いなくても説明できる。実際、そもそもこれらの企業に入社する若手の多くは初任給が年収約三〇万ドル（原書が出版された二〇二二年五月時点のレートで約三八四〇万円）以上で、すぐに面白そうなプロジェクトに着手でき、さらに大きく昇進する機会もあるのだ。

みなさんの会社が業界の中堅あるいは最下層だった場合、話は変わってくる。この場合、誰もがみなさんの会社で働くことを望むとは限らない。恐らくほとんどの人は働きたくないだろう。それが現実的か否かは別として、もっと上の企業への就職を希望しているからだ。多くの企業同様、みなさんの会社もこうした位置づけだとしたら、採用しようとしている人々の**どこに問題があるのか**を、とくに注意深く考える必要がある（これはグルーチョ・マルクス効果と呼ばれることもある。かつてグルーチョは、自分をメンバーとして受け入れるようなクラブには入りたくないと発言したことがあるからだ）。候補者の中にはとても有望に見える人もいるだろう。こうした人々は面接もとてもうまくこなし、みなさんが使うそのほかの測定基準でも高い評価を得る。しかしその場合は慎重になるべきだ。彼らがみなさんの会社で働きたいなら、彼らにはみなさんがまだ気づいていない問題があるのかもしれない。なぜ、もっと良い企業で働いていないのだろう？　そもそもどうしてみなさんと話しているのか？　まったく自信がない、あるいは別の性格的問題がある、一年だけみなさんの会社で働く予定で、今だけ利用しようとしている可能性もある。私たちは、高い資格を有し、かなりの才能を持っていながら、生涯転職を絶え間なく繰り返し、決して満足せず、根を下ろすこともできないタイプの人々がいることに気づいた。こうした人々は繰り返し採用してもらえる程度の能力を持っているが、ほとんどの場合、採用は控えるべきだ。

　こうした可能性に直面するのは気分のいいことではない。自分たちの何が問題なのかという質問を提起しているからだ。ほとんどの人はこの種の疑問をあまり直視したがらない。しかし、候補者が本当に信じがたいほど優秀だったら、恐らく**本当に**信じがたいほど優秀なのだ。その場合はどうしてみなさんの業界のアップル社やグーグル社に相当する企業ではなく、みなさんの会社で働きたいのかを解明する必要がある。つまり、みなさんの組織としての弱点を自覚し、どんな人物なら「獲得可能」であり、どんな人物は獲得できないか理解し、時にはいい意味での例外もあることを知るということだ。

候補者の評価をするときは、入社を承諾する可能性のある特定の候補者について、何が「問題か」理解する必要がある。それまでは気持ちが落ち着かないだろう。なぜ**あれほどの**人材がここで働きたいのだろう？　もしかしたら、配偶者が近くに就職することになったのかもしれない。また、実のところ候補者はそれほど優秀ではなかったとしても、温かく歓迎してくれる環境であれば大いに活躍する可能性もある。みなさんの組織にも月並みな部分があれば、こうした環境をつくることができる。十分賢明な候補者なら、それに気づくはずだ。この月並みさを活用し（その一方で、ほかの限界と併せて月並みな部分を克服する努力もしつつ）、この候補者を採用しよう。相手は欠点ばかりではなく、実のところみなさんの会社ととても相性がいいことが判明する可能性があるとわかっていれば、安心して採用できるだろう。

先ほども話したグルーチョ・マルクス効果は、みなさんがトップレベルの企業でない限り、たとえその測定基準が理論上とても優れていて、説得力があったとしても、特定の業績基準にこだわるべきではないことを意味している。知能の高い候補者を採用することに反対できる人などいるだろうか？　魅力的な人柄は利点ではないだろうか？　しかし、みなさんの職場がグーグル社やアップル社、ハーバード大学でもない限り、知能や魅力を追求すると裏目に出る。そして、採用に成功した候補者のほかの隠れた欠点により「代償を支払う」ことになるだろう。理論上、業界内の人気就職先ランキングにおいて下位に近い組織ほど、候補者が高潔な人柄か心配するよりも候補者との相性についてよく考えるべきである。

こうしたケースは数多く、一般的であるともいえるが、みなさんは当該候補者の欠点がわかってくると「なるほど、うちで働きたい理由は**これ**だったのか」とほっとして、大喜びすることすらあるだろう。ほとんどの人は完全に実力主義的な自己イメージを持ち、何よりも資質を重視するため、この視点を念頭に置くのは難しい。これこそが適切な自己イメージであり、いわば良い資質が悪い場合も悪い資質が良い場合もあることを覚えておくだけでいい。こと採用に関していえば、何よりも必要なのは完ぺきな候補者像を想定することではなく、相性の良い組み合わせである。そのため、他者の欠点に気づくスキルがあれば、とても相性の良い相手を見つけられるだろう。これは人材の良い面と悪い面の両方を見る、弁証法的視点が非常に役に立つ理由のひとつである。

率直な自己評価にかかわる別の問題は、従業員に本当に求められる資質が何かを決定するときに生じる。組織は自らを大胆で革新的と形容したがるが、どんなときにもこの表現が当てはまる組織は少数派だ。それにもかかわらず、採用においては、経営者による一種の自己欺瞞として、革新的先駆者を探そうとすることが多い。しかし、本当に必要としているのはどんな人材かを正直に考えるべきだ。みなさんの会社が次に必要としているのは革新的というより、忠実で信頼できる人物なのではないだろうか？　みなさんの会社には、みなさんが認めている以上に「忠実な文化」が根付いているかもしれない。みなさんの組織に関する表現が必ずしも正確ではない可能性を柔軟に受け入れるべきだ。ヘタをすると自分で自分の首を絞めかねない。より適性があり、最終的により質の高い結果をもたらす候補者を採用する機会を犠牲にしてまで、自尊心を満たそうとしてはならない。

7

障がいと才能

気候変動活動家グレタ・トゥーンベリはここ数年、最も大きな話題になった人物の一人だ。一六歳で脚光を浴びたグレタは、よく障がいと見なされる自閉症の診断を受けている。本人のTwitterのプロフィールにはアスペルガー症候群であると書かれているが、アスペルガー症候群は自閉症と近縁関係にあるとされている（アメリカ精神医学会『DSM―5　精神障害の診断・統計マニュアル』ではアスペルガー症候群はより一般的な自閉スペクトラム症に統合されている）。

二〇一九年、グレタはTwitterに一年前に撮った自分の写真を投稿した。スウェーデンの国会議事堂前にメッセージを書いたボードを置き、一人で座り込みをしている写真だ。誰も注意を払っておらず、彼女は落胆したような表情を見せている。ところが、それから一年のうちにグレタは最も有名で影響力の大きい世界的著名人のひとりとなり、Twitterのフォロワーは二七〇〇万人に達し、今もなお増えつづけている。二〇一九年秋には四〇〇万人以上の人々が参加した国際的なストライキ、グローバル気候マーチを開催し、ノーベル平和賞の候補にもなった。また、『タイム』誌の二〇一九年パーソン・オブ・ザ・イヤーにも選ばれている。

彼女の言動に全面的に賛同できないという人もいるかもしれないが、グレタ・トゥーンベリは気候変動に衆目を集めることに大成功した。彼女の成功物語は「障がい」を持つ人々がそれを「克服」したからではなく、障がいが**あるからこそ**、驚くほど有能になることもあるという重要な教訓を与えてくれる。自閉症の人々の多くは表現方法がとくに単刀直入で、社会的正義に強い関心がある、または執着していることさえあり、趣味や仕事に没頭しがちであり、偽善を強く嫌うと考えられている。グレタの主張を広め、成功に導いたのは、まさにこれらの資質だった。[1]

また、グレタはすぐに彼女とわかる独特な声で話す。これは多くの自閉症の人々が持つ独特なプロソディ（訳注：発話の強勢や抑揚、イントネーションなどのパターン）と関連しているのだろう。グレタのような印象を与える著名な講演者はほかにいない。彼女はすぐに核心を突き、忘れがたい話をする。グレタは気候変動の問題が注目を集め、より幅広い聞き手の感情に訴えるために不可欠な人物だったのだ。

しかし、自閉症とグレタの成功が相関関係にあると思われる理由はほかにもある。自閉症の人の多くは社会的に阻害されたり、粗雑な扱いを受けたりしていることから、失うものはほとんどないと感じ、自分のアイディアやキャリアについて、一か八か試してみようと思うのだろう。彼らは「主流派」あるいは順応主義的な考え方にとらわれにくい。その上、後ほど見ていくように、自閉症の人々はほかの人々とは異なる独特の方法で認知をしている。

グレタは自分のことをこう説明している。「私は世界を少し異なる別の角度から見ています。（中略）自閉スペクトラム症の人々は特定の関心事を持っていることがとても多いのですが（中略）私は同じことを何時間でも続けられます」[2]

ピーター・ティールは多くの講演で「アスペルガー症候群」であることは多くの社会的出来事から自分を隔離するのに便利であり、それゆえ独創的な思考を維持できるのだと言っている。スタンフォード大学で師事したルネ・ジラール教授に影響を受けた、ピーターの人間行動の基本モデルによると、模倣の欲求は強力であり、人間は互いの行動をまねし、ステータスを示そうとする（ジラール教授の提示したフレームワークを知っていたおかげで、ピーターはFacebookが大成功することを見抜くことができた。人間には自分の社会的階級や名声を他者に知らせたいという願望があるからだ）。しかし、全員が自分以外の全員を模倣しているとしたら、独創的思想家でありつづけられるのはどんな人物だろう？　自閉症やアスペルガー症候群の人々は、通常の社会的圧力と模倣の欲求のループの外にとどまれる分だけ、独創的で順応主義的ではない思考をしっかり持ちつづけることができるのだろう。実際、彼らは順応**できない**こともあり、そのおかげで彼らの思考は新しい別の方向へ進みやすくなるのだ。みなさんもご存じのとおり、イーロン・マスクは二〇二一年にテレビ番組『サタデー・ナイト・ライブ』の司会をしたとき、アスペルガー症候群（あるいは現在推奨されている言い方をすれば自閉スペクトラム症）であると「カミングアウト」した。

グレタとイーロンはたった二つの例にすぎないと思う人もいるかもしれないが、二人はより広範囲に及ぶ傾向を体現している。つまり世界はかつてないほど多様な人々の才能を活用しているということだ。それにグレタは女性であり、自閉スペクトラム症であるというだけでなく、世間に知られるようになったときはまだ一六歳だった上に彼女が住んでいたのは主要なメディアや政治の中心地ではなかった。ここで私たちが問うべきことは簡単だ。みなさんはこうした流れに加わり、非常に個性的な人々の才能を活用したいだろうか、それとも他社にそうした人材を奪われてもやむを得ないと思うだろうか？

本書では認知障がい（一部のケースは障がいと推定されている症状）に注目するが、私たちの主張の多くは身体障がいを持つ人々あるいは、場合によっては、見た目には障がいがあるかわからない人々を想定している。ここで扱う具体的なテーマに関心がある人もほかのテーマに関心がある人も、どうかこれらは**表面的なものにまどわされないようにする方法**を示す例だと考えてほしい。

型にはまらない知能と能力

人材探しをする際には、さまざまな障がいのことを理解し、なぜこうした障がいを持つ人々を雇ったり、彼らの仕事を後押ししたりすべきか、そして、障がいが**あるからこそ**彼らを雇うべき理由をぜひ知っておいてもらいたい。実のところ私たちは「障がい」という言葉に違和感を覚えている。なぜなら、すべての障がいがすべての面で不利益をもたらすわけではないからだ。障がいは「人間の能力の範囲や種類における差で、それが実際にもたらす結果や成果とは関係なく、機能の本質的側面が損なわれていると現在判断されているもの」という定義も可能だろう。[3]

しかし、私たちは障がいに関連するみなさん自身の経験に反論したり、否定したりしているわけではないので、どうか気を悪くしたり、誤解したりしないでほしい。また、自分あるいは家族の障がいと闘ってきた人々を過小評価するつもりもなければ、障がい全般について説明し、あらゆる問題を検証するために議論しているわけでもない。それにすべての読者が納得するような言葉を選べてもいないだろう。たとえば英語では「person with autism（自閉症を患う人）」という表現を好む人もいれば「an autistic（自閉症者）」という表現を好む人もいて、激しい論争が行われているが、合意が得られる見通しは立っていない。

それよりも私たちは一部のよく知られた障がいについて、彼らの認知能力の優れた面を伝えることで、人材探しにおけるみなさん自身の能力を高められたらと思っている。本書で取り上げる障がいの優れた部分を強調しているのは、それがほとんどの人にとって最も理解しにくい部分だからだ。そのため、言葉の選び方や政治の問題はともかく、人材探しに関してどんなことが学べるかという点に注目してほしい。

議論を構築する上で、まずは障がいが次の三つの機能により、才能を発揮したり高めたりできることに注目したい。

①ほかの人と異なるものに注目し、努力の方向を変える

②当初の障がいを補って適応する、あるいは埋め合わせする
③「スーパーパワー」あるいは障がいのある人々も優れた能力を持てるようになる方法

では、これらを順に見ていこう。

ほかの人と異なるものに注目し、努力の方向を変える

まずは失読症について考えてみよう。失読症とは一般的知能に問題はないが、読み方を覚えたり、単語や文字、その他の記号の意味を理解することが困難な症状と定義されている。ある小規模な研究論文は、失読症の人々は起業家として成功する可能性が高いと示唆している。この関係が因果関係なのかも、完全に実証されているのかも

定かではないが、それでもこの説が真実である可能性は高く、注目に値するものと思われる。ほかの多くの状況にもいえることだが、その相関関係に因果関係がなくても、起業家の才能を見抜くのに役立つことはある。

では、失読症の人々が潜在的に起業家に適した性質を持っているからといって、なぜそれがほかの人と異なるものに注目し、努力の方向を変えているからだといえるのか？　確かに失読症の人々の多くは生産工程に含まれる細かい作業のすべてに対応することができない。その原因のひとつは、あらゆる詳細情報を読み、関連する記号を必要とされる精度とスピードですべて理解するのが困難だからだ。そのため彼らは努力の方向を変え、指導的役割など、自分たちがうまく行える業務に労力を注ぐようになる。それが人材選びや権限の委譲につながることもあるだろう。こうして失読症の人々は、起業して自分にできない業務は他者に任せることを学ぶ。この事例からも、一見不利に思える障がいが仕事における潜在的強みと相関している場合もあることがわかるだろう。失読症の人々は読み書きや情報の解読に非常に苦労することがあるが、だからといって彼らの能力が劣っていると決め付けてはならない。

また、失読症ではない人々の多くには一種の現状バイアスやリスクを回避する傾向があり、そのせいでなかなか起業家的になれないが、失読症の人々の多くは（部分的な）障がいによって起業を後押しされる。彼らは「行動を起こさず」に退屈で繰り返しばかりの仕事に甘んじていると将来の展望が開けないため、独立して別の新しい方向へ進み、より多くの収入を得て、世界を変える可能性が高いのだ。もしかしたら、私たちの自己満足とリスク回避こそ障がいと呼ぶべきかもしれない。

イギリスの億万長者でヴァージン・グループのファウンダーであるリチャード・ブランソンは、失読症であることがキャリアにどのように役立ったかこう説明している。「（失読症の）おかげで私は大きな視野で物事を考えつつ、メッセージはシンプルなままにすることができました。ビジネス界では事実や数字にとらわれがちです。詳細情報やデータも重要ですが、成功は夢を持ち、それを概念化して、革新を起こせるかどうかにかかっています」。つまり、一部の人はすべての詳細情報に注目できないからこそ、より重要な全体像に注意を向けられるということだ。[4]

さらにブランソンは、未来の職場では失読症の人々も十分競争できるようになるだろうと示唆している。この意見は推論にすぎないが、私たちはみなさんが失読症の人々の持つ可能性について前向きに考えられるようにしたいのであって、失読症について包括的に説明しようとしているわけではない。ブランソンの主張が当たっているかもしれない理由がわかれば、失読症の人々を含め、ほかの人々の才能や長所に気づきやすくなるだろう。推計によると世界には失読症の人が七億人もいるという。まずは読み書きの能力が不十分と思われる人々について、考えを改めることから始めてみてはどうだろうか。[5]

努力の方向を変えるというテーマは失読症以外にも当てはまる。定義上、障がいがあるとは（少なくとも当初は）いくつかの技術において標準に満たないことを意味する。多くの人々はほかの技術を習得するための投資をして、障がいに対処する。したがって障がいがあるということは、専門化されたスキルを持っている可能性を示している。そして、とくに急速に複雑化している世界において、専門化されたスキルはとても強力な利点となる。

障がいを補って適応する、あるいは埋め合わせする

二つめのテーマである障がいを補って適応することは努力の方向を変えること以上に直感的に理解しにくいが、障がいについて考える上で重要なテーマである。障がいを持った人々は、その障がいとは関係のない分野で高い能力を発揮するようになるだけでなく、**まさに当初の障がいにかかわる分野でも高い能力を発揮するようになるのだ**。では、どうしてそうなるのか、ひとつの例について考えてみよう。

障がいがあると特定の分野の重要性に注目するようになることもある。ダーシー・スタインケは『ニューヨーク・タイムズ』紙で、自分の吃音がいくつかの点で恩恵をもたらしたと説明している。「私の人生における最大の皮肉は、時として大きな苦しみをもたらした吃音が、言語に夢中になるきっかけをくれたことです。吃音がなければ

ば、ものを書いたり、発音しやすく読みやすいリズミカルな文をつくったりしようとは思わなかったでしょう。単語に強い興味を持ったことで、私はコミュニケーションをとりたいという願望に駆られ、今の仕事を始めたのです」[6]

次に頭の中に視覚的イメージを描けないアファンタジアという障がいについて考えてみよう。アファンタジアの人々は心の目を使って自由自在に視覚的イメージを思い浮かべることができない。アファンタジアの人々は多く、恐らく全人口の二%に及ぶと考えられている。ところが彼らはそのことに気づいてすらいない。というのも、多くの場合、ほかの人々がどのように視覚的イメージを呼び出しているか直感的にわからないため、自分たちにその能力がないことに気づかないのだ。アファンタジアの人々は視覚に頼った職種には非常に不向きなため、こうした職業には一切就けないと思う人もいるだろう。ところがそうとは限らない。たとえばコンピュータ・グラフィックスの仕事をしている人の中にはアファンタジアの人々も多いと報告されているのだ。たとえばピクサー社およびウォルト・ディズニー・アニメーション・スタジオの元社長、エドウィン・キャットマルも、オスカー受賞者で、作画監督として映画

『リトル・マーメイド』のアリエルを生みだしたグレン・キーンもアファンタジアである。[7]

なぜこのようなつながりが存在するのかはわからない。頭の中でイメージを見ることができないと、グラフィック・イメージを生みだし、メディアで公開したいと思うのだろうか？　そもそもアファンタジアの人々はグラフィック・イメージをつくる機械的技術に興味を持ちやすいのだろうか？　もしかするとアファンタジアの人々のほうが「視覚的イメージを生みだせるという驚き」をより素晴らしく感じ、夢中になりやすいのかもしれない。あるいはアファンタジアの人々は頭の中がイメージでいっぱいになっていないため、物語の面白さという観点からものを考えるのに慣れている可能性もある。また、アファンタジアは脳の別の差異と相関していて、その差異が何らかの認知的利点をもたらしているのかもしれない。理由は何であれ、視覚的イメージをつくる職種の求人において、アファンタジアはその人材を雇う理由にはなっても、雇わない理由にはならない。

著名な遺伝学者クレイグ・ヴェンターは、アファンタジアを持っている（あるいはアファンタジアにかかっている）と考えられている。ヴェンダーのおもな貢献は、世界で初めてヒトゲノムの配列を決定し、人工合成した染色体を細胞に初めて移植した研究チームを指導したことだ。遺伝学は遺伝地図の作製や視覚的類似性など視覚的情報を多用する分野であり、ＤＮＡの核心的事実は、複雑な螺旋構造など、視覚的に表現されることが多い。そのような分野でアファンタジアの人が主要なリーダーたりえたのはなぜなのか？　アファンタジアの人々は通常の視覚的イメージの代わりに埋め合わせとなる分析的フレームワークを構築していて、そのフレームワークがさらなる知的進歩に大いに役立っているのだろうか？　これらの問いについても答えはわからない。しかし重要なのは、障がいの表面的な解釈にまどわされ、障がいのある人々がその障がいにかかわる分野でトップレベルの才能を持っている可能性を見落とさないようにすることだ。

次にあげるのは視覚障がいのある弁護士の例だ。視覚障がいがあると、関連する法律や裁判資料を読み、理解するのに苦労しそうだと思うかもしれない。しかし、これを回避する方法はたくさんあり、たとえば文字認識ソフトを使えば書かれた単語を読み上げてくれる。あるいは視覚障がいのある弁護士の多くは、法律を調べるのに手間取ることが予想されるため、**法律をよく記憶している**のかもしれない。実際、アメリカの全国視覚障がい弁護士協会には数百人の弁護士が所属しており、元ワシントン州副知事サイラス・ハビブも視覚障がいを持つ弁護士である。重要なのは、すべての視覚障がい者が弁護士になれるとか弁護士になるべきだということではなく、弱点あるいは障がいと思われるものを克服し、超越することもできるということだ。

では、最もよくある障がいのひとつ、注意欠陥・多動性障害（ＡＤＨＤ）の例を見てみよう。ＡＤＨＤの人々に関する典型的なイメージは、どんなテーマについても長時間注意を向けつづけることができず、次々に別のことを始めてしまい、その結果、落第して退学したり、仕事をクビになったりするといったものだろう。これは適切な薬物治療に頼っている可能性も含め、ＡＤＨＤの人々の経験の一部を説明しているといえるかもしれない。一方、私たちは成功している人々のうちかなりの割合の人々が、通常正式な診断は受けていないが、何らかのＡＤＨＤを患っていると思われることに気づいた。気が散ってしまい、混乱して能力を発揮できなくなるのではなく、彼らは膨大な量の仕事や勉強を通じて、注意を持続できないという認知機能の問題を自分を高める力に変えているのだ。

たとえば、しばらくのあいだだけ、ＡＤＨＤに関する単純化されすぎた典型的なイメージに従い、ＡＤＨＤの人々は常に違うものに注意を向けるように駆り立てられていると仮定しよう。実のところ何かをするよう**駆り立てられる**ことは、素晴らしい動機付け要因になる可能性がある。必要ならば、二つのプロジェクトを並行して行い、そのとき取り組んでいるプロジェクトから注意がそれるたびにもうひとつのプロジェクトに切り替えるようにしてみよう。多くの場合、問題を起こすのは、何にも駆り立てられることがない社員だ。どうして多くの人々は空港で飛行機を待っているあいだ、ただ座ったまま**何もしないで**いられるのか不思議に思ったことはないだろうか？　私たちに言わせれば驚異的だ。それに生産性の喪失でもある。

たとえばみなさんがＡＤＨＤを患っていて、長い本を読みたいと思っているとしよう。これは不可能だろうか？　そんなことはない。次に読むページを今読み終わったページから「気をそらしてくれるもの」として扱う方法が見つかれば、読書を続けられるだろう。障がいを補う機能が働けば、障がいと思われる症状も必ずしも障がいではなく、強みに変えられる。実際、ＡＤＨＤの人々の多くは、膨大な量の情報を処理する機能を発達させ、最後までモチベーションあるいは非常に高いモチベーションを維持できるようだ。

また、診断を受けているか否かにかかわらず、職場のＡＤＨＤの人々が、ほかの同僚と違うどのような種類のスキルや傾向を持っているか理解しておくと役に立つ。たとえば新しいものを求める傾向が強く、解決すべき新しい問題という刺激を常に求めている人もいるかもしれない。あるいはそのような「やり方」は頭が混乱するので、むしろ既にわかっている問題を既にわかっている方法で解決し、自分でコントロールできていると感じながらたくさんの仕事をこなすほうが好きな人もいるだろう。私たちは一般化すればすべてのケースをカバーできるといっているわけではない。むしろＡＤＨＤは均一ではなく、人間の認知は実に多様であることを理解すべきだろう。

自閉症の人々にも、当初の障がいを長所または少なくとも部分的な長所に変えていると思われる例が数多く見られる。今では多くの自閉症の人々がプログラミングや数学、その他の技術的分野の高いスキルを持っていて、もはや珍しくはなくなっている。テクノロジー分野ではとくにこの種の仕事に自閉症の人ばかり採用している企業もあるほどだ。これは素晴らしいことだが、次のステップは、自閉症の人々がほかの役割にどう適合するか理解を広げることだ。[8]

たとえば自閉症を専門とするセラピスト、トニー・アトウッドは、彼の経験によると俳優業では自閉症の割合が高いという。自閉症の人々はもともと社会的本能がほかの人ほど発達していないとしたら、若いころから生涯にわたり、演技の技術を学ばなければならないだろう。そのおかげで、演技力が高まるのかもしれない。この場合も固定観念にとらわれず、さまざまな驚くべき可能性が作用していることを覚えておこう。[9]

自閉症の人は社会的知性が欠けているとよく誤解されることがあり、自閉症のいくつかの定義では社会的知性の欠如を中心的な症状とするものもある。しかし、自閉症の人々は社会的慣習にあまり同調しないことも多々あるため、彼らの社会的知能は標準と異なっていると考えるほうが的を射ているだろう。しかし、そのおかげで彼らは特別な洞察力により、社会の小さな欠点の数々を見つけ、これまでにない斬新な観点から理解できる。たとえばカクテルパーティや大学など、さまざまな分野にばかばかしい習慣が存在するが、多くの自閉症の人々はその根底にある現実を素早く見抜く。一般に自閉症の人々は、社会的状況に直面したとき、**過剰に**社会的情報を吸収してしまい、それをどう整理し、処理していいかわからず、混乱してしまうのだろう。確かにこれは現実的な問題となることもあり、障がいであると同時に自閉症的認知の裏にある順序づけ原理の問題を反映している。しかし、自閉症の人々は大量の社会的情報を処理しており、その量は平均を上まわり、時には膨大な量にのぼることもある。自閉症の人々は、ほかの人々がすぐ理解するような標準的な見方をすべて理解することはできないとしても、勉強と練習をとおして情報を適切に整理できるようになれば、社会的状況に関する非常に鋭い洞察力を身に付けられるだろう。[10]

タイラーの成功は過読症によるところが大きい。過読症とはほかの人々よりもずっと速く読み、多くの情報を素早く吸収できる能力のことで、タイラーはとても若いころからこの能力を持っていた。過読症はよく自閉症および自閉症特有の情報収集傾向と関連付けられる。もっともタイラー自身は社会的知能が低いとも思っていなければ、自閉症の公式の臨床的定義に含まれるコミュニケーション障がいがあるとも思っていない。[11]

自閉症に関するよくある別の誤解は、自閉症の人々は常に内向的なので、外向性が大いに求められる職種には向いていないというものだ。この見方はおもに認知機能の障がいに分類される自閉症を性格の概念と混同している。現実には、自閉症の人々の多くはとても外向的であり、他者とも喜んでかかわり、社交的である。なかには特定の関心を共有したり、それについて語ったりする際、外向的に**なりすぎる**人もいるほどだ。ほかの自閉症の人々は実際に内向的に**振る舞う**が、それはさまざまな社会的状況で受ける扱いに落胆しているせいでもある。しかし、だからといって、彼らは生まれつき内向的になりやすいという意味ではない。平均して自閉症の人々は本質的により内向的なのか、彼らは社会的状況を十分に理解できないため内向的に振る舞っているだけなのか、相関関係はないのか、まだ明らかになっていない。いずれにしても、この問題について結論を急ぐべきではない。自閉症の人々と「内向的で社会性のない人々」を同一視しているとしたら、それは異なる分類を混同しているのであって、本来ならぜひ採用したいような多くの才能ある自閉症の人々を見落としてしまうだろう。[12]

たとえばマイクロソフト社は「自閉症の候補者はイエスかノーで答えることはできても、ほかのスキルについて詳しく述べられないため、最初の電話審査で落とされる（場合が多い）」ことに気づいた。このジレンマに対処すべく、マイクロソフト社は採用過程で電話の代わりにメールも使えるようにし、ほかの人々の前でホワイトボードを使って作業をする代わりに、自分のノートパソコンを使ってプログラミングするという選択肢を提供した。同社はそのおかげでより多くの才能ある自閉症の人々を雇うことができたと考えている。[13]

また、性格心理学の一般論は自閉症には当てはめにくいことも覚えておこう。たとえば「誠実性」などの分類は十分に一般的ではなく、むしろ特定の分野におけるモティベーションがどの程度かにかかっている。これは通常、自閉症の人々にとくによく当てはまる。彼らは特定のテーマについて強く「優先される関心」を持っているからだ。一般に面接や評価を行えばその人が自閉症かどうかわかると期待すべきではないが、相手が自閉症だとわかっている場合は、誠実性全般の兆候を探すよりも、関連する特定の分野における誠実性の兆候（または誠実ではないと思われる兆候）を探そう。面接の過程では、自閉症の人々はあまり自動的に「ストーリーで考える」ことをせず、恐らくアピールも弱いので、彼らにストーリーを語らせようとすると良い結果は得られないかもしれない。面接中の相手が自閉症かどうか判断できる見込みはないが、人間は多種多様な方法で情報を整理して質問に回答することを覚えておこう。

障がいの埋め合わせの役割を理解するための優れたフレームワークを提示したのは経済学で、その要点を最もよく説明しているのは一九八七年に発表されたデイヴィッド・フリードマンの書いた記事「温暖気候の寒い家とその逆：合理的な暖房のパラドクス」だ。フリードマンの記事の基本的なポイントは、はっきりそう書かれているわけではないが、当初のデメリットを埋め合わせることで、より高いレベルのスキルや業績につながるということである。フリードマンのあげた例を引用すると、寒冷地に住んでいたら家の断熱にたくさんの投資をし、その結果、家の中は暖かくなるが、逆にいつも華氏六〇度(摂氏約一五度)ある土地で育ったなら、セントラルヒーティングなどないため、夜にはとても寒く感じるだろう。[14]

これはすべて人間の障がいにも当てはまる。もし何らかの障がいを持っていたら、その分野ではより多くの努力をし、大きな調整をする必要があるだろう。これは重荷であり、多くの人々の妨げとなり、やる気をなくさせるが、最終的により優れた業績を上げる人もいる。前述のダーシー・スタインケが吃音のおかげで言葉をより意識するようになり、優れた作家になったことを思い出そう。

スーパーパワー

重要な真実は、障がいは最終的にデメリットのように思えるかもしれないが、全体として見れば、その多くはメリットにより相殺されるということだ。

「スーパーパワー」という言葉は児童書のベストセラー作家で、『ドッグマン』シリーズを中心に数百万冊を売り上げた漫画家のデイブ・ピルキーの作品から引用したものだ。ピルキーは失読症とＡＤＨＤであることを公表しており、ピルキーが公の場に現れるときには、失読症やＡＤＨＤの子どもたちが彼に会いに来て、サインを使い、連帯を表明している。かつてピルキーはあるインタビューでこう述べたことがある。「私は注意欠陥・多動性障害とは呼びません。Attention（注意）Deficit（欠陥）Hyperactivity（多動性）Delightfulness（歓喜）と呼んでいるのです。子どもたちには、自分には悪いところなどないことを知ってほしいと思います。ただ考え方が違うだけで、これは良いことです。違う考え方をするのは良いことなのです。世界は違う考え方をする人を必要としています。それがあなたのスーパーパワーなのです」[15]

このインタビューでは次のようなことも語っている。

Q：小学生のころ、廊下に座らされたことはありますか？

A：当時はこうした症状についてほとんど知られていなかったので、私はばかなことをしてみんなの気を散らしているだけように見えたのだと思います。席にじっと座り、口を閉じていられなかったのです。そのため二〜五年生のころの先生はただ私を廊下に出すだけでした。結局のところ、私にとってこれは一種の恩恵でもあったのですが。おかげで物語や漫画をつくる時間ができたのですから。私にとってはかえって良かったのです。

認知的優位性が自閉症の人々に恩恵をもたらすこともある。研究文献に一覧として掲載されている自閉症の人々の認知的優位性には次のようなものがある。

- 好みの分野の情報収集および知識の整理における高い技術
- わかりやすい例として、科学など、好きな分野における細かい情報を理解し、収集することにおける高い技術
- パターン認識およびパターンの詳細に気づく高い技術
- 鋭い眼力と優れた音調知覚
- 目の錯覚に惑わされにくい
- サンクコスト（訳注：既に支払ってしまっていて回収不能のコスト）に対する偏見が少ない
- 行動経済学の文献に提示されているとおり、フレーミング効果（訳注：同じ意味を持つ情報であっても、何を強調して選択肢を提示するかによって意思決定が影響されること）による錯覚および授かり効果（訳注：自分の持っているものの価値を他者よりも高く評価すること）の影響を受けにくいため、意思決定の際はより合理的なアプローチをと

る
・数字や暗号などの扱いに秀でているなど、サヴァン症の能力を持っている確率が高い
・一般に膨大な量の読み物を速いスピードで吸収し、記憶しておける能力を含む過読症
・および社会的正義の感覚が強く、自閉症の人々はまわりの人々からの直接的クレームよりも非個人的な正義に重点を置く

これらの能力は自閉症の人々全員に見られるわけではないが、自閉症でない人に比べ、これらの分野の能力が高い。また、レーヴンＩＱテスト（レーヴン漸進的マトリックス検査は流動性知能と空間的可視化、法則の推測、高レベルの抽象化といったスキルを身に付ける能力を測定する）における自閉症の人々のスコアは、言語能力および文化的形態の知識に重点を置くウェクスラー知能検査に比べ、平均で三〇％、時には七〇％高い。テストを受けた自閉症の子どもたちの三人に一人はレーヴンＩＱテストのスコアのほうが九〇％以上高かった。ほかの研究から、一般的に自閉症の遺伝的リスクの高さはＩＱ

の高さと相関関係があることがわかっている。[16]

最も一般的にいえることとして、自閉症の人々はそのほかの人々よりも新規突然変異の割合が高い可能性がある。つまり、自閉症は突然変異の一般的傾向が高いため、「自閉症の一部」ではない症状も含め、数多くのほかの症状と相関関係があるということだ。そのため自閉症の人々は「より珍しく」、それが生産性を高めることもあれば損なうこともある。[17]

二〇〇一〜二〇〇二年にタイラーは、ジョージ・メイソン大学がヴァーノン・スミスと彼の実験経済学の研究チームを採用する際、中心的な役割を演じた。数年後、ヴァーノンはノーベル賞を受賞し、彼の研究チームも目覚ましい活躍をしたため、彼らを採用したのは明らかに大正解だった。「アスペルガー症候群の自閉症者」としてもよく知られているヴァーノンは、非常に集中力があり、職業的倫理感が強いのは自閉症的特性によるものだとして、幅広く執筆活動を行い、そのことについて語ってきた。ヴァーノンには、非常に温厚な性格であることなど、数々の長所があるが、それでも採用プロセスは容易なものではなかった。しかも、ジョージ・メイソン大学へ来ることを検討するに当たって、ヴァーノンの最大の関心事は給与ではなく、極めて高度な自主性を持ち、自分自身のプロジェクトを行う自由だった。そこで、彼の希望に合わせてオファーをしたところ、より高い給与を支払ったであろう大学はほかにいくつもあったにもかかわらず、ヴァーノンも彼のチームも私たちのオファーを受け入れてくれたのだ。[18]

自閉症と聞いて真っ先に思い浮かべる著名人の一人、テンプル・グランディンは、視覚的思考およびイメージの観点から考えるという自身の長所を強調し、次のように述べている。「一九七〇年代、畜産施設の設計者としてキャリアを始めたころ、私は誰でも私と同じように画像でものを考えていると思っていました。私には設計図を描く前から鋼とコンクリートの構造物のイメージが見えていたのです。ところが、ほとんどの設計図はそのようにつくられるわけではないことを今は知っています。私が設計した設備や装置は、現在ほとんどの大型牛肉加工施設に設置されています。こんにち使われている複雑なコンベヤ・システムや精巧な包装装置などの本当に巧妙な装置の多くは、**私のように**視覚的に思考する人々が発明したのです」。グランディンは自閉症についても幅広く執筆活動を行っており、言うまでもなく、著作では自閉症の認知的長所のひとつと思われる視覚的思考に注目している。[19]

また、ホセ・ヴァルデス・ロドリゲスについても考えてみよう。二〇一九年に新聞で取り上げられたとき、彼はまだ一〇歳だった。自閉症の診断を受けていたが、四つの言語を話し、円周率を二〇〇桁暗記し、一〇歳にしてカナダのヴィクトリア州で微分積分学の準備コースを取っていた。将来の夢は宇宙飛行士になることだという。ホセ・ヴァルデスはいつの日か、もしかしたら比較的すぐ、有望な新入社員になるだろうか？　その可能性はあるが、まだわからない。いずれにしても、彼のことをよく調べるべきだろうか？　もちろんだ。[20]

この章では障がいの例を数件しか取り上げていないが、統合失調症あるいは（より幅広く統合失調症に関連した特性の連続スペクトルを表す）統合失調症傾向の場合はどうなのかと思う人もいるだろう。こうした人々にも、たとえ部分的だとしても何らかの職種に合った長所があるのだろうか？

恐らく長所はあるだろう。私たちは統合失調症傾向および双極性障がいの人々に関する文献は解釈が難しいことに気づいた。理由のひとつは、データの質が低く、データポイント（訳注：データセットに含まれる個々のデータの組み合わせ）が比較的少ない論文が多いからだ。とはいえ、統合失調症傾向の人々がローカル処理（訳注：部分に注意を向ける認知的処理）の問題や作業記憶、注意力を維持する能力の欠如、解体行動（訳注：ひどく混乱した行動）、感受性低下、過感受性、過度に空論的な観念、脳の右半球からの情報に対する過剰な感受性、妄想、その他の問題にどれだけ苦しんでいるか説明した文献は多数存在する。私たちはこのエビデンスにも、その結果生じる実際の人間のコストにも異議を唱えるものではない。[21]

しかしながら、統合失調症傾向（および時には双極性障がい）と芸術的創造性との相関関係を発見した研究論文が数多く存在することに感銘を覚えた。これは統合失調症傾向が特定の種類の洞察力を高めることを示唆している。

統合失調症あるいは双極性障がいの可能性があるといわれている有名な創造的人物は、フィンセント・ファン・ゴッホ、ジャック・ケルアック、ジョン・ナッシュ、ブライアン・ウィルソン、アグネス・マーティン、バド・パウエル、カミーユ・クローデル、エドヴァルド・ムンク、ワスラフ・ニジンスキーなど多数に上り、アートシアター系の映画ではそれが当たり前のように描かれている。一部の研究論文は、芸術的創造性と統合失調症傾向との正の関係を逸話的ではなく、体系的に示唆している。たとえば、統合失調症傾向は恐らく「脳の左半球の優先度が弱まり、右半球の利用可能性が強化されること」に関連して、しばしば「かけ離れた、あるいはあまり一般的ではない意味的連想をより多く使えるように」するのだろう。統合失調症傾向の指標は、親戚も含め、創造性の指標と相関があり、さらに統合失調症と双極性障がい両方の多遺伝子リスク点数（訳注：ある個人が持つ、特定疾患の発症リスクを高めるすべての遺伝子バリアントをスコア化した数値）は、創造性を予測するようだ。また、統合失調症、双極性障がい、その他の精神衛生上の問題はほかの高い教育レベルと関連する遺伝的要因と相関していることを示す遺伝的エビデンスもある。[22]

現代の音楽界を牽引するクリエイターのひとりであり、次世代を育てる能力と多才さで知られるカニエ・ウェストは、最近双極性障がいの診断を受けていることを告白した。彼はラップの作品でこう歌っている。「ほら、あれが第三の自分だ。双極性障がいのクズ（中略）あれが俺のスーパーパワーだ。障がいじゃない。俺はスーパーヒーローだ！[23]」ご想像のとおり、この歌は議論の的になった。多くの人にとって大きな問題である双極性障がいを美化したことで非難を浴びたのだ。双極性障がいをスーパーパワーと見なして、十分に注意を払わないと危険を招く恐れがある。とはいえ、双極性障がいと統合失調症傾向が創造性と良い意味で関連している可能性が否定されるわけではない。[24]

また、統合失調症と少なくともある種の社会的情報に対する感受性には関連性があるように思われる。たとえば、脳の右半球からの情報のフィルタリングが十分に制御されなかったら、統合失調症傾向の人々は非常に知覚が鋭くなり、場合によっては鋭くなりすぎるかもしれない。こうした人々はしばしば、彼らでなければ気づかないような社会的関連性やかすかな社会的手掛かりに気づいたり、ほかの人には気づかない可能性を思い描いたりできる。彼らは特定の側面には非常にオープンで、文字どおりの解釈に固執するのとは対極の性質を体現することもある。これは創造性との相関の一部を説明できるだろう。彼らはしばしば正当化されない強い忠誠心を抱く。そのため統合失調症の人々は、被害妄想あるいは真実ではない、またはまったく真実とかけ離れた多くの社会的事実を信じる傾向がある。また、他者からじっと見られることに過剰に反応し、まったく意図が働いていないときにも意図的だと推測する傾向がある。注意力が散漫になりやすく、刺激の性質とその結果としての思考と感覚のつながりは比較的緩く、そのため幻覚や妄想を引き起こすことがある。さらには自意識が誇張され、社会的序列における自分の位置を過剰に気にかけることもある。[25]

この特性の組み合わせは複雑だが、重要なのはこうした人々の多くは優れた創造性と特定の状況に対する優れた認識力を持っていると思われることだ。彼らはとても生成的で、多くのアイディアを生みだすだろう。また、多くの統合失調症の人々の「心の理論」に関する短所に表れているように、彼らの判断は決して全面的に信頼できるものではないとしても、彼らは社会的洞察力を持ち、ほかの人は気づかない社会的真実を感知する。そのため、もし社会的状況に関する洞察を得たい、あるいは新しい創造的な選択肢を聞きたければ、統合失調症の人々や統合失調症傾向の人々にアドバイスを求めることも検討しよう。まずは自閉症の人にアドバイスを求めてからの話だが。[26]

統合失調症の人々、さらには統合失調症傾向の人々、そして恐らく双極性障がいの人々も、職場で問題を起こすことがあるかもしれない。しかし、今ここで薬物治療の効果および統合失調症や双極性障がいのマイナスの特徴をどのくらいコントロールできるか議論するのはふさわしくない。少なくとも、本書は人材の採用に関する本というだけでなく、人材探しのための本でもあることを思い出してほしい。したがって、もし非常に才能のある人材に出会ったけれど、その人が問題を起こす可能性がある場合、統合失調症であろうとなかろうと、オンサイト勤務のフルタイムの仕事に採用すべきではないだろう。しかし、ほかに彼らにできる役割はないか考えてみよう。たとえば（出来高払いの）在宅勤務やパートタイムのコンサルティングをしてもらってもいいし、彼らの作品を購入する、彼らの将来的な収入源に投資する、顧問あるいは生成的なアイディアの源として活用するという手もある。

繰り返しになるが、本書の目的は統合失調症や統合失調症傾向、双極性障がいの決定的な科学的知識を提供することではない。私たちの目的は、みなさんが心を開き、統合失調症か否かにかかわらず、ほかの人々の才能を見抜き、別の可能性を受け入れられるようにすることだ。

これは何を意味するのか？

少なくとも固定概念に思考を支配されるべきではないという一般的教訓について考え、自分のものにしてほしい。私たちは障がいのある人々の大半を含めたすべての人にプラスの結果が訪れるといっているわけでも、成功した人々ですら実際に苦労する可能性があることを否定しているわけでもない。私たちが言いたいのは、一般的に名前の付けられた障がいは複雑な現象であり、長所がある可能性もあり、時にはその長所が非常に大きな場合もあるということだ。人材を探すには現在の状況のできるだけ多くの面に目をやり、ほかの人が気づいていない才能を見つける必要がある。これは多くの場合、一見障がいと思われる症状が必ずしもマイナスではなく、仕事において必ず不利になるわけでもないことを意味する。

この章では、おもに認知的障がいと呼ばれるものに注目したが、身体障がいも珍しくはない。運動障害や顔の違い、皮膚の疾患をもつ人々も多い。みなさんが人材を探す際、そのほかのさまざまな症状を持つ人と出会うことだろう。私たちはそうした症状を徹底的に列挙し、検証したりはしない。むしろ一般的に重要なのは、現代社会はいまだに「ルッキズム」に苦しめられることが多すぎるということだ。ルッキズムはスマートで「能力のある」人々がどのように行動し、どんな活動をし、どんな話し方をすべきかというとても具体的な物理的イメージに当てはめようとする。こうした先入観にはできるだけとらわれないようにしよう。いくつかの点でどれだけ心を開いていようと、人種差別や性差別をどれだけ乗り越えてきたとしても、みなさんはまだ恐らくルッキズムにとらわれていることだろう。ルッキズムはなかなかメディアの注目を浴びない。言ってみれば、ルックスの先まで目をやるのだ。

既に述べたように、私たちは「障がい」という言葉が適切だとは考えていない。障がいはよくそれに対応する**能力**とペアになっているが、それでも「障がい」という言葉は一般に使われつづけている。人材探しという、私たちの置かれた文脈において「障がい」という言葉を使うと、聞き手に衝撃を与えることだろう。たとえば、とくにみなさんのチームに向かって、「時には障がいのある人々も雇うべきだ」と言った場合、「障がいと呼ばれている症状は、スキルと欠陥の複雑な組み合わせを示唆しており、恐らくこうした人々は労働市場で見落とされている」と言うよりも、記憶に残るキャッチフレーズとなるはずだ。いずれにしても障がいは非常に複雑な概念であり、全体としては決して必ずしも否定的な意味ではなく、これはみなさんが特定のケースや標準的ではない人材を探しているならなおさら当てはまる。

この問題をすべて速やかに解決できるとは思っていないが、障がいは複雑な概念であり、そこにレッテルを貼るのは好ましくないこと、障がいと思われる特性がその職種の適性と相関している場合もあるので、私たちは常に心を開いておこう。

8

なぜ才能ある女性やマイノリティはいまだに過小評価されているのか

クレモンタイン・ジャコビーは非常に変わった経歴の持ち主だ。二〇一五年にスタンフォード大学を卒業した彼女は、後年「スタンフォードを出たときはサーカスの曲芸師になるつもりでした」と語っている。実際、ジャコビーはメキシコとブラジルのサーカスで、エアリアルフープ（訳注：高いところから吊るしたフラフープのような金属の輪）を使ったアクロバットを専門とする曲芸師として働いた経験がある。卒業後、最初の一年はアクロバットの指導をした（訳注：卒業後ではなく在学中とする説もある）。といっても、シルク・ド・ソレイユに入ることを夢見る人々にではなく、ブラジルのギャングを対象としたダイバージョン・プログラム（訳注：刑事手続きを停止し、被告を福祉やケアプログラムに紹介するなど、非刑罰的方法をとるためのプログラム）で教え、生徒たちに犯罪人生から足を洗うよう促したのだ。[1]

ジャコビーはこの経験から、犯罪と無法状態の問題に対する理解を深めると同時に更生は実際に可能であることを学んだ。その後、四年間、グーグル社でプロダクトマネジャーとしてグーグルマップとアンドロイドにかかわる業務を担当したことで、組織での業務経験を積みつつ、テクノロジー業界の才能ある多くの人々と出会い、彼らから学ぶこともできた。

しかし、二〇一八年初頭、ジャコビーは世界を良くするためにもっと努力すべきだという考えが頭から離れなくなった。そこで、受刑囚の中から刑務所外のコミュニティを危険にさらすことなく、早期に出所できる人を特定するための非営利団体Recidivizの構想を練った。さらに言うと、これはアメリカの刑事司法制度にデータ分析を取り入れるという、より大きな運動の一環だった。ジャコビー（クレモンタイン）は仕事を辞めてこの非営利団体を立ち上げられるだけの資金を求めて、タイラーのエマージェント・ベンチャーズ・プログラムに申し込んだところ、タイラーは彼女のプレゼンを気に入り、追加の質問もせずに数日のうちにかなりの額を送金。こうしてクレモンタインは実際に仕事を辞め、計画を実行に移した。

新型コロナウィルスの大流行に伴い、刑務所内での感染を抑えることを目的に、州が多くの囚人を釈放しようとしたため、Recidivizは実際に軌道に乗った。多くの州は、どの囚人は釈放しても安全かクレモンタインとRecidivizに相談し、その結果、数万人の囚人が釈放され、多くの命が救われた。たとえばノースダコタ州は、規律に沿って、一カ月のうちに全囚人の二五％を釈放した。現在、非営利団体のRecidivizは非常に成功し、何百万ドルもの追加資金が集まっている。[2]

クレモンタインとのビデオ面接の際、タイラーはいくつかの点で感銘を受けたのを覚えている。第一に彼女は、典型的な非営利団体の職員たちに一連の官僚的役割を任せるのではなく、非常に才能のある人材だけでRecidivizを立ち上げるという展望を持っており、実際にテクノロジー業界の友人たちに協力を求めた。第二に、彼女は収入が大幅に減り、将来的な仕事の見込みも定かではなく、完全に失業する可能性があるにもかかわらず、「型破りな」ことをしようと覚悟しているように見えた（もっとも、成功を収めた今となっては、それほど型破りには見えないが）。彼女はこのプロジェクトを心から信じ、パラシュートがあるかもわからないまま飛び降りたのだ。通常、これは良い兆候である。

とはいえ、タイラーとクレモンタインは初対面のときから、すっかり意気投合したわけではなかったと言っても差し支えないだろう。面接はつつがなく終わったが、クレモンタインは「愛想を振りまく」作戦を取らなかった。彼女の提案はすべて事実に基づくものであり、これは、データをもとに為政者にアドバイスする機関としてRecidivizを立ち上げるという彼女の構想と一致していた。これを実現したければ、彼女のプレゼンは合理的でデータに基づいたものであるべきであり、まさにそのとおりだった。

幸い、タイラーはクレモンタインとの対話がどのようなものになるか、的確に予想していた。クレモンタインは表面的な意味では友好的に見えなかったが、タイラーは彼女が仕事の場において女性に許されるかなり限られた範囲内でベストを尽くし、舵取りをしていることに気づいた。詳しくは後ほど説明するが、候補者が女性で面接官が男性の場合、分不相応と思われずに印象づけられる感情的スペースは限られている。多くの面接官は、あまりにも自信に満ちていたり、さらにいえば「必要以上に笑顔を見せたりする」女性候補者を受け入れないだろう。こうした潜在的制約を考えると、クレモンタインはまさに申し分のない方法で彼女自身と彼女の計画をアピールしているとタイラーは感じた。彼女のプレゼンの内容は非の打ちどころがなく、印象的だったのだ。こうして、彼女は助成金を手にした。

これは一例にすぎないが、ジェンダーとマイノリティの問題に関して、広くはびこる先入観を克服する方法をみなさんに伝えられたらと思っている。この章では、みなさん自身の先入観を克服、あるいは抑える方法について述べている。街頭では社会的正義のためにどれだけ闘っていたとしても、人材探しや職場にかかわることになると先入観を抱いてしまうこともある。特定の先入観について（たとえば「モザンビークの都市部出身者の面接に適した具体的な方法は何か？」など）一つひとつの例を説明することはできないため、最も一般的教訓に注目する。これは一種の上部構造のようなものと考えてかまわない。みなさんは、それぞれの環境で直面している問題に応じて具体的に学習しながら、この構造の土台を築いていってほしい。

本章の前半では、ほとんどの社会において多数派集団である女性に関連した先入観について考える。そして後半では、先入観に対する一般的なアプローチを検証し、人種について、より感覚を研ぎ澄まし、先入観を抑える方法について論じる。なお、これらの方法の大半は、たとえば東南アジアにおける華僑に対する先入観などを網羅するものではなく、アメリカの状況を想定している。とはいえ、私たちの目的は存在しうるすべての先入観について一つひとつ詳述することではなく、むしろ先入観の普遍性を明らかにすることにある。そのため私たちの分析が、文化的背景を問わず、みなさん自身あるいはみなさんの同僚が持つ偏見と闘うのに役立つことを願っている。

そして、誤解のないよう率直に断っておきたいのは、私たち二人は白人男性の立場からこの章を書いているということだ。これらのテーマにおいて、私たち自身が経験に基づいて理解できないことが多々あることも、何をしても私たちの対処法には先入観が残ってしまうことも認識している。また、本書は、私たちがさまざまな状況で、比較的有力な立場にある人々に**彼らの**先入観について教えるような口調で書かれている。もっとも、私たちはこうした人々に対する偏見から、そのような口調で書くことにしたわけではなく、本章の効果と影響力を最大限に高めるには、このアプローチが適していると考えたのだ。読者であるみなさんが修正したい点があれば、ぜひ修正してみてほしい。しかし、どうか私たちがみなさんをこの議論から除外しようとしていると思わないでほしい。この章の最も重要な点は、議論を**広げやすい**状況を生みだすことにあるのだ。

女性に対する先入観および考え方について

残念ながら男性と女性の違いに関する議論は、たいていもどかしく、非生産的だ。そして、あまりにも多くの場合、男女の差は生来備わった遺伝的なものなのか、社会化によって生じたものであり変えることができるのか、といった議論が中心になりがちである。

こうした議論の重要性は認識しているが、誇張されており、また、本書の主要な目的からそれてしまうため、あえて取り上げないことにする。ジェームズ・ダモアによるメモの件（ダモアは男女の本質的な違いに関する声明文を書いたグーグル社の従業員　訳注：女性は生物学的にエンジニアとして劣るという内容だったため、ダモアは解雇された）を蒸し返すより、より現実的な問題に注目したい。女性が最初の段階で自分をどのようにアピールするかをよく理解し、その後、職場で彼女たちの才能をうまく生かすにはどうすれば良いだろうか？　みなさんが上司や採用担当者だったら、どうすれば、よりうまく女性を採用すると同時に職場環境を改善し、広く社会に存在する不当な扱いをなくすことができるだろうか？　本章では面接プロセス、昇進プロセス、従業員とのコミュニケーション方法、みなさんがつくり上げる仕事上の役割と職場環境に重点を置いている。

みなさんが、改善は可能であるという解放論的見解を支持し、先頭に立って改革を進められたら、それはみなさんを含め、関係者全員にとって利益となる。そして、たとえみなさんが男女差は本質的なものだという非常に保守的な考えを持っていたとしても、やはり改善は有益だ。

ここで、ジェンダーについて最も保守的な理論家であっても、解放論的見解を採用し、受け入れるべき理由を説明しよう。仮に男性と女性では生まれつき分類的な違いが見られるとしても、個々の女性にそれを当てはめるのは、不当な差別となる可能性がある。同性のあいだでも大きな個人差が存在するため、本質的な男女差にとらわれていると、優遇されていないほうの集団に属する傑出した人物を見落としやすくなるからだ。たとえばテニスでは、ほぼ間違いなく本質的な生物学的理由により、平均して男性のほうが強くて速いサーブを打つことがわかっている。こうした状況では、才能ある女子テニス選手を見落としたり、女子テニス界が証明したように、女子の試合のほうが（より長く、複雑なラリーが続くため）男子の試合よりも面白く、観客の人気も高くなる可能性があることを忘れたりしがちだ。また、こうした状況は統計的差異を正当化し、さらに定着させるかもしれない。しかしながら、起業家であり、採用担当者でもあるみなさんは、女性のテニス界における可能性を見抜いたり、ほとんどの男性に勝ち、男性とは違った方法でテニスにイノベーションをもたらせる女性を見いだしたりする機会を得られる。ジェンダーに関していえば、こうした機会はさらに大きいかもしれない。というのも、こうした一般論は平均して正しいものの、ほかの採用担当者の多くが、その一般論にとらわれているからだ。実際、女子テニスが現在の人気と地位を確立するには長い時間を要した。

あるいは、仮にある業務において、平均して女性は実際に男性より劣っていたとしよう。それでも、同業務を男性よりうまくこなす女性は多数存在する可能性があり、こうした女性を見つけだして活用できれば、その恩恵が得られる。したがって、たとえみなさんが「女性は○○(当てはまる言葉を入れよう)が苦手だ」と思っていたとしても、女性の才能を活用しないのは間違いだ。ほかの人々は統計的な差にとらわれすぎているため、こうしたケースで適した人材を見つけられると得られるものが大きい。

以上から、社会における女性の可能性を高めるためにできることは**はるかに**多いと信じるべきだ。この場合、男女の差が生物学的に決定されたものか社会的に決定されたものかを考える必要はない。

次のテーマに移る前にいくつか重要な点を押さえておこう。

第一に私たちは女性に注目しているが、それに加え、異なる文化的背景を持つ人々に対応する方法についても述べていく。なお、ここでいう「文化」とは、自国内の別の文化を含む広い意味での文化を指す。

第二に私たちは私情をはさまないよう注意し、ほとんどの部分において事例や道徳的考察を差しはさまずに議論を進めるつもりだ。私たちも職場における女性に関する膨大な数の文献が存在していることはよく知っている。こうした文献の中には先入観や差別、ハラスメント、暴力などに関する多くの事例もあり、その一部は**非常に**個人的なものだ。私たちはこうした事例を公表するのは重要なことだと考えている。しかし、私たちが追加すべき情報はないため、関連するすべての不正を体系立ててここに提示するつもりはない。それでは「配慮が足りない」と思われるかもしれないが、これは私たちがみなさんの感情に訴えるのではなく、みなさんが実用的かつ有利に人材探しの分析的側面を活用できるようにすることを目指しているためだ。

よりドライなアプローチとして、データサイエンス（訳注：データを用いて科学的、社会的に有益な情報を抽出するアプローチ）のいくつかの主要な研究結果および、そうした結果から、才能ある女性を見つけ、活用するために何が学べるかに注目する。具体的にいうと、既に発表されている研究結果を検証し、それらが職場における女性に関して、どんな意味を持っているかを問うのだ。これはここで提示する議論のほとんどが、必ずしもより一般的な議論では耳にしないものであることも意味する。そうする理由は、みなさんが既に知っていることを単に繰り返すのではなく、その議論に新しい情報を確実に加えられるようにするためである。

では、女性と才能に関連した経験に基づく結果のうち、中心的なものをいくつか見ていくことにしよう。

パーソナリティの違い、および積極的な女性は公平な機会を得られるか?

第一に女性は男性とはいくぶん違った性格特性を持っていることに注意しよう。女性は男性よりも協調性、神経症傾向、外向性、開放性のスコアが高く、協調性と神経症傾向における差が最も大きい。なお、これらの用語はこれまで同様、性格理論で規定された意味合いで使っており、協調性が高いのは本質的に良いことだとか、神経症的傾向は本質的に悪いことだと仮定すべきではない。[3]

多くの場合、男女のビッグファイブ理論の特性のスコアはほぼ同じだが、理由はそれぞれ異なるため、根本的な性格の違いは残っている。男性の開放性と女性の開放性は基本的に同じだが、開放性の分類の中でも、男性は自己主張のスコアが高く、女性は社交性と人懐こさのスコアが高い。また、女性はより繊細で社会的柔軟性があり、男性は比較的安定したヒエラルキーを持つ、より大きな競争集団を形成する傾向がある。さらに男性は協調性の分散が大きく、女性は外向性の分散が大きい。このような性格の違いからだけでも、その人が男性か女性かを約八五％の精度で予測することができる。このような高い精度が得られるのは、アルゴリズムが個々の特性の男女差だけでなく、さまざまな性格特性の全体を考慮しているためである。[4]

この研究文献の驚くべき発見のひとつは、女性のほうが男性よりもその性格によって収入を正しく予測できることである。これはひとつの論文だけでなく、複数の論文から同様の結果が得られており、またカナダのデータでも同じ結果が見られるため安定した結論であると思われる。たとえば、この問題に関する最も体系的な研究と思われるエレン・K・ニフスとエンパー・ポンズの研究によれば、職場において性格は男性よりも女性にとってはるかに重要である（専門用語でいえば、未調整の回帰分析において、性格で調整した決定係数は男性が〇・七％、女性が五・〇％であり、これは大きな差といえる）。女性では、情緒的安定性が協調性と同じく賃金を決定する大きな要因であり、協調性のスコアは、多くの研究において賃金と負の関係にあることが示されている。つまり、理由はともかく、協調性の高い女性は賃金が低いということだ。カナダのデータでは、女性の協調性が一標準偏差上昇すると、所得が七・四～八・七%低くなるが、男性はこのように所得が低くなることはない。[5]

メリッサ・オズボーン・グローブズは、性別と収入に関する学位論文を書き、いくつかの顕著な結果を得た。彼女はビッグファイブ理論だけでなく、アメリカとイギリスの女性の収入を予測するほかの要因についても考察している。たとえば彼女は「外部性」つまり「結果は運命や運がもたらしたものであるという信念」という要因を考察し、女性の外部性スコアが一標準偏差増加すると、賃金が五%以上減少することを示唆している。つまり、自己主体感があると生産性向上につながるが、そのような積極的な気質がマイナスに作用しすぎないように注意する必要があるということだろう。また「積極性」の特性が一標準偏差増加すると賃金は八%低下し、「引きこもり」の特性が一標準偏差増加すると三%以上賃金が低下するという相関がある。この論文でも、これらの係数やほかの係数は、男性労働者について一般的に見られる関連性よりも、人格と賃金のあいだのほうに強い関係があることを示している。[6]

積極性という性格特性が、男女の収入にどのように関係しているかを見てみると、驚くべきことがわかる。男性の場合、積極性の特性は地位の高い職業ではより高い収入と相関しているが、地位の低い職業ではより低い収入と相関している。たとえばボーリング場の係員の場合、気難しいファウンダーのように振る舞うことは許されないが、CEOならば許される。一方、女性の場合、積極性は地位の高い職業でも低い職業でも収入の低さと相関している。[7]

性格は男性よりも女性の収入により大きく影響するようだが、この事実をどう解釈すればよいのだろう？　ひとつ明らかに考えられるのは、女性の人材探しがより困難である、あるいはより繊細なスキルが要求されるということだ。たとえば有能で才能のある女性は職場や世間の評判に傷がつくことを恐れ、あまり自慢をせず、あからさまな攻撃をしないようだ。女性だけがこのような配慮をしなければならないのは不公平だが、別の手段で才能ある女性を見つけることはできる。たとえば候補者とその推薦者に候補者のスキルや献身度についてより明確に質問するといいだろう。

また、雇用主の中には女性のすべての性格特性を好まない人がいたり、従業員や顧客もそれらの特徴を好まないのではないかと懸念したりする人がいることも事実だ。こうした雇用主は、好ましくない性格特性を持っていると思われる女性には低い賃金を提示し（あるいはそもそも採用せず）、同僚からより慕われると思われる女性には高い賃金とより良いポストを提供する。雇用主は「感じの良い女性」を雇いたがっていると思われ、私たちはこれを「ナイス・ガール仮説」と呼んでいる。

雇用主として、みなさんはほかの人々が持つ慣例的な固定観念を利用することもできる。たとえば、これは男性にもいえることだが、ある女性に労働市場ではあまり歓迎されない性格特性がある場合、そうした特性を持つ女性を採用することで、市場価格を上まわる利益を得る機会および固定観念を覆す機会が得られるかもしれない。確かにこうした望ましくない特性の中には、実際に仕事の成果の妨げになるものもあるだろう。たとえば、男性の営業担当者は権威をちらつかせることで、状況によってはより説得力を持つかもしれない。たとえその権威は不当なものだとしても、見る側にあま権威のある男性に対する先入観があるからだ。しかし、市場が女性の性格特性にあまり好意的でない場合でも、女性は同じように能力を発揮できる。労働市場のほかの雇用主よりもこの問題を客観的に見ることができれば、より適した人材を雇用できるだろう。

しかし、多くの「感じの良くない女性」と考えられている女性に、特別な配慮をすべき理由はそれだけではない。たとえより積極的な女性が顧客や同僚を遠ざけたとしても、**あなた**まで距離を置かなければならないわけではない。労働市場全体は、より積極的な女性が顧客や同僚、上司、採用担当者に与える影響を測定し、彼女たちにペナルティーを与えている。しかし、みなさんは少なくともそうした先入観の原因から距離を置き、その原因を排除することができる。たとえ現在市場が優先している性格特性とは必ずしも一致しないとしても、才能のある女性にはやはり注意を払うべきなのだ。

職務遂行能力とは無関係の理由から、上司が女性のいくつかの性格特性を嫌うというかなり明確なエビデンスがさまざまな方面から確認されている。そうした研究のいくつかは、どんな潜在的メカニズムが働いているのか解明する手掛かりを提供している。私たちは、いずれの研究も完ぺきだとは考えていないが、これらの研究は組み合わさると、女性に対する差別的扱いに共通するいくつかのパターンを示唆しているように思われる。

経済学者のマーティン・アベルによるある研究では、二七〇〇人を雇ってテープ起こしの仕事をしてもらった。そして、偽のマネジャーが彼らの作業について、実質的に架空のフィードバックをする。この設定において、（偽の）上司が労働者を批判すると、労働者の仕事の満足度は下がり、さらに労働者は作業をあまり重視しなくなる。上司からの批判を喜んで受け入れられないというのは、あまり重大なニュースではない。しかし、驚くべきことに、女性の上司から否定的なメッセージを受け取ったと認識した場合、男性の上司と比較して、これらの効果は二倍大きくなる。このコミュニケーションはオンラインで行われたため、（偽の）上司の行動に差はなかったはずだ。それよりも、多くの人にとっては、女性と思われる存在から批判されるほうが苦痛らしい。[8]

女性の声がどのように知覚されるかに関する文献は、女性に対するある種の反応が、男性に対する反応よりもしばしば否定的であることのさらなるエビデンスを提供している。一般的に低い声はより権威があると認識される。そのため女性が普段話している声で、少なくとも威張ったり強がったりしていると思われずに権威を行使することはより難しい。この件について、女性はとくに努力をしなければならず、たとえばマーガレット・サッチャーはスピーチコーチを雇い、とりわけ声の高さを劇的に下げた。注目すべきは、戦後、サッチャーに限らず、一般的に女性の声の高さが著しく低下していることだ。かつて女性の声は男性の声より一オクターブ高かったが、今は平均して三分の二オクターブしか高くない。これは、女性が社会において、より「管理職的」な役割に適合しようとしていることを示唆しているが、声に対する先入観のせいもあり、必ずしも容易ではないようだ。[9]

最後に、神経症傾向と協調性の両方が女性の賃金に負の影響を与えるという、先ほど引用したエビデンスについて考えてみよう。これは、女性はタフであるべきだがタフすぎてはならず、毅然とすべきだが不快感を与えてはならず、男性のようだが男性のようでありすぎてはならず、職場において（そして恐らく公職に立候補するときも）ほとんど不可能な中間線を歩くよう求められているというフェミニストの批判と一致する。しかし、気難しい女性は単に扱いにくく、扱いにくい社員は会社にとってコストが高くなるという見解との整合性は比較的低い。もし気難しさが大きな影響をもたらすなら、協調性のある女性は職場での価値が上がるはずだが、実際はそうではない。このことからも「気難しい」女性は市場で過小評価されている可能性があるという考えを受け入れるべきだ。これは女性が職場で受け入れられる役割の狭い範囲に収まるよう強要されているという意味かもしれない。「女性は職場の問題に対処するもの」という考え方は控え、もっと「イノベーターとしての女性」という視点で物事を考えるべきだろう。

自信の格差？

事例の観察はこのくらいにして、研究文献を見ると、いくつかの（相互に関連した）主要な性差があることがわかる。これらの研究結果は、女性が著者や共著者になっている論文も含め、何度も再現されており、現場からの実環境データと実験データを含む複数の方法からも真実であることが確認されている。[10] こうした性差とは、以下のものである。

・女性は男性よりもリスク回避型の行動をとる。
・女性は男性よりも競争を嫌う。
・女性は男性と比べて自信の格差に苦しんでいる。
・いくつかの重要な点で、女性は男性より「自分を前面に押し出す」ことが少ない。

まず、積極的な女性が受ける労働市場でのペナルティーを恐れてか、女性全般が男性ほど積極的に自己アピールしないというエビデンスから見ていこう。注意深く行われたある研究では、Amazon Mechanical Turk（訳注：オンラインでさまざまなタスクを依頼できるクラウドソーシングサービス）を利用して、男女の労働者を九〇〇人雇った。この男女には、ボーナスが支払われる可能性のあるタスクが与えられ、そのタスクにおける自分のパフォーマンスを評価するよう求められた。「テストはうまくいった」と思うか一〜一〇〇で評価するよう求めたところ、女性の回答は平均で四六だった。これに対して男性は、実際の成績は女性より良くなかったにもかかわらず、平均で六一という回答だった。この自己評価の差は驚くほど大きい。さらに注目すべきは、男女ともにタスクに対する自分の実際の成績について完全な情報を持っていた場合でも、この差は変わらなかったことだ。[11]

最近の別の研究では、ゲイツ財団に提出された提案書を調査し、女性のほうがためらいがちであることを示す別のエビデンスが見つかった。女性は狭義で具体的な言葉を使い、男性は広義で大局的な言葉を使う傾向があるのだ（男性はより「概念的」で「うぬぼれが強い」のだろうか？　それは男性によるだろう！）。そして、査読者は大胆な主張に伴う広義の言葉を好み、狭義の言葉の多用を嫌うことがわかった。重要なのは、より狭義の言葉で書かれた提案に関連する研究は、研究が実施されれば、知的市場において、より広義で大胆な主張に関連する研究と同様の評価を受けるということだ。さらに、予想される応募者の資質も同等の評価を受けた。これは明らかに知的偏見が現れたケースであり、女性の平均的なスタイルは、競争において、より苦労すると思われる。そのためみなさんが面接している女性が大胆な主張をしていなくても、あまり心配する必要はない。

この研究の最終的な結果から、「匿名審査であっても、女性の応募者と審査員が付けたスコアのあいだには、強固な負の関係がある」ことがわかった。この差は提案書のテーマやほかの変数を調整しても残る。しかし、注目すべきは、修辞的スタイルの種類で調整した場合には、この差がなくなることである。これは、男性はしばしば、女性が使うさまざまな修辞的、知的、そして恐らく性格的なスタイルをうまく「解読できない」という見解と一致している。[12]

また、恐らく最も重要なことは、賃金における男女格差の多くが、自信という性格的要因によってもたらされていると思われることである。さまざまな職場環境において、女性は平均して男性よりも自信がなく、人前ではあまり自信を見せることがない。一方、労働市場では自信のある人が恩恵を受け、時には自信過剰な人まで得をする。女性差別のように見えるものの一部は、実のところ自信のない人に対する差別であり、その負担は女性に偏っているのだ。また、男女の賃金格差は達成度が高いほど大きい。これは、自信が賃金に実際に影響するというこの仮説と一致しており、高い職位ほど強い自信が求められるためと考えられる。[13]

最後に、この自信の格差は、人生の非常に早い時期、つまり高校時代あるいはもっと早い時期から生じているというエビデンスがいくつかある。ある論文では、七年生から一二年生までを対象に「成績優秀な男子」に接した女子は学業成績が悪く、自信や向上心も低いことが示された。しかし、この場合とは対照的に成績優秀な女子と接した女子の成績は向上することもわかっている。一方、男子は成績優秀な男子と成績優秀な女子のどちらと接しても、影響を受けない。このことからも、女性はやる気を失っている可能性があり、それが非常に頻繁に起きていることがうかがえる。14

とはいえ、自信の格差は、ある程度、自己実現的な予言（訳注：予言したという事実がその事実の実現をもたらすこと）である。若い女性は、特定の分野で女性のロールモデルが相対的に少ないことを知ると、ますます自信をなくす可能性がある。このサイクルに終わりはなく、社会がこのサイクルを断ち切るのは困難だ。

これらの結果は、いずれも職場、とくに高い役職における男女間のおもな格差のひとつが**自信の格差**と呼ばれる概念であることを示唆している。

では、このことは、雇用主や人材採用担当者にとって具体的にどのような意味を持つのだろうか。まず、たとえば資産運用のような仕事では、自信のなさが欠点ではなくむしろ利点になる場合がある。強気でない人は、頻繁に取引をする気がなく、ポートフォリオで過剰にリスクの高いポジションを取ることもないだろう。政治、外交、規制監督当局など、多くの仕事では、リスクを取ることよりも、認識論的謙虚さが重要である。たとえば経済学では、男女間の自信の格差は、おもに男性経済学者が自分のよく知らない分野についてまで公に明言することによるという証拠がある。[15]

第二に、真に自信を持った女性を採用したいと考えている場合でも、女性はあまり自信がないという固定観念を考慮すると、相手の自信がどの程度で、どのような利点があるか容易には察知できないため、その女性の能力を過小評価してしまう可能性がある。したがって、こうした候補者はとくによく探す必要がある。より広い労働市場では、平均的な女性よりも競争力があり、リスクを恐れない女性は、見落とされてしまう可能性があるからだ。そのような女性の真の価値を高く評価することで、世の中の統計的差別から利益を得ると同時に、不公平を是正することができる。さらに、自信の格差は、比較的高い業績レベルにおける男女賃金格差のおもな要因であることに注意すべきだ。つまり、この点はトップレベルの仕事ではとくに重要だが、たとえば単純なサービス業務や下級管理職ではそれほど重要ではない。

第三に仕事では会社の男性リーダーによって形成されたフレームワーク、あるいは恐らく過去の慣習やリーダーから引き継がれてきたフレームワークに従って、リスク負担や競争力を構成することが非常に多い。より具体的にいうと、組織内の多くの仕事が、必要以上に競争的なフレームワークで語られたり、実際にはそれほどリスクのない活動や仕事を「リスクのレトリック」で囲い込んだりしている可能性があるのだ（ビジネスのすべてがあらゆるものを一気にダイナミックに変化させていると盛んに訴える雑誌記事を読んでみたことはあるだろうか？　実のところ、これは事実ではない）。

つまり、社内にいる才能ある女性を活用する方法のひとつは、女性の活躍を阻む文化的障壁を取り除くことだ。たとえばある研究では、軽く背中を押し、特定の状況における競争について人々に「参加の意思表示」を強要するのではなく、「不参加の場合、意思表示する」ように選択の構造を変えるだけで、より多くの女性を競争に参加させられることがわかった。この意図的に設計された実験では、女性はより多く昇進の機会に応募するように誘導されたが、業績や自己申告による幸福感に悪影響は見られなかった。これは決して現実世界の組織に関する確定的な結果とはいえない。しかしこの研究結果から、一見正論と思える一般論に出会ったなら、それを宿命論的に受け入れるのではなく、労働市場のほかの採用担当者の裏をかき、良い人材を見つけるチャンスととらえるべきだという、基本的なポイントがわかる。[16]

ここまでは典型的な職場における女性に焦点を当ててきたが、発明家としての女性の役割について考察した文献もある。特許に関するデータも、より良い機会が与えられれば、女性は現在よりもイノベーションに貢献できることを示している。現在、女性があまり貢献できていない理由も前述の自信の格差と関係があるかもしれない。

第一に、女性の特許取得件数は男性に比べて少ない。たとえば一九九八年のデータでは、米国発の特許のうち、女性の発明者が一人以上含まれているものはわずか一〇・三％である。二〇〇九年のヨーロッパのデータでは、女性が関与した特許は八・二％、オーストリアとドイツではそれぞれ三・二％と四・七％という低い数値になっている。特許が発想力の指標として優れていると考えられるか否かはともかく、これらの数字が男女の適性の現実的な差異を反映していることに気づくだろう。

この現実について、一般的に指摘される原因は深刻な「パイプライン問題」の存在だろう。つまり、若いころからエンジニアになることやイノベーションのパイプラインの中でエンジニアに匹敵するポジションに就くことを奨励される女性の数が不十分だというのだ。この指摘には一理があるが、それを裏付ける数字は予想外に少ない。

特許取得における男女の差を詳しく見ると、その原因は複数あるが、こんな驚くべき事実もある。「男女の差のうち、理工系学位を持っている女性の割合が低いことが原因である割合はわずか七%であり、格差の七八%は理工系学位を持っている女性の特許取得率が低いことが原因である」（格差の残りの一五%は、理工系学位を持っていない女性の特許取得率の低さに起因する）。特許格差の最大の原因は、電気工学や機械工学など、特許を多く取得する工学分野でも、特許を最も多く取得する仕事である開発・設計の分野でも、特許取得者に占める女性の割合が当該分野に占める女性の割合より少ないことである。したがって、実質的に自信の格差がいくらかでも解消されれば、女性はより特許取得の多い分野への進出を希望するようになるかもしれない。[17]

男女間の才能の分布が、ある種の神聖かつ不変の自然の摂理を表している可能性はかなり低いと思われる。ほかの多くの職業に女性が進出しているように、将来的にはよりリスクの高い、特許を多く取得する仕事に就く女性が増えるだろう。さらに、才能ある人材の配置を改善することが本当に重要となるかもしれない。先ほど引用した研究によると、男女の不均衡を完全に是正することができれば、特許取得率とイノベーションのスピードが上がり、一人当たりのGDPは二・七％上昇するという。二〇兆ドル規模の経済においては、この二・七％のほんの一部でも得ることができれば、かなりの利益になる。これは採用担当者にとっても大きな意味を持つ。

また、ベンチャーキャピタルの審査プロセスにおける女性についての研究もあり、その結果からも、自信の格差に関連するいくつかのバイアスが指摘されている。サブリナ・T・ハウエルとラマナ・ナンダによるある研究では、ベンチャーキャピタルによるコンテストのあとに審査員と接触した男性参加者は、会社を設立する確率が高くなることがわかった。一方、同様の状況で女性が起業する確率ははるかに低かった。追跡調査の結果によると、男性は女性よりも積極的にベンチャーキャピタルの審査員にアプローチしており、それがより大きな成功を収めた一因であることがわかった。これは男性のほうが自分のアイディアに自信があり、また、審査員から公平に話を聞いてもらえるという自信もあることを示していると思われ、この問題にはハラスメントに対する恐怖心という別の要因もあることがわかる。

より一般的に自信の格差は人間関係のあつれきにつながる。つまり、大規模で効果的かつ多様な人脈を構築することが困難になるのだ。その結果、結びつきが弱くなってグループ全体に悪影響が及び、少なくとも部分的に自信の格差が正当化されるような状況を生みだすことになる。[18]

雇用主、なかでもとくに男性の雇用主にとって、男女の自信の格差はどこから来るのかを少なくとも部分的にでも理解することが重要である。事例証拠からも統計的証拠からも、昇進のために交渉する女性は、威圧的、態度が大きい、または積極的と見なされる可能性が高いことがわかっており、野心的な女性は好意的な印象を持たれにくい。また、問題によっては性的な性質を含んでいる場合もある。たとえば男同士のグループが職場で集まって騒いだり、性的な冗談を言ったり、皮肉を言ったりすることもある。もっと極端な例では（といっても珍しくはないが）一緒にストリップを観に行ったり、飲みに行って酔っ払ったりすることもある。しかし、女性はそのような集団に男性と同じようには溶け込めない。さらに女性が仕事以外の付き合いに積極的に参加すると、口説かれたり、ひどい場合は暴行を受けたりすることもある。また、同僚の配偶者から疑われるリスクもあるだろう。こうした社会環境や人的つながりの中で女性が交渉を行うのは難しい。また、男女間で指導や助言を行うのは心理的により難しく、#Me Too運動も盛んになった現在の環境では、若い女性に親身になって熱心に指導することに抵抗を感じる男性が多いようだ。そのような世界では、多くの女性が、職場にどのように溶け込めば良いかわからないという。[19]

二〇一〇〜二〇一九年に行われたベンチャーキャピタルへのプレゼンテーション、一一三九件を対象とした最近の研究では、機械学習技術を使ってプレゼンテーションをスタイル別に分類し、それぞれの分類が、ベンチャーキャピタルからの評価とどのような相関があるか調べた。この研究のより一般的な結果の一部については5章で既に説明したが、ジェンダーに関する結果も興味深い。女性が女性チームの一員としてプレゼンを行った場合、男性よりもプレゼンの質に関して厳しく評価されたのだ。これは女性が外部に自分をアピールする際に、男性よりも細い綱で綱渡りをしなければならないという見解と一致している。しかし真に驚くべき結果は、女性が男女混合のチームの一員としてプレゼンを行った場合、プレゼンの質は全く問題にならなかったことだ。潜在的な投資家は、男性の発言にのみ注目していたのだろう。[20]

最後に、このような制約がある以上、人材採用担当者は非伝統的な背景を持つ女性や、遅咲きの女性にもっと注意を払うべきである。女性はいくつかの点で男性とは異なるが、多くの人材探しの仕組みが男性向けであるため、優れた才能を持つ女性が選ばれないことも珍しくない。また、キャリアの初期にセクハラを受けて嫌な思いをしたり、子どもを産んだりして、キャリアのかなりあとになって復帰する女性も多い。そのような理由から、才能のある女性は天職を見つけるのに時間がかかるのかもしれない。

たとえば、黒人女性SF作家で、数百万部を売り上げ、ヒューゴー賞やネビュラ賞を受賞しているN・K・ジェミシンについて考えてみよう。彼女は当初、自分のアイデンティティのためにファンタジー作家としてのキャリアは閉ざされていると考えていた。代わりに彼女は大学院で心理学を学び、マサチューセッツ州スプリングフィールドの大学でキャリアカウンセラーとして働くことになった。それでも彼女は執筆活動を続け、しばしば匿名でネットに作品を公開した。ところが三〇歳のとき、彼女は壁にぶつかった。借金を抱え、当時住んでいたボストンが嫌いになり、ボーイフレンドにも嫌気がさしていたのだ。そして、生活のために書くことに専念するようになるとやっと事態は好転しはじめた。[21]

さらに異色の例として、一九九〇年代に美術史に関するベストセラーを書き、BBCテレビのドキュメンタリー番組で司会を務めたシスター・ウェンディ（ウェンディ・ベケット）について考えてみよう。彼女はほとんど独力で、あらゆる世代の人々の関心を古典的西洋美術に向け、『ニューヨーク・タイムズ』紙に「テレビ史上最も有名な美術評論家」と評された。修道女だった彼女は修道着でテレビに出演、大きな前歯がトレードマークだった。一九三〇年に南アフリカで生まれ、それまでのキャリアの大半を敬虔な沈黙の掟の下で過ごし、その後、一人で祈りに没頭した。また、周期的に体調を崩し、ラテン語で書かれた中世の文献の翻訳に何年も費やした。テレビタレントとして、幸先の良いスタートとはいいがたい。しかし、ある日、美術館で美術品について話していたところ、撮影隊からビデオに撮らせてほしいと言われ、その映像がBBCのプロデューサーの目に留まった。その後のことはよく知られているとおりで、彼女の芸術的キャリアは六〇歳を過ぎてから、本格的にスタートした。言うまでもなく、テレビでも美術史の分野でも、シスター・ウェンディのような美学的、歴史的な視点を持つ人はほかにいなかった。[22]

男女の知能を評価する

これまで私たちは男女間の性格の違いに注目してきた。なぜなら、性格の影響は現実に存在するが、知能が男女間で異なるというケースはあまりないからだ。しかしながら、知能と性別についての興味深い研究結果があり、どちらも採用プロセスに直接関係している。恐らく最も重要なのは、多くの上司や人材スカウトにとって、頭の良い女性を選ぶよりも、頭の良い男性を選ぶほうが簡単だということだ。

ある研究では、被験者に男女の写真を見せたところ、平均して、どの女性がテストで賢いと判定されたかよりも、どの男性が賢いと判定されたかのほうが、よく言い当てることができた。一部の人々は「頭が良さそう」に見え、その判断が非常に主観的であったとしても、それが当たっている場合がある。男性の表情は、その人の知性について社会的にアクセスしやすい手掛かりを与えるが、少なくとも平均すると女性の表情はそうした手掛かりを与えない。つまり男性の上司を含め、人々にとって、見た目だけで賢い女性を選び出すのは難しいということだ。この結果にはいくつかの解釈が可能であるが、明らかな可能性のひとつは、賢い女性は男性ほど固定観念に当てはまりにくいということだ。また、多くの人は女性よりも男性の知能を見抜く方法を学ぶことに慣れている。これは恐らく、賢い女性は賢い男性ほど高い社会的地位を持つとは限らないからだろう。[23]

この論文から得られたもうひとつの興味深い結果は、一般的に女性は男女両方の知能を評価することに長けているということだ。その理由は定かではないが、これは採用プロセスに女性からのフィードバックを十分に取り入れるべき（数ある）理由のひとつといえるだろう。

また、頭が良さそうに見えるが、実際はそうでもない人もいるので注意が必要だ。たとえば、ある研究では、笑顔の人や眼鏡をかけている人は、実際の知能ととくに相関がない場合でも、知能指数が高いと評価されることが示唆されている。この結果はFacebook上の一一二二枚の画像について、見ず知らずの他人が下した評価に基づいており、画像を提供してくれた人々にはＩＱテストを受けてもらった。みなさんもこのような先入観を持っている可能性があるため、どのように先入観を抑えるか考えるべきだ。しかめっ面でコンタクトレンズを使っている候補者は、注意して見るべきかもしれないが、少なくとも、相手が本当に賢いかどうか、外見に基づいた評価を過信すべきではない。メガネと笑顔に関するこれらの特定の結果は、再現実験によって確立されたものではないが、私たちは知性に関する直感や判断は惑わされうるという一般的な考えに賛成だ。そのため、あまり自信過剰にならないようにしよう。[24]

ついでながら言うと、男性が女性の知能を評価するのに苦労するのは、面接の場においては、女性のほうが男性よりも愛想良く振る舞いがちだからだ。愛想の良い相手のほうが対話をするには心地良いかもしれないが、評価者は批判的な判断がしにくくなり、候補者の知能に関する「データ」を平滑化（スムージング　訳注：連続的なデータを処理する際、特異点やノイズをなくしてスムーズにつながる曲線にすること）して伝達してしまう。とりわけ男性の多くは、とくに愛想の良い女性の知能を誤って低く評価しがちだ。好感が持てる、あるいは「かなり頭がいい」と感じたとしても、彼女は本当に頭が良いかもしれないという考えを男性は十分に受け入れられないのだ。これは、男性（および多くの女性）が避けるべき先入観のひとつである。

基本的に男性は、女性が（a）かなり愛想が良いか、（b）あまり愛想がよくない場合、判断に迷うことが多い。つまり多くのケースで判断に迷うということだ！　ビッグファイブ理論の長所のひとつは、限界はあるにせよ、潜在的な先入観について考え抜き、それらを克服するのに役立ついくつかのカテゴリーを提供している点だ。

女性の知性に対する評価はこのように「平滑化」されているように見えるが、もしそのとおりだとすれば、多くの中堅の仕事、とくに高い誠実性が求められる仕事では、女性のほうが安全な選択のように思えるため、女性が優先される可能性がある。その一方で、はるかに上の職位について、女性が検討対象となりうることを証明するのは難しいだろう。**平均すると**先入観はないかもしれないが、それでも多くの評価者は、あるプロジェクトにおける人材の分布で、女性が最高でどこまで到達できるかを見抜き、特定するのは難しいと感じるだろう。この結果は、たとえ男性（および多くの女性）の評価者が、職場において女性に対して**平均的に**偏見を抱いていないとしても当てはまる可能性がある。

要するに職場における女性に対する偏見の多くは、この平滑化という考え方でとらえることができる。性格に関していえば、観察者は女性に対する印象を形成する際に平滑化を**十分に行わず**、むしろ誇張された印象を抱くようだ。「気難しい女性」は実際よりも扱いにくいと見なされ、「感じの良い女性」は実際よりもおとなしく、協力的であると見なされて好感を持たれる。知能に関してはその逆であることが多く、過剰な平滑化が見られる。本当に賢い女性は過小評価され、それほど賢くない女性は過大評価されて、あまりにも多くの印象が平均付近に集まってしまうのだ。そのため、ひとつの簡単な提案として、女性に対する性格の印象はより平滑化し、知能の印象はあまり平滑化しないようにしてみるといいだろう。

興味深いことに大手ベンチャーキャピタルであるY Combinator社（ＹＣ）では、三人のパートナーによる面接の際は、必ず一人、女性を加えている。この方法はＹＣのファウンダー四人のうちの一人であるジェシカ・リビングストンによって確立された。ジェシカの洞察力について、ＹＣ関係者のあいだでは伝説のように語られており、才能を見抜く勘、とくに悪いリンゴを排除する勘は非常に優れている。その後、ジェシカは一線を退いたが、ＹＣはこの「言葉では表現できない特別な感覚」の多くは彼女だけのものではないことに気づいた。女性のパートナーは男性よりもごまかしや不誠実なファウンダーを見抜く能力に長けているようなのだ。また、女性が加わることで、審査担当者による面接後の話し合いのダイナミクスもわずかながら深く変化する。その**理由**は定かではないが、人材の選別において世界で最も成功し、成功を続けているグループのひとつが必要としていることが、女性を選別プロセスに加えることだというのは興味深い。

文化的コードを解読し、人種に関する先入観をなくすには？

最後に一般論として、外国出身の人や別の文化、宗教、言語的背景を持つ人と面接したり、その他の評価をしたりするときはどうすべきだろう？　どうしたら彼らの送る信号からノイズを取り除けるだろうか？　これらの問題について考えてみよう。なお、ここでは関連性の高い適用例として、著者が最も詳しく知っているアメリカにおける人種に焦点を当てる。

アメリカに住む黒人の経験は、アフリカやカリブ海諸国、ラテンアメリカから多くの人々が移住したこともあり、多様性を増している。わかりやすい例をあげると、タイラーが住むワシントンDC周辺は、今や世界で二番目という圧倒的な規模を誇る「エチオピア・シティ」である（訳注：二〇一〇年の国税調査によるとワシントンDCのエチオピア移民人口は約三万人だが、エチオピア大使館や研究者は異議を唱えており、同エリアの事業者による調査では約二五万人とのこと。この数字は二〇〇七年の調査時エチオピアで二番目に人口が多かったメケレの人口を超えている）。タイラーが日常生活で黒人に出会ったら、その人が東アフリカ人である可能性はかなり高い。ダニエルが住んでいるベイエリアも、東アフリカ系の人々が比較的多く住んでいる。また、アフリカ系アメリカ人のコミュニティといってもさらに細かく分かれており、それぞれ歴史や経験は大きく異なる。たとえばミシシッピ州クラークスバーグはロサンゼルスとはまったく異なる環境であり、どちらもボストンとは異なる。二〇二〇年、黒人男性が白人の警察官に首を押さえられて死亡する事件が起き、多くのアメリカ人はミネアポリスが深刻な人種差別問題を抱えていると知って驚いた。しかし、この街の歴史を知れば、人種的不平等が昔から大きな問題だったことに気づくだろう。また、こうした多様性に加え、アメリカでは同じ黒人であっても、男性と女性とではまったく異なる種類の人種的障壁に直面することがある。

そこで最初にアドバイスしたいのは、あらゆる人種の人たちに対して、人種という問題をよく理解しているふりをしないことだ。人種に関する世界の仕組みについて、持論を振りかざして人種や偏見の問題にアプローチすべきではない。人種にかかわる論点や問題、人種的偏見は実に多様で、みなさんの持論をもってしても対処しきれない可能性が高いからだ。部外者として、明示的であれ暗示的であれ、多くの先入観を捨て、マイノリティのコミュニティ、とくにみなさん自身と個人的に関係のないコミュニティにいる人材の可能性に目を向けよう。

面接は直接人種的な問題との関連性を確認する機会だ。たとえばダニエルもタイラーも、外国人やさまざまな文化的背景を持つ人々のほうが、白人のアメリカ人やその他多くのアングロサクソン系（カナダ人、イギリス人、ニュージーランド人など）の候補者よりもはるかに礼儀正しく、また、よそよそしく、格式張っていることに気づいた。アメリカの黒人も同様に、礼儀正しく、格式張っていることが多い。こうした候補者たちは、自分がどのような文化的ルールの下で行動しているか、あるいはどのような印象を与えているかわからず、そのため礼儀と格式を重視した、リスク回避型の戦略で対応する。そうすることで、ある意味、コミュニケーションは取りやすくなるが、相手のことを理解し、相手の才能の長所や短所を判断するのは難しくなる。

端的に言うと、異文化の人々は理解しにくい。その上、ある基本的な疑問が生じる。もし、彼らがより礼儀正しく振る舞っているとしたら、それは彼らの文化が礼儀正しさに大きな価値を置いているからであり、実際の仕事の場ではさらに礼儀正しく**なる**のだろうか？　あるいは、単に文化の異なる人との面接を受けるという不慣れな状況に対処するための一時しのぎの行動なのだろうか？　それとも、職場でもこの不慣れな状況は続くため、それに対処するため、この行動は**半永久的に続く**のだろうか？

ほとんどの場合、その答えはわからない。

面接において、白人と黒人（あるいはその他の集団）のあいだに文化的な違いがある場合の一般的な戦略的対応は、候補者も面接官もあまり賭けに出ないことだ。たとえば自然な行動を控え、ジョークも少なめにして、あまり私生活にも触れないようにする。そのため、第二章で説明した生産性の高い会話モードに移行するのが難しくなる。その結果、たとえみなさんに狭い意味での偏見がないとしても、会話している相手の本当の才能の長所が見えにくくなってしまう。

これは先ほど述べた、女性が直面する問題のいくつかとよく似ていることに気づくだろう。女性は「上司らしさ」や支配力、その他の資質において、安心して演じられる性格的役柄が少ないと感じており、多くの場合、その感覚は正しい。また、女性は情緒的弱さを見せることも同様に必ずしも許されていない。そのため、彼らはしばしば自分をあまり表に出さず、よりロールプレイをし、より愛想良く、表面的にはより親切に振る舞うか、極めてよそよそしい態度をとったり、さらには特定のスタイルのメイクやドレスで本当の姿を隠したりすることで（合理的に）対応する。たとえ、ある職場で女性に対して強い性差別的な意見を持っている人が一人もいなかったとしても、女性たちは職場の先入観に対処するため、こうして本当の自分を隠すような行動をとるのだ。そして、より広範な社会的圧力に対しては、世間に自分をどのように見せるか、特定のモードを選び、それに投資する。こうしたモードは、たとえそれが関係者全員にとって有益となるいかなる状況であったとしても、簡単には変えられない。

人種に話を戻すと、たとえばオバマ大統領は大統領選に出馬してから任期を全うするまで、自分に与えられた怒りを表す行動の選択肢が、白人の候補者や大統領に与えられた選択肢よりもはるかに限られているという（恐らく正しい）感覚を持っていた。彼は常に理路整然と話し、穏やかに振る舞わねばならなかったが、前任のジョージ・W・ブッシュをはじめとする、大言壮語したり、熱弁をふるったり、怒りをあらわにしたりという表現方法を駆使するほかの政治家たちには、一切そうした制約はなかった。アメリカの黒人指導者にとって、有権者のかなりの部分を疎外したり、あるいは怯えさせたりすることなくこうした戦略を実行するのははるかに困難である。そのため、よく知られているようにオバマは常に冷静でありつづけた。アメリカ初の黒人大統領が、いずれにしてもかなり自然に冷静な振る舞いができる性格タイプの人物だったのは偶然ではない。

人種差別に反対しようと真摯に努力している一部の白人にとって「白人はみな人種差別主義者だ」という考え方は腹立たしいかもしれないが、こうした考え方の真意を理解することが重要である。すべての白人が人種差別的な結果を意図しているわけではない。しかし、ある種の人種差別があり、非常に明らかな文化的違いが存在する社会では、ある集団（裕福で権力のある多数派）全体が、裕福ではない少数派（この場合は黒人）の多くの才能を見抜けなくなるのは事実だ。これは、才能ある多くの黒人候補者が直面する障壁であり、多数派の集団がそれを理解し、現実のものとして感情的に受け入れることは非常に困難である。

要するに、明白な偏見がない場合でも、黒人やその他の少数派集団は、自分の才能を伝える上で非常に現実的な障がいに直面する可能性があるということだ。

では、どうすればいいのか？　かくいう私たちも完ぺきな解決策を持っているわけではない。しかし、身近で密接な関係にある集団以外の人々の才能をよりよく認識するために、みなさんができるいくつかのステップを紹介したい。これらは特効薬ではないが、少なくとも、わずかな改善は可能だ。

人種およびその他の多くの問題について視野を広げるには？

最初にできることは、この問題を理解することだ。潜在的労働者の中には、多くの才能がありながら、誰にも気づかれない、あるいはほかの人々に比べて才能を見つけるのがはるかに難しい人々が、かなりの数存在することをしっかり覚えておいてほしい。現代社会において、偏見的な意図がどの程度あるのか、みなさんが正確に理解しているかにかかわらず、こうした人々の存在を信じることは可能であり、また信じるべきである。この真実を信じて受け入れられる人の数はまったく十分とはいえないので、みなさんにはこうした人材をぜひうまく活用してほしい。

繰り返しになるが、この点はすべての人種に当てはまる。みなさんがどのような生いたちかにかかわらず、採用候補者のかなりの部分はみなさんと異なる人種や経歴を持つ人たちから構成されているだろう。これは、今後テレワークが普及し、アメリカの企業が、アメリカに移住する予定のない人々も含め、世界中から優秀な人材を採用しつづけるであろうことを考えるとなおさらだ。

次のステップは、それに合わせて自分の行動を調整することである。人種（およびその他の）相違を含めて、より努力して人材を探し、相手をより詳しく見る方法を学ぼう。これは必ずしも簡単とはいえないが、この根本的な問題を意識する段階にすら至っていない人が多いのは驚くべきことである。

そこで、具体的な方法として、**みなさんの**才能をほかの人々がなかなか認めてくれない環境に身を置けば、才能が認められないとはどういうことか理解できるだけでなく、この概念を感情レベルでより鮮烈に感じることができる。たとえばフィンランドに行ったら、みんなに嫌われているとか、怒られているとか、誰も自分とは話したくないのだとか思ってはいけない。フィンランドでは、よそよそしく、無口であるほうが普通なのだ。タイラーはフィンランドに行ったとき、多くの場面で自分が粗野で自己主張が激しいように感じ、あえて控えめに行動し、あまり目立たないようにした。そのせいで、フィンランドの人々はタイラーの才能や雄弁さに気づかなかったかもしれないが、みなさんに試してもらいたいのはこうした経験だ。自分の才能がはっきり相手に伝わらないとはどういうことか、体感してほしい。そうすれば、人種、文化、宗教、性別など、障壁は何であれ、他者の潜在的才能をよりよく理解できるようになるだろう。

外国語を学ぶ努力をし、実際にコミュニケーションが取れるところまでくれば、非常に高くつく可能性はあるが、これと同じ目的を果たせる。賢そうだとか、頭が切れそうだと思われるくらいうまく話せるようになるには長い時間がかかる。タイラーは二〇代のころドイツに住み、良い教訓が得られたと感じた。当時、彼はドイツ語がかなり話せたが、完ぺきではなかった。彼の立ち居振る舞いや身なりからして、明らかにアメリカ軍の関係者ではないし、そもそもほとんどの軍人はドイツ語をあまり学ばない。そのため、多くのドイツ人は、彼をトルコ人か、あるいはバルカン半島など、ドイツに移住する人の多い地域の出身者だと思い込んでいた。あるときタイラーが何か質問したら、相手から（ドイツ語で）「ここから出ていけ、トルコ人め！」と怒鳴られたことがある。繰り返しになるが、みなさんに経験し、理解できるようになってもらいたいのはこの種の感情だ。もっとも、そのような世界にずっといることはお勧めしない（誤解のないように付け加えると、一年間のドイツ滞在中、ほとんどのドイツ人はタイラーにとても親切だった）。

まったく異なる文化の中で評価を受けるということ、そして、必ずしも寛大に評価されるとは限らないということが、どのような感じか理解するよう努めよう。時として、自分がどれだけ無力で無知だと感じるかを理解するのだ。みなさんが持っているであろう、ステータスや裕福さを表す外見的指標を総動員することなく、(まったく)異なる文化の中で、誰かに大きな頼みごとをしてみてほしい。そして、このテストでみなさんが経験する反応とアメリカ国内で異なる文化出身の人に何かを頼まれたときにみなさんがする反応が異なるかどうか考えてみよう。そして、その教訓を感情的に受け入れ、次に人種や文化的背景が大きく異なる人々の面接をするときに思い出してほしい。また、みなさんには(個々の状況にもよるが)このような状況から抜け出して比較的恵まれた生活に戻るという選択肢があるかもしれないが、みなさんが面接している相手にはそのような自由がない可能性があることも心に留めておいてほしい。

人材の選択において、ダニエルが成功した理由のひとつは、彼の生いたちが二つの文化にまたがっていたことにあるかもしれない。ダニエルはイスラエルで生まれ育ったが、両親はユダヤ系アメリカ人であり、ダニエルは一般的なイスラエル人よりもアメリカ文化に親しんでいた。それでも彼はアウトサイダーだ。今はアメリカで暮らしているが、イスラエルで育ち、アラブ人やキリスト教徒の友人もいるユダヤ人としての視点を持っている。しかし、イスラエルで暮らしていたとき、ダニエルは両親がアメリカ人であり、アメリカ文化とつながりを持ち、完ぺきなアメリカ英語（海外で育った人にしばしば見られるように、ダニエルには特定の地方特有のなまりがないことに気づくだろう）を話すことにより、少なくとも部分的にはアメリカ人の視点も持っていた。それにアラブ人の水泳教師から、背泳ぎ以上のことを教わった。エイモス先生からの本当の教えは、自分とはまったく違った人生観を持つ人から、上達のためのインスピレーションが得られるということだった。また、ダニエルは、自分の居場所となるような宗教的なコミュニティがなかったため、生まれてこの方、外から物事を見ることに慣れていた。また、二カ国語ともネイティブのバイリンガルであったため「ある考えを表現したり、考えをまとめたりする方法は決してひとつではない」と強く確信し、心の柔軟性を高めると共に、自然に多角的な視点を持つことができた。

そのような環境に生まれなかったとしても、せめて自分の国の文化とは異なる国を旅してみるべきだ。そうすれば、心を開き、文化の多様性をより深く理解するのに役立つだろう。次の休暇はノースカロライナの海岸ではなく、（条件が許せば）インドやタンザニアに行ってみよう。とはいえ、それだけで「インドを理解した」というつもりにならないでほしい。現地には短い時間しかいられないだろうし、現地の主要な言語を話せるようになる人は稀だろう。インドもタンザニアと同じように、驚くほど多様で、おもな宗教や言語グループが複数存在する。とはいえ、どれだけ大きな文化的な違いがあるかはわかるだろう。また、それまでみなさんが前提と見なしてきたことのうち、どれだけが人類の普遍性によるもので、どれだけが偶発的事柄に基づいていたか、そして、異文化の人たちと交流していると、ちょっとしたことにもよく驚かされることがわかるはずだ。

とくにアフリカを訪れることは、アメリカ系の人種を理解するのに役立つだろう。これはアフリカのどこかの国が人種に関してアメリカに「似ている」というわけではなく、むしろその対比から学ぶことができるからだ。アフリカの(南部を除く)ほとんどの地域では、アメリカに住む黒人のように人種を問題と感じて育つことはない。その理由のひとつは、周りの人がみんな黒人だからだ。アフリカからの移住者の多くは、アメリカに来て初めて「人種のことを知った」と報告している。ほとんどの人が黒人でありながら、アメリカとは違い、人種が問題になっていない環境で過ごすことは非常に有益だ。また、白人やアジア人、ラテン系の人は、自分が目立つ存在であり、そのことを頻繁に意識することになる。これも、常にほかの人と違うと感じながら生きることについて学ぶ良い方法といえるだろう。

より一般的に、このような旅をすれば、異文化の人々を評価したり、面接したりする際に大事なことを見落としにくくなるはずだ。そのため、もし事情が許し、余裕があれば、ぜひ子どもを海外留学させたり、しばらく外国で生活させたりするといいだろう。そうすれば少なくとも、将来子どもたちが会社を経営したり、人材を選んだりする立場になった際に役立つはずだ。

また、通常はそれだけでは十分とはいえないが、本を読むことも視野を広げる方法のひとつだ。人種問題の本に関しては、いくつか具体的にアドバイスしたいことがある（繰り返しになるが、これは二人の白人男性の視点から書かれていることを忘れないでほしい）。

第一に自伝を読もう。一人称で書かれているため、自分とはまったく異なる人たちの考えや感情、才能を直接知ることができるからだ。アメリカの歴史に関しては、アフリカ系アメリカ人が一人称で書いた優れた作品が、驚くほど多く残っている。まずはフレデリック・ダグラスやブッカー・T・ワシントン、ゾラ・ニール・ハーストン、マルコムX、ジェイムズ・ボールドウィンから始めるといいだろう。古い作品から始めると、現在のみなさんの政治的見解と衝突する可能性が低いため、気が散りにくく、内容をよく吸収できる。逆にオバマ大統領の自伝を読めば、有益な情報や教訓が得られる**かもしれない**が、みなさんの感想は、彼の大統領としての印象に左右される可能性がある。そのため意図的に少し距離を置こう。昔のことほど距離を置きやすいはずだ。

もし読書にまさる具体的な提案が聞きたければ（これもコロナ禍による行動規制がなければの話だが）少なくとも一度は黒人教会を訪れてみよう。それでももし有意義な体験ができたなら、再訪してもいいだろう。アメリカの黒人の非常にオープンな面を見るために利用しやすい方法のひとつであり、きっと心から歓迎されるはずだ。

さらに積極的に学びたい人には別の方法もある。何でもいいので、自分が安心していられるコンフォートゾーンの外にあるような、人種に関するより過激な意見を読んだり聞いたりするのだ。ただし、その意見に同意する必要はないということを覚えておいてほしい。しかし、なぜそのような主張を信じ、後押しする人がいるのか、自分の頭の中で整理してみよう。必要であれば、誰にも見せなくていいので、それらの主張を支持する最良の論拠と思われるものを書き出してみるといいだろう。これは、他人の気持ちになってみるための良い方法のひとつだ。そして、頭に浮かんだ意見に説得力があるか考えよう。その意見に賛成しなければいけないという意味ではなく、こうした議論の中でも最も強力な議論を思いついたかという意味において、説得力があるか考えるのだ。みなさんと反対の意見を持つ人々は、みなさんの意見が自分たちの視点を賢明かつ誠実に代弁しようとしていると認めるだろうか。自分が反対する意見に対してもっともらしい主張をするためにベストを尽くしたと心から思えるまで、この作業を続けよう。

私たちはこの方法を人種差別の問題に対処するための手段として推奨しているが、

この方法は一般的な目的に使えるものだ。もし異なる政治的・宗教的見解を持つ人々とうまく付き合えない、あるいは彼らの才能を見抜くのに苦労しているなら、彼らの見解をできるだけ説得力があると思われる形で口にしたり書き出したりしてみよう。ほんの短い時間であっても、少なくとも頭の中では、相手の立場に立って考えることができるようになるはずだ。

ここでは人種と文化に関連する問題のほんの一端をカバーしたにすぎない。少なくとも自分には何がわかっていないか理解しよう。次のステップは、問題の存在を認識すること、および人材選びの能力を向上させれば、その問題を解決するために何かができると認識することだ。この章がみなさんがそのための一歩を踏み出す一助となれば幸甚である。

9

「人材《TALENT》」探しとスカウト活用術

——ファッション、スポーツ、ゲーム業界

ファッション業界におけるスーパーモデルから得られる教訓のひとつは、スカウト担当者およびスカウトの重要性である。人材探しで重要な問いは、いつスカウトに頼るべきか、あるいは頼るべきではないかだ。この問いをよりよく理解するために、まずはスカウトがかなりうまく機能した事例を紹介しよう。

アリソン・ショーナックは、かつてピンク色のSUVでブラジル南部を走り回り、校庭やショッピングモールにいる、高額なモデル契約にふさわしい容姿の女性を探していた。現在、彼は「路上スカウトおよび仕事の斡旋」を行うタレント・エージェンシー、タンゴ・マネジメントのCEOを務めている。[1]

スカウトによって見いだされた有名な女性モデルは驚くほど多く、そのほとんどがモデル学校を出ていない。ジゼル・ブンチェンは、サンパウロのショッピングモールにいたところ、エリート・モデル・マネジメント社のゼカというスカウト担当者が近づいてきて「モデルになりたくないですか？」と声をかけられた。ゼカは、彼女が「何か」を持っていると見抜いたのだ。ジゼルは最初、大声で母親を呼んだが、最終的にゼカの申し出を受け入れた。クリスティ・ブリンクリーは、愛犬が病気になり、パリの動物病院に連れて行った際にあるフォトグラファーの目に留まった。ケイト・モスは、JFK空港で父親と口論しているところをモデル・スカウトに見いだされた。クラウディア・シファーは一七歳のときにデュッセルドルフのディスコで踊っていたところ、スカウトの目に留まり、ナオミ・キャンベルもスカウトに見いだされ、ベハティ・プリンスルーはナミビアの食料品店で男性に声をかけられ、モデル事務所を紹介された(訳注：南アフリカのケープタウンにある食料品店でスカウトされたという説もある)。[2]

美しい女性(と男性)はどこにでもいるが、ブラジル南部のようなモデルを多く輩出している環境であっても、タレント・エージェンシーがすべての村を訪れ、若い女性一人ひとりに会って詳しく調べることは不可能だ。さらに、学校のシステムは、少なくとも数学や工学、音楽の才能とは違い、ファッションモデルの才能を見いだすのには明らかに不向きだ。美容の授業はカリキュラムになく、テニスや体操ならともかく、美しさやモデルという職業への適性によって、学校が一部の女性だけをあからさまに選別することは、制度上問題があるだろう。#MeToo運動や公正さ、ルッキズム、自尊心の問題にとくに敏感な現代において、女性のモデルとしての才能を公に評価することは、非常に大きな問題をはらんでいる。

そのため、適切な才能を見いだすために、モデル部門には何段階ものスカウトが存在する。フォトグラファーは、一〜二回写真撮影をして成功すれば、才能あるモデルを発見したことで後々まで良い評判を得られると期待して、女性にアプローチすることがある。しかし、フォトグラファーだけでなく、適切な女性を見つけ、モデル事務所や雑誌社に売り込もうとするフルタイムやフリーランスのスカウト担当者もいる。この分野がどのように機能しているかを知るには、modelscouts.comをのぞいてみるといいだろう。[3]

こうした背景から、なぜモデルのスカウトが効果的なのか、考えてみる価値はあるだろう。第一に、モデルに適した人材は世界のさまざまな地域から集まる可能性があり、スカウトされる女性の数は非常に多く、この仕事は一元化されたプロセスでこなせるとは考えにくい。第二に、スカウト担当者の多くは、誰が良いモデルになりうるか見抜くのに適した感覚を持ち合わせている。容姿は決してモデルとして成功するための唯一の要素ではないが、いわば「最初の関門」であり、スカウト担当者が第一印象で容姿を的確に判断することは、たとえば量子力学の才能を第一印象から判断するより妥当である。第三に、とくにブラジルなどにある貧しい地域では、かなりの割合の女性がモデルとしてのキャリアを追求することに関心を持っているため、スカウト担当者は、このような女性にアプローチして、時間を無駄にすることはない。最後に、選ばれた女性のモデルとしての才能を判断するための追跡調査は、それほどコストがかかるものではない。すぐに何百万ドルも投資しなくても、写真撮影に来てもらえば、市場でどの程度の人気を得るか確認できるからだ。

モデルのスカウトの特徴のひとつは、隅から隅まで、あらゆるところに目を向けている点だ。モデルの才能を持つ人々を求めてブラジルやロシアの辺境まで綿密に調査していることは、既によく知られている。いかにもモデルの卵がいそうなところ（たとえばマンハッタンなど）にはスカウト担当者が集まっているため、有望な人材を別の場所で見つけなければならない。五番街で長身の美女を見かけたら、既にモデルをしているか、モデルの道には進まないことに決めている可能性もある。そのためアメリカ中西部でのスカウト活動が盛んになってきた。ある評論家によると、たとえばミズーリ州では「十人中九人は、今までモデルになることなど考えたこともなかった」という。[4]

モデルのスカウトが効果を発揮しやすいのは、一般的に大勢の候補者から人材探しを始め、より有望な一握りの候補者に絞り込む必要がある場合だ。しかし、最終的な大きな決断には、通常、専任の専門家が必要だ。モデル・エージェンシーが経験豊富な専任の評価者を雇う場合もあれば、エージェンシーのオーナー自身が経験豊富な評価者の場合もある。また、商業という、より広い文脈においては、有望視されている候補者のプロジェクトが実行可能かどうか、ベンチャーキャピタルファンドの無限責任パートナーが最終判断を下すこともある。

スーパーモデルの場合も含め、モデルのスカウトが力を発揮する理由はもうひとつある。好むと好まざるとにかかわらず、所得格差が大きいとスカウトの見返りは大きくなるからだ。たとえば実績のあるベテランを起用するか、フレッシュな人材をスカウトするかという難しい課題に直面しているとしよう。実績のある人の給料が高ければ高いほど、新しい才能をスカウトしに行くインセンティブは高くなる。この状況をいわゆる古き良き時代と比較してみよう。当時はまだ、企業内が平等主義であることが多かったためか、業績の良い人と悪い人がいても、給与体系における差は少なかった。つまり、トップパフォーマーは能力に見合った給与を得ていなかったため、ほんの少し高い給与を払えば、いつでもほかの会社や機関からトップ（ベテラン）パフォーマーを引き抜くことができたのだ（実際、古い給与体系が終焉を迎えたのはこのせいでもある）。一方、最近ではトップレベルの人材にはそれなりの報酬が支払われるため、まだ才能を認められていない優秀な人材を発掘するインセンティブがより強くなっている。

同様に、ソーシャルメディアが牽引するかたちで、二四時間休むことなく非常に早いサイクルでニュースが報道されるようになったことから、スカウトによる利益も増大している。誰もが「次に大ブレイクする人」、つまり次なるセレブを探しているが、どんなに才能があっても、既に実力が認められたパフォーマーの中からこうした人物を見つけることはできない。たとえば音楽業界では、ポール・マッカートニーやローリング・ストーンズのツアーが大きな収益を上げているが、その収益のほとんどは演奏者本人にもたらされる。したがって、才能あるアーティストを発掘してひと山当てたければ、次なるビリー・アイリッシュを探したほうがいいだろう。

また、独学の機会が増えていることから、スカウトはますます重要になっている。南アフリカ共和国の低所得者層出身の女性オペラ歌手、ヴヴ・ムポフもまた、この新しい時代のパラダイムを象徴する一人である。ゴスペルや合唱が好きな家庭で育った彼女だったが、オペラは一五歳になるまで聴いたことがなく、学校の音楽会で耳にしたモーツァルトのアリアに惚れ込んだという。南アフリカのポートエリザベスに住んでいた彼女は、オペラの先生を見つけることができなかったが、オペラ『椿姫』と『魔笛』のDVDを手に入れ、まねしながら歌い、独学でオペラの発声法を身につけた。その後、ケープタウン大学の南アフリカ音楽大学に出願したところ、正式な訓練を受けていないにもかかわらず、入学が許可された。ヴォーカル・コーチが彼女の才能を見いだしたのだ。その後の活躍は、よく知られているとおりである。二〇一九年には世界で最も格式の高いオペラハウスのひとつであるイギリスのグラインドボーン劇場の舞台に立った。どうやら彼女は大成功を収め、世界的スターの座を手にする運命にあるようだ。[5]

ムポフの素晴らしい物語からも人材探しがどのように変化しているかがわかる。かつてないほど多くの人々がさまざまな職業に挑戦するようになったことで、才能を発掘し、職業につなげるメカニズムにますます大きな負荷がかかるようになった。また、独学で業績を上げている人々ももっと受け入れるべきだろう。一方で、ムポフの物語には伝統的な側面も多い。彼女は東ケープ州の出身で、この地域は（オペラではないが）声楽の長く豊かな伝統を持つ南アフリカ国内でも「声楽家の宝庫」と呼ばれており、ムポフはコンクールで好成績を収め、コーチや指導者の目に留まることで、トップの座をつかんだからだ。しかし、彼女の物語には比較的新しい技術（彼女の場合はDVD）を使って独学したという要素も加わっている（ついでにいえば、その後、多くの分野で、YouTubeが独学のための主要なメディアとなった）。

いずれにせよ、採用担当者は、独学で技術を身に付けた人々にこれまで以上に目を向ける必要がある。たとえばゲームの分野では、才能ある人々のほとんどが何らかの方法で自ら技術を身に付けており、その分野の修士号や推薦状を持ってオンラインゲームのWorld of Warcraftを始める人はいない。つまり、より多くの候補者を試して評価する必要があるため、採用担当者の負担が大きくなるということだ。幸いなことに、候補者は、コンテスト、オンラインへの投稿、ゲームの実績、ソーシャルメディアへの露出、その他で実力をアピールするなど、より多くのメッセージを送ることができるようになっている。

かつて、これほど多くの情報から取捨選択することはなかった。多くの分野で徒弟制度を採用していた昔とは大違いだ。たとえばインドの古典音楽の世界では、中心となる演者は過去のスターの息子たちで、若いころから注目されていることがとても多い。一族で継承していくという原則はいまだに続いている。たとえばアメリカのプロバスケットボール・リーグ、ＮＢＡのゴールデンステイト・ウォリアーズに所属するクレイ・トンプソンは、かつてロサンゼルス・レイカーズのスター選手だったマイカル・トンプソンの息子であり、ウォリアーズのステフィン・カリーもかつてNBAオールスターゲームにも出場したシューター、デル・カリーの息子である（ちなみにステフィンの弟セスもNBAでプレーしている）。また、現在、レブロン・ジェームズには、高校のバスケットボールでセンセーションを巻き起こしたブロニー・ジェームズこと、レブロン・ジェームズ・ジュニアという息子がいるのだが、ブロニーが幼いころからスカウトに追われていたことを知ったら、みなさんは驚くだろうか？　二〇一九年後半、一五歳にして、インスタグラムのフォロワーは三七〇万人に達し、ブロニーが所属する高校のバスケットボールチームの試合のうち一五試合がESPNで放映された。ちなみにブロニーのチームメイトの一人、ザイア・ウェイドの父親も、マイアミ・ヒートでブロニーの父のチームメイトだったスター選手のドウェイン・ウェイドだ。[6]

今日の人材探しのメカニズムは、母から娘へ、父から息子へと才能が引き継がれていない場合でも、親に依存しすぎているように思われる。ここでテイラー・スウィフトの初期のキャリアについて考えてみよう。彼女の成功への道は、地の利と親の収入に大きく依存していた。一一歳のとき、テイラーは（ペンシルベニア州から）ナッシュビルを訪れ、本格的に作曲とギターの演奏を始めた。また、名前を売るためにスポーツイベントで歌うようにもなった。「一一歳のとき、レコード契約をしていない人が大勢の人の前に出るには、国歌斉唱が一番だと思いついたんです」。こうして幸先の良いスタートを切ったテイラーが次に何をしたかというと、一三歳のときに家族でペンシルベニア州からナッシュビルの郊外に引っ越した。そのおかげで、テイラーは主要なスタジオの近くに住むことができ、音楽についてより多くを学ぶと同時に音楽業界の人々に会うことができた。そして一四歳でソニーATVミュージックパブリッシングと音楽出版契約を結び、同社が契約した最年少記録（当時）をつくった。彼女の両親は頭が良く、手厚いサポートができただけでなく、金融関係の仕事で既に十分な財産を築いていたため、ナッシュビルに引っ越すことができた。さらに中学校の三年間と高校の四年間は自宅学習をしたため、音楽に集中する時間ができ、スケジュール的にも柔軟に対応できた。ここである疑問が浮かぶ。テイラー・スウィフト並みの才能を持っていながら、ナッシュビルに引っ越し、家庭教育を受けさせられるほど経済的余裕と理解のある家庭に生まれなかった人々はどうなるのだろうか？[7]

ベンチャーキャピタルは、隠れた起業家をスカウトすることにチャンスを見いだした。従来のベンチャーキャピタルでは、権威があり高い報酬を受け取る少数の無限責任パートナーが中心になって評価を行っていた。しかし、Sequoia社は一〇年以上前からスカウト・プログラムを持っており、新しいベンチャーキャピタルであるVillage Global社やAngelList Spearhead社は、スカウトモデルを使って人材を発掘している。Sequoia社はフリーのスカウト担当者を何人も雇い、二万五〇〇〇ドルから五万ドルの範囲で小切手を切り、有望なスタートアップ企業のファウンダー候補に支払う権限を与えている。こうしたスカウト担当者が最も重要な役割を果たすのは少額の資金が必要となることの多いシードステージと呼ばれる段階である。一方、無限責任パートナーはより高度なプロジェクトに対してより大きな金額(一〇〇〇万ドル以上)の小切手を切ることもある。こうしたシードステージの案件は、最終的により大規模な投資につながるパイプラインの一部と考えることができ、経済的利益の一部は、その候補者を見いだしたスカウト担当者と共有される。スカウト担当者は、取引から得た利益の一部やより大きな資金の一般的な分け前を得ることもあれば、与えられた資金をいかにうまく投資したかによって、パフォーマンスベースで支払われることもある。スカウト担当者の報酬は、無限責任パートナーよりもはるかに低く、また、ほとんどのスカウトは専任ではないので、さらに経費の節約にもなる。

Village Global社のファウンダーのひとりであるベン・カスノーチャは自身のスカウト哲学を次のように語っている。「現在、世界中のほぼすべての産業において、ソフトウェア主導のさまざまな起業活動が爆発的に広がっています。私たちは、チャンスを爆発的に増やすには、調達、選択、サポートにおいて、これまでとは根本的に異なるアプローチが必要だと考えています。また、広いセンサーネットワーク（何十人ものスカウト担当者からなるネットワーク）を持てば、まだ世に出る前の有能なファウンダーを発見する可能性が高くなるはずです」[8]

モデル・スカウトの限界

多くの場合、スカウト担当者は人材の発見と育成の初期段階のみを担当する。スーパーモデルになるためには、特定のタイプの容姿が必要かもしれないが、それだけではなく、もっと多くのものが求められる（4章で検証した、トップクラスの人材の乗法モデルという考え方を思い出してほしい）。スーパーモデルは、体型も肌の色もモデルにふさわしく、服の「着こなし方」を心得ていて、写真写りが良く、ポーズや歩き方を理解し、美しい歯を手に入れるために惜しみなくお金をかけ、厳しい訓練に耐え、そして理想的にはフォトグラファーやディレクターとの共同作業に長けていなければならないなど、多くのことが要求される。アリソン・ショーナックが抱えていた問題のひとつは、ブラジルの地方出身者の中には、大都会（この場合はサンパウロ）での生活に耐えられない人がいることだった。スーパーモデルにふさわしい容姿の候補者を見つけるのは、非常に困難なプロセスの一歩にすぎないのだ。

注意したいのは、モデル業界で、有望なスーパーモデル候補を選び出すためのその他のステップでは、スカウト担当者に頼るのではなく、評価者たちが一元的にその才能を評価することだ。タレント・エージェンシーやモデル・エージェンシー、雑誌社などの組織は独自の方法で集中的に当該候補者のスキルや仕事ぶりを判断する。ルックスは方程式の一部にすぎないからだ。このようにスーパーモデル業界は、スカウトの長所と同時に限界も浮き彫りにしている。

もうひとつの問題は、スカウト担当者に何らかの報酬を支払わねばならないことだ。その上、スカウト担当者を雇う必要もある（スカウト担当者をスカウトするためのスカウト担当者も雇うべきだろうか？　となると「すべての段階でスカウト担当者が必要」ということだろうか?）。

しかし、こうした明らかな課題を超えて、スカウトを方程式に導入すると、経済学用語でいうところの「エージェンシー問題」が発生する。エージェンシー問題のひとつは、スカウトが必然的に持つ決定権に起因するものだ。たとえばモデル業界では、スカウト担当者が決定権を振りかざして、スカウトした候補へのセクハラやその他の不当な扱いをするかもしれない。これはスカウト担当者の多くが先入観を持っていたり、不公平であったり、企業全体の評判に十分に配慮しない行動を取ったりする可能性があるからだ。人材の経歴を調べる人々（この場合はモデル・エージェンシー）は、法的にも評判的にも、スカウト担当者の行動に対して直接責任を負うわけではないが、それでもスカウト担当者の問題行動は、会社の評判に傷を付ける可能性がある。

また、人材採用の面で慎重すぎる、あるいは決定権が小さすぎることに起因する問題もある。スカウト担当者の数が多いとスカウトの成果を評価するための手続きがお役所的になり、必然的にダイナミズムが失われる。スカウト担当者は、企業全体の成功よりも自分の評判を気にするようになるかもしれない。正真正銘の個性的あるいは型破りな候補者を推薦するとばかにされて職を失う恐れがあるため、リスクを回避するスカウト担当者もいるだろう。「ＩＢＭを買ってクビになった人はいない」という古いことわざがあるが、新しいことわざをつくるとしたら、さしずめ「将来、ローズ奨学金（訳注：オックスフォード大学の大学院生に与えられる奨学金）を受け取る学生を推薦してクビになったスカウト担当者はいない」だろう。私たちはローズ奨学生を批判しているわけではない。彼らは優れた成績を上げているため、いずれにしても世間は彼らを見つけて採用するだろう。しかし、みなさんがスカウト担当者に探してもらうべきなのは、こうした方面ではないかもしれない。ローズ奨学金を受け取れそうな人々は、既にローズ奨学生への道を歩んでおり、みなさんの新しくリスクのある事業に参加することにそれほど熱心ではないかもしれないからだ。

また、多くのスカウト担当者に投資すると、候補者に関して最も良い評価レポートを提出するスカウト担当者を過信し、彼らに過大な報酬を与えることになりかねない。人材スカウトの偏りに関する最も広範で優れた研究は、イェール大学経営学部のケイド・マッセイとシカゴ大学ビジネススクールのノーベル経済学賞受賞者リチャード・セイラーによるものだろう。彼らは全米プロフットボール・リーグ、ＮＦＬのドラフト指名選手について研究し、ドラフト一位指名選手は、それ以降の指名選手に比べて機械的に過大評価されることを発見した。つまり、選手の実力が明らかになると、チームは自分たちで思っているほど選手の才能を正確に評価できていなかったことが判明したのだ。しかも時間がたっても、このような評価が改善される様子はない。要するに上位で指名された選手は最も才能があるにしても割高で、後半に指名された選手は掘り出し物なのだ。[9]

この結果の重要性を理解するためには、プロフットボールがいかに特殊な分野であるかを念頭に置く必要がある。プロのドラフトに参加する可能性のある選手は、通常、高校時代から何年も追跡調査されていることが多い。過去の成績は大学生時代の統計で測定可能であり、プレーを撮影したビデオもたくさんあり、多くのプロのスカウト担当者がこれらの試合を観戦したり、テレビやビデオで見たりしている。また、選手や彼らの家族、友人が、詳細なインタビューや選手のパーソナリティ・プロファイリングに協力してくれることもある。さらに、フットボールチームは、給料だけでなく、施設、医療支援、トレーニングなど、選手一人ひとりに何百万ドルもの資金を投入している。これはリスクの高い賭けであり、そのため新入社員の資質について、これほどまでに多くの情報が得られる分野はあまりない。それでも、チームはいまだにドラフト上位で指名された選手に過大な報酬を支払う。マッセイとセイラーは過信という観点から研究結果を解釈しており、恐らく過信は関連性のある要素と思われるが、こうした先入観にはエージェンシーの問題が反映されている可能性もある。スカウト担当者は、未来の勝者と提携するために、非常に才能のある候補者と交渉し、自分たちの能力を示そうとする。その過程で、スカウト担当者はチームの採算性をあまり考慮しないため、チームはそれらの選手に過大な支払いをすることになるのだ。

どうすればスカウト担当者が雇用主に能力をアピールする以外の仕事をするようにできるかは、一般的な問題である。最近タイラーは、エマージェント・ベンチャーズのプログラムのために、非常に優秀なスカウト担当者を採用し、スカウト担当者たちがただタイラーの考えをまねるのではなく、それぞれの能力を発揮できるよう促す方法を模索している。タイラーは「**私を**喜ばせようとしないでくれ！」と言っているが、その指示は逆効果になる可能性があることは、みなさんもお気づきだろう。

スカウト・プログラムを成功させる鍵はインセンティブである。当初、エマージェント・ベンチャーズでは、スカウト担当者自身もベンチャー投資家であり、パートナーとしての利益も得られるというインセンティブを与えられ、最も優れた人材を探していた。グーグル社からアップル社に至るまで、このシステムは反抗的なアウトサイダーも歓迎し、ゲートキーパーであるスカウト担当者は多大な報酬を得ることができたのだ。しかし、スカウトが拡大し、より一般的な概念になると、インセンティブは必ずしも金銭的なものである必要はなくなった。たとえばY Combinator社が最も成功した事例のいくつか（Airbnb、Dropbox）は紹介者によってもたらされた。ダニエルのPioneer社は、優れた紹介者の順位表を公開しており、同社のサイトで最も頻繁に閲覧されるページのひとつとなっている。このようなモデルでは、紹介のほとんどは取るに足らないものだが、極めて優れた候補者の中には紹介されてきた例も少なくはない。

そこで、二つ目のインセンティブの原動力である「自己資金投資」について考えてみよう。ベンチャー・ファンドはスカウト・プログラムを実施し、さまざまなファウンダーに無料で資金を提供し、投資させている。これならファウンダーにとって不利になることはなく、利点ばかりだ。このようなスカウト・プログラムでは芳しくない結果になることも少なくないが、時として、スカウト担当者が非常に有望な企業を発見することもあり、ベンチャーキャピタルはそうした企業への投資を倍増させる。これはファンドのパートナーが経済的な利害と地位的な利害の両方を持つ、本来のベンチャーの世界とは異なる。無償で提供された資金を投資しているファウンダーは経済的利害も地位も賭けてはいない。彼らの本業はCEOであり、ベンチャー投資家ではないのだ。しかし、その分、自由な発想で、ほかの人には見いだせないようなビジネスチャンスを見いだすことができるかもしれない。

要するに利害関係のないスカウトは、精度を犠牲にする代わりに多様性を高めることができるのだ。また、ほかの事業に取り組んでいる幅広い人々が、有償でディールフロー（訳注：投資機会などを紹介すること）を送ってくるように仕向けることもできる。これは情報選別のコストが低い場合には良いアイディアである。逆に取引コストが高い場合は、何らかのリスク要因を考慮したほうが良い。金銭的リスク（個人資本と外部資本の組み合わせ）または地位的リスク（スカウト担当者に個人名で本業としてスカウトを行ってもらう）のいずれかを用いて、プロセスにさらなる規律を課すことも可能である。

スカウトに代わる一元的評価とその利点について

スーパーモデルとは対照的に、非常に一元的な評価法について考えてみよう。ソ連におけるチェス選手の選抜は、国家共通のシステムの一部として、ほぼすべての潜在的候補者をサンプリングするという方法で行われていた。ソ連の子どものほとんどが学校に通い、すべての学校がチェスをサポートし、教えていたため、チェスはソ連で社会的な注目を集めており、最高のプレイヤーには海外旅行の可能性を含め、比較的高い報酬が提供された。そのためかなりの数の親が家庭でチェスをし、幼いころから子どもにチェスを教えていた。また、学校だけでなく、ほぼあらゆる組織にチェスクラブが存在し、盛んに活動していた。

ソ連でチェスのトッププレイヤーになる素質があれば、その才能を見いだされる可能性は非常に高かった。調査の対象から漏れることは考えにくく、どこかの村に隠れている無名の候補者を探しだす必要もなかった。また、ソ連のショッピングモールやディスコで、若者に「君、チェスが上手そうだね」などと声をかけてスカウトするようなこともなかった。その代わり、ソ連では主要な都市に住んでいなくても、チェスや教育関係の機関を通じて若いうちに才能を見いだされ、チェスの道に進むよう奨励され、実際に名選手になるチャンスが与えられたのだ。ほぼ全員が詳しい調査と測定の対象となったため、潜在的才能を持つ人々には成功するチャンスがあった。

その結果、一九四〇年代から、ソ連の体制（チェスに限らず）が崩壊した一九九〇年代まで、ソ連勢がチェスの世界を席巻することになった。ソ連崩壊後のロシアは「チェスをしている数ある国のひとつ」になりさがり、この分野ではわずかな優位性を持つにすぎない。

しかし、ほとんどの分野において、ソ連のような方法で人材探しを行うことは不可能である。その理由のひとつとして、いまだに部分的に共産主義の中国でさえも、現代社会のほとんどの部分で、ソ連ほどトップダウンによるコントロールが行われていないことがあげられる。さらに、人材探しはより世界規模になり、関連するタスクやスキル、業績は、ほとんどのセクターでチェスの世界ほど詳しく定義されていない。それどころか、候補者にどんなスキルを求めているのかさえ、正確にわからないこともある。また、潜在的候補者を見つけたとしても、「ちょっとチェスをしませんか？」と声をかければ才能をテストできるわけでもない。このような世界だからこそ、スカウトの重要性が増し、人材プール内の人々の能力測定よりも人材探しが優先されるのだ。

しかし、少なくともソ連型の状況が、将来、より多くの分野で再現される可能性もある。すぐには無理だが、遺伝子データを含む個人に関する膨大なデータが、若いころから蓄積され、こうした測定値が人材探しを支配する世界を想像することはできるだろう。少なくとも、こうしたシステムのデータにアクセスできれば、誰も「探す」必要はなくなる。極端な例をあげると、もしすべての人が顔認識による監視によって追跡され、行動を記録されているとしたら、ＡＩがファッション界のスーパーモデルの候補をピックアップしてテキストメッセージを送り、モデル事務所との適切なアポ取りのスケジュールを組むという未来的なSFの世界を想像することができるだろう。重要なのは、これがすぐに実現できるかということではなく、測定と調査のバランスがどのように進化していくのか、柔軟に受け入れるべきであるということだ。現在は調査の側面が比較的重要だが、将来はバランスが逆になる可能性もあるため、現在の状態を当然と考えるべきではない。

今後は「数字で」つまりＡＩによるスカウトによって人材が見いだされるケースも増えてくると思われる。プロ野球界で最も定量化が進んでいるチームのひとつであるヒューストン・アストロズを見ると、対戦相手の偵察を行うアドバンススカウティングは既に廃止し、ビデオ撮影と膨大なデータに基づく最先端のトラッキング技術「スタットキャスト」による計測を優先している。[10]

将来的に人材探しは、潜在的な候補者を募ってその能力を測定するようになり、ますますゲームの環境に近くなるだろう。たとえばWorld of Warcraftをプレイしている超一流のゲーマーについて考えてみると、地元の高校を訪れて子どもたちにゲームをやってみるよう説得したり、ショッピングモールで（「君の親指は強そうだし、肌は地下室に閉じこもっていたように青白い」などと言って）候補者を探したり、IQや反応速度、ゲームのスタミナを測定したりするスカウト担当者は存在しない。むしろ、何百万人もの人が最初からゲームをやりたがっていて、ゲームのプロセス自体がプレイヤーの実力を測れるようにできているのだ。かつてはソ連のような中央集権体制が存在したが、ゲームとそのデータシステムがソ連政府とチェスの権威に取って代わるのである。

ハイディ・クルムは、例外的な人材探しのスカウト方式で抜擢されたスーパーモデルの一人である。ほかの多くのモデルとは対照的に、彼女は三万人の競争相手がいるモデルコンテストで優勝し、モデルとしてのスタートを切った。今後、情報技術が審査に大きな役割を果たすようになる点を除けば、彼女のような道を歩むモデルは増えるだろう。[11]

もしかしたら、World of Warcraftの超一流プレイヤーは、現在の制度では組織から見いだされることはないのだろうか。恐らくないだろう。しかし、World of Warcraftはかなり有名だ。このゲームや類似のゲームに挑戦したことがある人は何百万人にも上るが、挑戦も努力もしようとしない人々は、いずれにしてもトップレベルのゲーム・プレイヤーになれるほどの熱意はないと考えるのが妥当だろう。World of Warcraftのベストプレイヤーを探すのは、スーパーモデルを探すよりも効率的である可能性が高い。その上、正確な測定値が重視されるため、World of Warcraftで高いスコアを取るには、スカウト担当者と寝たり、モデル業界で働く伯父がいたりする必要もなければ、ソ連のチェスの場合のように最高ランクのトーナメントに出場するための海外渡航を許可できるか、政治的思想を検閲されたりする心配もない。現在のゲームは、点数を稼げば勝てるという実力主義なのだ。

また、近年ゲームは単なる娯楽ではなくなった。オンラインゲームをプレイしてファンを増やし、フォロワーと交流することで生計を立てている人もたくさんいる。今やゲーム大会は「真剣勝負」であり、それ自体がひとつの経済分野であり、娯楽やイベントの源となっているのだ。現代の人材探しの世界では、ますます多くの人々が挑戦の機会を得ている。

ここで、ひとつの結論として、人材を探している場合、その試みに適しているのはスカウトモデル（調査）かゲームモデル（測定）かを見極める必要があるといえる。ほとんどの場合、両方の組み合わせが必要だろう。しかし、市場全体としては、スカウトについてもゲームについてもあまり分析的に考えられていないため、この違いを理解していれば潜在的競争力が得られるはずだ。

優秀なスカウトの条件

スカウトに頼る場合、いかにして最高のスカウト担当者を見つけるかという問いが生じる。これまで見てきたように、人材の探し方や採用法については多くの文献が存在する。しかし、スカウトについてはどうだろうか？　知性や誠実性はどの程度重要なのだろう？　スカウト担当者の場合、神経症傾向は大きなプラスに働くだろうか？　信頼できるデータはなく、事例的データすらなかなか見つからない。たとえば野球のスカウトに関する本を読んでみても、娯楽的面白さはあるが、良いスカウト担当者の条件について、簡単に答えが得られるわけではなさそうだ。

それでも（推測の域を出ないが）良いスカウト担当者を見つけ、評価するためのポイントをここで紹介しよう。第一に、優秀なスカウト担当者は、総合的に見て優秀なパフォーマーと同じ資質を持っているわけではない。優秀なスカウト担当者は、パフォーマンスそのものよりも、ネットワークづくりの達人であることが一般的だ。とはいえ優秀なスカウト担当者は対象となる分野について深く理解していなければならないが、スター選手である必要はない。それどころか、むしろスター選手であったがゆえにスカウト担当者としての客観性や判断力が損なわれることもある。一流のスターは、自分とは異なる才能を持つ選手に対して不寛容であったり、有望な人材に早まって過大な期待を抱いたりすることが多いからだ。

第二に、優秀なスカウト担当者は、ある程度のカリスマ性を持っているべきだ。スカウト担当者が有能な人材を探しているだけでなく、有能な人材もスカウト担当者を探している。スカウト担当者は何らかの際立ったパーソナリティを持ち、潜在的なトップパフォーマーの野心的側面を引き出せなければならない。こうした意味で、人材探しは双方向のマッチングプラットフォームのようなものだと考えよう。そして、少なくとも一時的に候補者の立場になり、どのようなスカウト担当者に魅力を感じるかと自問するのだ。スカウトは競争であり、ましてや有望なトップレベルの候補者であれば、アプローチしてくるスカウト担当者は一人ではない。ある意味、スカウト担当者を選ぶということは、みなさんが思っているよりも「スカウトされる側を選ぶ」ことに近いといえるだろう。結局のところ、この市場において、本当に交渉力を持っているのは、果たしてスカウト担当者なのだろうか、それとも将来のスター候補なのだろうか？

第三に、優秀なスカウト担当者は、とくに大規模で官僚的な組織の場合、雇用主に情報を伝える能力に長けている必要がある。次に大成功しそうな人材を見つけるだけでは不十分で、その人物が逸材であることをほかの人々にも認めさせる必要があるからだ。そのため、スカウト担当者が得た情報が行動につながるよう、文章力やプレゼンテーション能力、さらにはカリスマ性も求められる。みなさんが比較的小規模な組織で自分のためにスカウトをしている場合、この要素はそれほど重要ではない。また、たとえば陰のあるカリスマ的な一匹狼のスカウト担当者も、少なくとも担当しているスカウトの規模が自分の性格に合っていれば、能力を発揮できる可能性はあるだろう。

第四に、非伝統的な方法で才能ある人材を探す場合、昔ながらの方法で専門家をそろえるだけでは不十分だ。たとえば、ヒューストン・アストロズは、マッキンゼー社のコンサルタントと元ブラックジャックのディーラー（かつ元エンジニア）の助けを借り、高度に定量化した方法を用いて才能ある野球選手を発掘することに成功した。ご想像のとおり、旧来の野球スカウト担当者は、直感と人脈がすべてだと思っていたため、野球と選手育成の専門知識はあっても、こうした新しい手法による選手の発掘には理想的な選択肢とはいえない。そのため、どのような経歴の人を求めているのか、柔軟に考えるようにすべきだ。定量的データを駆使する金融アナリストや人文科学の専門家のほうが、狭い分野の専門知識よりも価値がある場合もある（ただし、新しい人材探しの方法を試していて、スカウト担当者のスキルがその方法とマッチしていればの話だが）。[13]

人材スカウトにどこまで客観性を求めるべきかは、興味深い問題である。1章で述べたように、人材探しで最も成功した人物のひとり、ピーター・ティールの方法は、ピーターの哲学的判断、ひいては道徳的判断と密接に関連していると考えられる。ピーターは、人材探しのプロセスから成果を求めるという意味では客観的であるが、自分の感情や判断を動員して才能のある人とそうでない人を見分ける感覚を活性化し、磨きをかけるという意味では非常に主観的である。みなさんがどんな考えを持っているにせよ、ピーターの世界観はみなさんの世界観とはかなり異なっているはずだ。それが人材探しにおけるピーターの大きな強みでもある。つまり、ピーターは人材探しのプロセスに自分の意向と判断を反映させることで、ほとんどの人にはないエネルギーと洞察力を得ることができるのだ。

ネットワークに投資する——大いなる教訓!?

最後の重要な点は、スカウトや面接、あるいはより優秀な候補者の調査にどれだけリソースを費やしたとしても、優良あるいは優秀な候補者の人材プールに勝るものはないということだ。それは、みなさんの所属機関が（願わくは）何年もかけて培ってきた緩やかな人脈、ソフトネットワークにかかっている。こうした人脈は、知人やみなさんを推薦してくれるほかの組織、情報通の人たちから見たみなさんの組織のイメージ、過去に雇っていた人々のネットワーク、みなさんが受けたメディア報道、ソーシャルメディアでの存在感、そして場合によっては寄付者や役員など、さまざまな要素から成り立っている。これらの候補者のほとんどは、みなさんの個人的な知り合いではなく、みなさんのチームの誰も個人的に彼らを知らないだろう。それでも、候補者たちはみなさんのことを何らかの形で知っていて、みなさんの仕事やフェローシップにこぞって応募するよう促せるかもしれない。つまり、ほとんどの場合、ブラジル南部をピンクのSUVで走り回らなくても、人材探しはできるということだ。

生物医学分野のベンチャー投資家トニー・クレサは、タイラーが行っているエマージェント・ベンチャーズのプロジェクトに関する記事の中で、人脈づくりのアプローチについて非常にわかりやすく説明している。

タイラーはこの機会を宣伝するにあたり、非常にレベルの高い才能を持つ応募者からなる人材プールから、**本気の人々**だけが応募してくるようにしている。（中略）タイラーは、幅広く非常に知的な記事を書くことで有名だが、こうしたコンテンツは、彼が探している人材に合わせ、厳選されたメディア・チャンネルを通じて配信されているのだ。タイラーは広く読まれている経済ブログ「Marginal Revolution」（**Similarweb** 訳注：世界規模でウェブサイトの分析ができるマーケティングツール）によると月間読者数は一〇〇万人）を共同執筆し、Twitter のフォロワー数は一八万六〇〇〇人、「Conversations with Tyler」というポッドキャストを配信し、ティム・フェリス、エリック・ワインスタイン、シェイン・パリッシュのポッドキャストにも出演している。

そして、トニーはタイラーの（ティム・フェリスの番組での）次の発言を引用している。

「私はおもに非常に知的な人だけがメールをくれるよう、少々変わった、知る人ぞ知る存在でいようと思っています。もし知性のないメールがあまりにもたくさん届いたら、自分が書いていることが何か間違っていたのだと感じるでしょう。（中略）良い応募の割合はそれなりに高いのですが、私がこのプログラムについて話すことで、この割合は下がるかもしれません」

トニーはさらにこう記している。

タイラーは、才能に恵まれた社会的集団を見つけると、それを広げ、その集団の多くのメンバーがすぐに資金を得られるようにしている。目標は、最初のひとりを引き込み、その後、人材を紹介してもらうことにあるようだ。タイラーの人材探し戦略は、まだ主流の組織に乱獲されていない、選び抜かれた漁場で釣りをするようなものであり、時には一匹の魚を釣り上げたおかげで、群れ全体を発見できることもある。[14]

ここでまた、3章で取り上げたオンライン面接の文脈における事前の人脈づくりの重要性を考えてみよう。オンライン面接を成功させる最も良い方法は、まずネット上で圧倒的な評判と存在感を示すことだ。そうすれば、より望ましい候補者が集まってくる。さらに、面接のプロセスに懐疑的なら、まず事前選考と取捨選択をより重要視すべきだ。オンライン（あるいは対面でも）面接は難しいため、面接から得られる情報の質が疑われる場合、まず人脈の質を高めるようにもっと投資すれば有用な効果が得られるだろう。

もし、人材がみなさんの組織の最大の資産であると信じているなら、ソフトネットワークもみなさんの組織の最大の資産のひとつであると信じるべきだ。なぜなら、そうすれば将来的に人材を惹きつけることができるからだ。その上、採用された人々は、みなさんの組織をさらに成功させ、より魅力的で一流の場所にし、現在いる人材が組織にとどまるようにするのにも役立つだろう。

Pioneer社に関していえば、ベンチャー投資家たちやベイエリアという立地、ダニエルのアップル社での経歴、アンドリーセン・ホロウィッツとStripe社という一流企業の支援のおかげで一般的に高い評価を得ながら、ソフトネットワークを築くことができた。Pioneer社は、ダニエルのポッドキャストやTwitter、Stripeやアンドリーセン・ホロウィッツとの提携などを通じて、広く知られるようになった。初期のトーナメントが始まったころ『ニューヨーク・タイムズ』紙がPioneer社に関する記事を掲載し、その記事のおかげもあって、Pioneer社は面白いことをしている最先端の企業というイメージを確立できた。その後、『ワイアード』誌に掲載された記事はPioneer社を遠回しに批判するものだったが、同社について、ゲーム化された難しい挑戦であり、多くの若者が興味を持っているとも紹介していた。Pioneer社は、グローバルな人材、ゲーム化、世界的なオープンエントリー、そして、アクソンやポータブルMRI装置、物理のためのプログラミング言語など「昔からある陳腐な」だけではないプロジェクトについて検討する意欲といったアイディアと結びついていたのだ。やがて、Pioneer社からの資金を勝ち取った人々やもう少しで勝ち取れそうな人々、勝ち取りたいと希望している人々のネットワークが中心となり、同社の名を世界中に広めることができた。

エマージェント・ベンチャーズに関しては、タイラーが一八年間続けている、比較的好奇心が強く知的なトーンのブログ「Marginal Revolution」の読者が、応募の背景にあるソフトネットワークの大部分を占めている。このブログは、何らかの形で有名な知識人になる可能性のある人たちを引きつけており、ほかの応募者の多くも知人が「Marginal Revolution」を読んでいて、同ブログの存在を知っていた。そのほかの人々はタイラーのポッドキャストを知っている人やマーカタス・センター（エマージェント・ベンチャーズの母体）で働いたことがある人あるいはマーカタス・センターの職員の知人などだ。これらの要素はいずれも、ある種の知性、知的追究への傾倒、好奇心、公共問題への取り組み、強い構想力などで人々をふるいにかけている。やがて、Pioneer社の資金を受け取った人々がエマージェント・ベンチャーズを（あるいはエマージェント・ベンチャーズの資金を受け取った人々がPioneer社を）宣伝するようになり、応募者の質はさらに高まった。

大半の人々はソフトネットワークの重要性を認めるだろう。しかし、現実にはこうしたネットワークは軽視されたままだ。ビジネスや組織では、いつ事件が起きて、解決しなければならなくなってもおかしくはない。一方、非公式な人脈を広げることは良いことだが、急を要するものではなく、必要不可欠でもないと感じがちだ。その上、人脈づくりは必ずしも容易ではない。ソフトネットワークを構築するには、世間に認められるようなかたちで質の高い仕事をするほうが、朝起きて「さあ、今日はソフトネットワークをつくろう！」と宣言するよりも有効な場合が多い。非常に強力な非公式なソーシャルネットワークを持つ組織は、計画的に非公式なソフトネットワークを直接構築しようとするよりも、いずれにしても実行したいと思っていたプロジェクトを行った結果として、間接的にソーシャルネットワークを構築できる場合が多い。

たとえば『ローリング・ストーン』誌が史上最高のアメリカ人ボーカリストに選ん

だアレサ・フランクリンのキャリアもソフトネットワークの力を示す顕著な例のひとつだ。彼女は黒人女性であり、しかも一〇代で二人の子を産んだ未婚の母だった。みなさんはこうした背景を持つ人材を発見するのは非常に困難と思うかもしれないが、いくつかの意味でその意見は正しい。それでも、デトロイトの黒人音楽界は、彼女の父親が非常に有名な牧師だったこともあり、早くからアレサに注目していた。アレサは一二歳のころから歌手として知られるようになり、当時は年上のサム・クックと付き合っていた。しかし、ここで重要なのは誰に知られていたかということである。アレサの才能を知っている人とつながりのない人々は、アレサのことを知らなかった。一八歳までにアレサがコロムビア・レコードとレコーディング契約を結べたのは、音楽業界のスカウト担当者たちが、一流の才能を発掘するには、デトロイトをはじめとするアメリカの主要都市のソフトネットワークを利用するべきだと知っていたおかげでもある。ただ街角に立っていても、みなさんの業界におけるアレサ・フランクリンに匹敵する人材を見つけることはできないだろう。そのため、できる限りソフトネットワークに投資する必要がある。[15]

では、ここでソフトネットワークを構築するための、より幅広い選択肢を紹介しよう。

忠実な既存のコミュニティ

トップクラスの大学は、卒業生だけでなく、現役または過去の教職員や学生のあいだの協力的なネットワークを積極的に培っている。そのため、ハーバード大学、スタンフォード大学、プリンストン大学などの問題に関心を持ち、それを意識した既存のコミュニティが形成される。そして、こうした大学が求人広告を出したり、何らかの職務や依頼を引き受けてくれそうな人物を探したりする場合、既に非常に優秀な協力者のネットワークが存在しているということになる。

一部の民間企業もこれと同じようなコミュニティに投資している。たとえばマッキンゼーには退職者のネットワークがある。また、Y Combinator社で働いたことのある人々は共通の体験をし、その経歴から何かを共有しているという感覚を持っている。

こうしたコミュニティの人々は、既に詳しい調査を受けており、平均的な人々よりも協力的で、才能にも恵まれているため、当該組織は人材の採用や推薦、何らかの依頼を行う際、彼らに声をかける。[16]

専門家の人材コミュニティ

組織によっては、積極的に専門家の集まりを組織し、後々そのコミュニティを利用して、支援や助言を得たり、場合によっては雇用を行ったりすることがある。たとえば職能団体や科学的団体などがあるが、専門家とビジネスパーソンを結びつけ、コンサルティングを仲介するガーソン・レーマン・グループもその一例といえるだろう。シンクタンクや研究所は、独自のネットワークを構築し、後にそのネットワークから採用したり、支援や採用の推薦を受けたりすることがよくある。

まだ（比較的）知られていない人々からなる、人材コミュニティを事前に構築する

この方法については、Pioneer社やエマージェント・ベンチャーズの文脈で既に説明したが、ティール・フェローシップ・プログラムもこのアプローチの一例であり、次なる大成功を目指す起業家たちが利用できる場所として自らを売り込んでいるOnDeck（beondeck.com）も同様の方法を用いている。また、同じ本を読んだ読者たちがインターネット上でこのようなコミュニティをつくることも可能だろう。

才能を引き寄せるプラットフォームやツールを構築する

Twitterのアカウントやブログ、ポッドキャスト、YouTubeチャンネル、オンライン出版（Reddit、Hacker News、その他多数）はすべてコミュニティを形成し、読者をふるいにかけている。こうしたチャンネルにメッセージや求人広告を掲載すると、良くも悪くも、高度に選択された人たちに届けられる。また、もともとそのチャンネルを利用

している人々の質が高ければ高いほど、応募者の質を高める効果的な手段となるだろう。Pioneer社もエマージェント・ベンチャーズもこの方法を採用してきた。

ほとんどの場合、こうした選別は統合された戦略の一部であるべきだ。選別の結果、みなさんのところにやって来るのはどのような人材だろう？　こうした人材はどのような長所や短所を持っている可能性が高いだろうか？　人材探しと面接のテクニックは、まったく白紙の状態から始めるのではなく、自分の組織が広い意味でどのような立場にあるのか、人材を集めようとするときに直面するおもな問題は何なのかを理解することから始める必要がある。

10

「人材《TALENT》」を説得し、招き入れる方法

これまでは人材を見つけることに焦点を当ててきたが、実のところ、人材を見つけることと才能を**生みだす**手助けをすることは、まったく別のことではない。個人が何かを達成したり、秀でた能力を身に付けたりするための次なるステップへ進む上で、「才能を見いだされること」は力強い後押しとなる。この二つの要素がどのように関係しているかを理解すれば、人材を見つけ、その発見を最大限に生かせるようになる。そして、みなさん自身も、評判の面でも実践の面でも、みなさんの目的や組織のために働いてくれる才能ある人材を引き寄せるのがうまくなるだろう。

ベンチャーキャピタルが、有望な新会社を立ち上げようとする人に資金を提供すると共にビジネスネットワークや多くの実践的アドバイスやトレーニングも提供していることはよく知られている。しかし、優れたベンチャーキャピタル企業から選ばれるということ自体が、人々の自信と向上心を高め、その意欲を後押しすることは、それほど知られていない。ベンチャーキャピタルの価値の多くは、この後者の効果、つまり、単に人材を見つけるだけでなく、才能を生みだし、向上させるための支援にあるのだ。そのため、多くのベンチャーキャピタルは（非営利団体も含めて）堂々とした雰囲気を漂わせることで、ステータスの高さをアピールし、関係者にモティベーションを与え、全員の向上心を高めているのである。

ほかの人々の向上心を高めることは、みなさんが自分の時間を使ってできる最も有益なことのひとつだ。とりわけ比較的若い人に対しては、相手が考えているよりも重要で野心的なことをするように勧めるだけで、大事な局面で相手の向上心を大きく高めることができる。そのためにかかるコストは比較的少ないが、相手やより広い世界に与える利益はとても大きくなる可能性がある。

ジョージ・エリオットは『ダニエル・デロンダ』の中で次のように述べている。「回心と名づけるのが適切な、あの心の平衡の変化における不思議のひとつは、ある人格が特別な影響力でわれわれに触れ、心を受け入れるように開くまでは、われわれの多くに天も地も啓示を与えないということである」『ダニエル・デロンダ（下）』（ジョージ・エリオット全集、ジョージ・エリオット著、藤田繁訳、彩流社、二〇二一年）[1]

このように人々の向上心を高めるとどんな力が得られるかを理解できれば、人材探しがどれだけ重要かがわかるだろう。適切な人材を見つけ出し、勇気を与えられれば、大きな見返りが得られるのだ。

潜在的才能のある人でも、自分が今やっていることとは違う何かをよりうまくこなせる可能性があることに気づかないことが多い。たとえばバラク・オバマはもともと大統領を目指すつもりなどなかったが、二〇〇四年の民主党全国大会で行ったスピーチがメディアから驚くほど好意的な評価を受けたため、そのわずか数年後には大統領選に出馬し、勝利した。[2]

社員や応募者を含め、人々が自分自身のことをどれほど低く評価しているか、正しく認識すべきだ。人間の多くは、最良の時でさえも自信の危機に直面している。これはつまり、人材を適切な方向に導ければ高いリターンが得られるということだ。もし、自信の危機に瀕している人々を見つけ、その危機の本質を理解することができれば、彼らを適切に良い方向へ導くことができる。

時には、社員が他社から仕事のオファーを受けたり、打診されたりすることがある。驚くべきことに、こうした社員の中には自分のスキルや労働意欲に見合わない、あるいは適していないオファーまで検討する人もいる。そして、みなさんは「どうせ辞めるなら、もっと良いオファーを待ってからにすべきだし、あなたならそういうオファーが得られるはずだ！」というメッセージを送らなければならないこともあるだろう。こうしたメッセージも相手の向上心を高められる。最も優秀で生産性の高い社員だからといって、その人が自分の能力の高さを知っているはずだと思ってはいけない。多くの場合、本人は能力を自覚しておらず、可能性を最大限に発揮できるよう、適切な方向に導く必要があるからだ。

誰かの向上心を高められれば、本質的にその人の今後の人生における業績曲線を上向きにできる。そして、複利で得られる強力な乗数効果は何十年も続くだろう。実際、今度はその人がほかの人々の向上心を高めるような活動をすれば、最終的な影響はさらに長く続く。もし、みなさんが誰か一人の向上心を高くする活動をし、その人が**多くの**人々の向上心を高めたなら、みなさんの当初の活動に対するリターンはずっと大きくなるだろう。さらに、向上心を高めることは、永遠に成長しつづける、尽きることのない豊かさの源泉であり、ずっと複利の利益を得られるかもしれない。この概念についてはタイラーが著書『Stubborn Attachments（頑固な執着）』の中で論じている。

もし、みなさんが環境の力や向上心を高めるという考え方を疑っているのなら、歴史全般を通じ、どれだけ多くの天才や偉業が、特定の時代や土地に集中していたか考えてみてほしい。統計学者のデイヴィッド・バンクスは、この「多すぎる天才問題」と呼ばれる現象について論文を書いている。たとえば古代アテネはある時期に、プラトン、ソクラテス、トゥキディデス、ヘロドトス、ソフォクレス、エウリピデス、アリストテレス、アイスキュロス、サッポー、アリストファネス、その他多くの著名な人物を輩出した。これは「奇妙な偶然」ではなく、アテネには、学問をしたり、哲学的議論を闘わせたり、演劇のための執筆活動をしたりするための制度的な構造に加え、それにふさわしい風潮と文化的背景があり、そのすべてが才能ある人物を見いだし、活躍の場を与えるのに役立ったのである。そのため、こうした人々が互いに学び、インスピレーションを与え合うと同時に、友好的か否かにかかわらず、ライバル心を燃やしてしのぎを削ることができたのだ。

ルネサンス期のフィレンツェは、人口がわずか六万人強にもかかわらず、レオナルド・ダ・ヴィンチやミケランジェロに代表される一流の芸術家を次々に輩出した。ルネサンス期のヴェネチアも限られた時期にベリーニ、ティツィアーノ、ティントレット、ヴェロネーゼなど、有能な人々が集中的に登場したが、一八世紀末以降、ヴェネチアからは名作がほとんど生まれなくなった。ドイツの古典音楽では、一七〇〇年から一九〇〇年にかけて、バッハ、ヘンデル、ハイドン、モーツァルト、ベートーベン、シューマン、ブラームス、ワーグナーほか、多くの作曲家が登場したが、当時のドイツは現在のドイツに比べて人口も富もはるかに少なかった。こうした結果には遺伝的な幸運もいくらかあったが（もし、ベートーベンの両親が出会っていなかったらどうなっていただろう……?）、当時のドイツは、国内にいる才能ある人々を見いだし、インスピレーションを与えるという素晴らしい仕事をした。

より最近では、ベイエリアがテクノロジー産業やソフトウェア開発、スタートアップ企業などの人材を引きつけ、育て、活用する重要なペトリ皿のような役割を果たしている。ヒッピー文化やオルタナティブ文化、サイケデリック文化、ゲイ解放運動など、ベイエリアが果たしてきた役割についても考えてみてほしい。

要するに、本当に重要なのは環境、風潮、競争意識であり、組織のエコシステムに適切な条件をつくりだすことができれば、人材の活用に大きな影響を与えることができるということだ。

向上心を高める方法

ここでの重要なテーマは、個人、キャリアおよび創造性が描く曲線を右肩上がりにすること、つまり、将来的に業績を上げる可能性を全般的に高めることである。こうした介入は潜在能力を最高に高める。みなさんは、ささやかな規模の、次なるフィレンツェやヴェネチア、ウィーンを生みだそうとしていると考えてもいいだろう。

ある古いことわざは(さまざまなバリエーションがあるが)「誰かに魚を与えれば一食分の食事を提供できるが、釣り方を教えればその人は一生食べていける」と説いているが、私たちに言わせれば、このことわざは極めて野心がない。漁師が得る賃金はあまり多くないことからもわかるように、釣り方を学ぶ価値はそれほど高くはない。それに魚の釣り方を知ったからといって、それだけで最も成功し、最も高い賃金を支払う漁業系のベンチャー企業に就職できるわけでもない。

むしろ私たちなら「その人の勤める漁業会社の生産性上昇率を上げよう」と言うだろう。しかし、もっといいのは、「何百万人もの人に魚を供給できるような漁業会社の立ち上げ方を教え、より良い漁業会社をつくるために、優秀な人材を雇う方法を教える」ことだろう。そうすれば軌道が上方修正され、その過程で何千人もの従業員に釣りの方法や釣りへの貢献の仕方を教えることになる。常に一歩上を目指し、ほかの人々も一歩上を目指せるように指導するのだ。

もし、頭の中で、あるいはほかの人に、この愚かな釣りのことわざを言っていたら、思考からこのことわざを追放し、アップグレードしよう。将来、会社が漁業に代わって、より環境に優しい優れた食材をより低価格で生産するようになるところを想像してみてほしい。そして、漁業に代わる方法を人に教えよう。私たちは**今まさに**目標に向かって進んでいるのだ。

ほかの人々に利益をもたらすための介入の多くは、その場限りの利益を提供するだけだ。このような親切な行為は人間同士の助け合いにおいて不可欠であり、また文明を円滑に機能させる。しかし、その限界も自覚すべきだ。

誰かにその場限りの利益を提供することを図に表すと、次のようになる

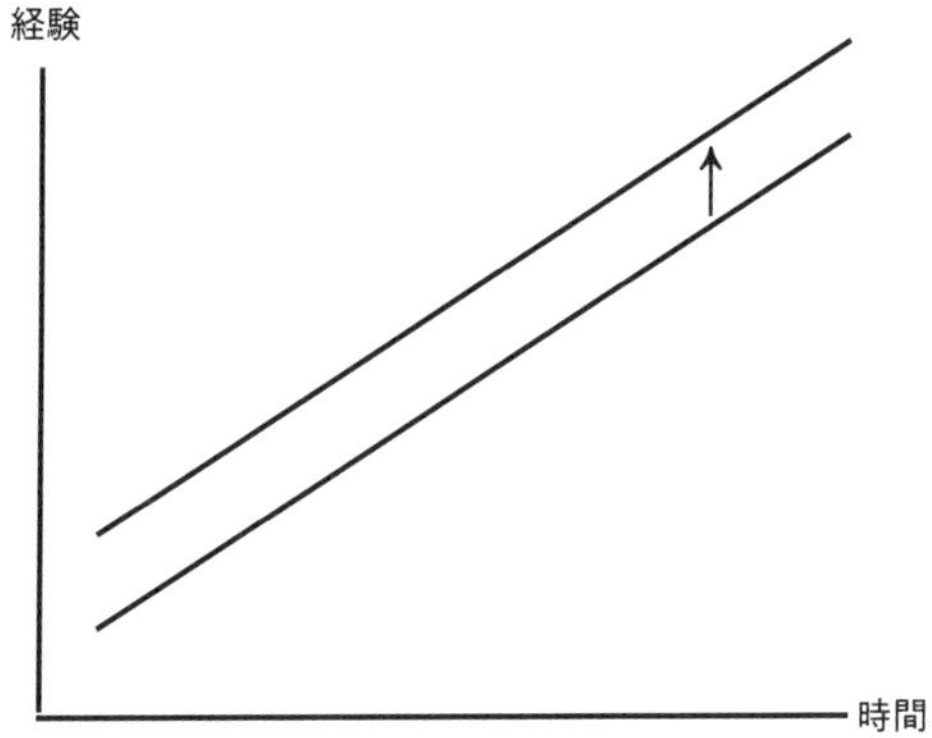

軌道の傾斜を急にすると、次のようになる

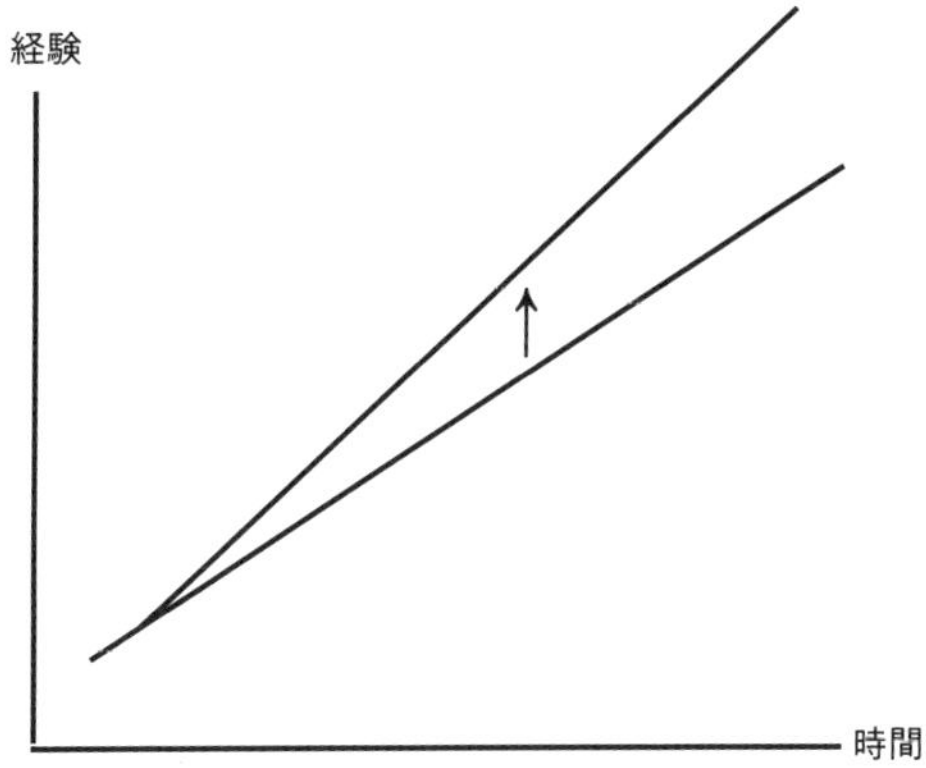

ごく短期的には、この二つの活動から得られる利益はほとんど同じかもしれない。しかし、時間が経てば、より急な傾斜から得られる利益ははるかに大きくなり、この利益は、その人から学んだすべての人に及ぶことになる。

傾斜が急なほうが得られる利益が大きいのなら、なぜ最初からより傾斜が急なほうを選ばないのだろうと疑問に思う人もいるだろう。これは間違いなく人間性の神秘のひとつであり、私たちは選択の性質が原因だと考えている。通常、意思決定をするときに目の前にあるすべての選択肢とその確率を把握できているわけではない。実際、多くの選択肢はなかなか思いつかない。たとえば才能のある若者は、いつか大企業のCEOになれるかもしれないなどと真剣に考えたりしないだろう。その若者もCEOという言葉を聞いたことがあるはずで、自分がCEOになる可能性をあえて否定しているわけではないだろう。しかし、CEOになれるかもしれないという考えが若者の行動に影響を与えるのであれば、その可能性を目の前にある生き生きとした選択肢として思い浮かべる必要がある。その選択肢をきちんと心の中で現実のものと認識できれば、野心も高まり、場合によっては、CEOの地位まで上り詰める軌道に乗ることができるだろう。最終的にそれが実現するかどうかは別として、初期設定が、この選択肢を検討していない状態から、検討中の状態に変わるのだ。

このように選択肢をはっきりさせることが、助言をするメンターやスカウト担当者、ロールモデルの役割である。アメリカのエンターテインメント業界がアクションやロマンスのシナリオを生き生きとしたものにしているように、メンターやスカウト担当者も同じような機能を果たさなければならない。この点で、メンターは、たとえ企業が技術系や理工学系などの厳密で明確なものを扱っていると考えていたとしても、明示的であれ暗示的であれ、人文科学の専門知識を活用することになる。ここで重要な役割は、メンターやスカウト担当者が、候補者の人生のあり方について、新たな選択肢や刺激的なビジョンを提示できるような人間となり、その姿を相手に示すことだ。[3]

みなさんが誰かの向上心を高めようとするなら、その人はみなさんとのつながりを誇りに思うはずだ。自分は何らかの形で選ばれたのだと感じるだろう。試練や苦難を乗り越えて、現在の地位を得たことを実感させる必要がある。排他的なクラブの一員になったかのように、まわりにいるほかの人々を観察し、彼らとつながれた喜びを感じられるようにするのだ。

このような感情を生みだす最も簡単な方法は、実際にそうした集団をつくることだ。みなさんが才能を認めた人々に報酬を与える制度や称号をつくろう。ベンチャーキャピタルでもいいし、名のある一連の奨学金や賞金など、さまざまなものが考えられる。そして、実体を重視すると同時に、実体としてうまく機能しているのは、それを取り巻く舞台があるからだということも理解しよう。そうすれば、みなさんが才能を認めた人々の向上心をより高め、共同クリエーターの一人として、彼らが頂点に立つ手伝いができるはずだ。

二〇一四年の映画『セッション』には、生徒をどこまでも追い詰めていくドラムの指導者を通じて、メンターシップに関する重要な文化的見解が描かれている。ダニエルは、Pioneer社でインタビューした人々の多くが、この映画に影響を受けたと言っていることに衝撃を受けた。恐らく、この映画が魅力的なのは、卓越した技術を身に付け、認めるために努力する姿を描写しているからだろう。優れた人々が偉大になろうと努力する。彼らは最高の自分になるために、背中を押されたいのだ。しかし、彼らは同様に自信がなく、しばしば世界における自分の位置を認めてもらおうとする。若いドラマーが必死になって指導者に認めてもらおうとする物語は、彼らの心に響いたのだろう。私たちはドラムスティックを投げつけて攻撃することを擁護するつもりはないが、承認を得ることは価値があるものと考えるべきだ。

また、遠く離れているように見えるものが、実は（簡単に手が届くわけではないが）身近なものであることを受賞者に認識させるべきだ。近年、社会科学の分野では、女性やマイノリティ集団をはじめ、ほぼすべての人にとってロールモデルが重要であるという、驚くほど多くのエビデンスが蓄積されている。もしある活動を（さまざまな意味で）「自分に似た誰か」が行っていた場合、その活動は生き生きとした新たな選択肢となりやすい傾向があり、その結果、選択される可能性が高くなる。[4]

つまり、スカウト担当者や雇用主、メンター、友人、ロールモデルであるみなさんは、圧倒的な影響力を持つことができるということだ。ある選択肢をよりはっきり提示するだけで、自分にとって比較的低いコストで（あるいはコストをかけずに）ほかの人々のためにドアを開くことができるのだ。これは、たとえば文章やYouTubeの配信、友情やアドバイス、そしてただ人々と会い、自分らしくしているだけで実現できる。みなさんは**何か**を体現しており、その何かがほかの人々を行動に駆り立てるからだ。

こうした力を賢く使おう！

ちなみにこのメンターシップ効果は測定されており、どうやら強力であるらしいことがわかっている。二〇一九年、タイラーは同年のノーベル経済学賞の共同受賞者であるアビジット・バナジーとポッドキャストで対談した。バナジーと共著者（妻で共同受賞者のエステル・デュフロも含む）は二〇一五年に論文を発表し、極貧層への**現金給付をコーチングと組み合わせた場合**、非常に高い利益が得られることを証明した。この援助プログラムは、六カ国（エチオピア、ガーナ、ホンジュラス、インド、パキスタン、ペルー）において、コーチングを伴う現金給付を行ったところ、一〇〇％以上、時には四三三%もの純利益をもたらし、驚くほど成功した。一方、同様の現金給付でもコーチングを伴わない場合は、わずかなプラスの効果しか得られなかった。そこでタイラーはコーチングが効果を上げた理由をたずねた。バナジーによると、現金給付の受給者は自分自身にほとんど期待せずに育ってきており、ほとんど自信を持てない状態だった。コーチングのおもな役割は、特定の専門知識を伝えることではなく、受給者に別の生き方や別の運命が可能であると示すことだったという。[5]

さらにバナジーはこう説明した。

> 彼らにとって、自信を持つということは大きな課題だと思います。というのも、実際に彼らは人生において、何も成功したことがないからです。物ごいをして、施しを受け、何とか食いつないできたのです。こういう生活は人々の自信や自己像にどんな影響を及ぼすでしょう。それがどれほど過酷なことか、文書で記録してはいませんが、私はそうしたことを考えています。彼らは多少なりとも見下した扱いを受けるでしょう。誰かが助けてくれるかもしれませんが、同時に少しば

かり軽蔑の念を持って扱われるのです。

こうした人々のうち、少なくとも私が研究で大きくかかわったのはインドとガーナの人々でした。とくにベンガル地方に住む女性たちは、本来人が住めないような場所に住んでいました。ある人は「よくヘビが出るんです」と言っていました。また別の人は「私は今、村で小物を売っています」と言い、安い石やプラスチックのアクセサリーを売っていました。

「NGOの人たちが卸売りの市場を教えてくれるまでは、バスに乗ったこともなかったので、どうやって行けばいいのかすらわからなかったんです。彼らは文字どおり私をバスに乗せ、どこで降りるか説明しなければなりませんでした。自分で乗れるようになるまで、二～三回かかりました。それまで本当に一度もバスに乗ったことがなく。字も読めないので、たとえばX番のバスに乗るように言われても、何がXなのかわからず、バスに乗れなかったのです」

これらはすべて新しいことです。まったく可能性のないところからスタートするのであれば、自信をつけることは有効だと思います。あなたにもできる。何も難しいことはありません……。（コーチングでは）「あなたにもできます。これがそのステップです」とも言っています。物事を一連のプロセスに置き換えることが重要なのです。そうでなければ、私にできると言われても、信じられないでしょう。それまでやったことがないのですから。モノを買って売ったことなどないのです。実際、何も売ったことがないのに、どうすればいいでしょう？

それだけではありません。たとえばバスに乗る方法を教えるなど、物事をプロセスにすることも重要です。どこに行って、いくら払ったら、何かをくれるので、それを持って帰ること。彼らがしていることのひとつは、一連のプロセスのステップに変換することであり、これは、「こうしてください」と言うのとはまったく違います。

ここでまた裕福な国の話に戻ろう。ダニエルはオンラインの回顧録の中で、向上心の曲線を上向きに、より急な向きに曲げる方法について、別の例をあげている。

最後に、かなり**注目すべき論文**がある。アメリカの二人の研究者が、成績優秀な低所得の学生を対象に、基本的には一流大学への出願を**促**すだけの非常に低額の介入（学生一人当たり六ドル）を行ったところ、一流大学への出願に著しい影響を与えたと報告している（学生は出願を促す案内を見ただけだったが、平均してSATの中央値が五三点高く、学生に費やす費用が三四％高い大学に入学したのだ）。[6]

繰り返しになるが、ほかの人々が思い切ってより高いキャリアの軌道という観点から物事を考えられるように手助けすべきだ。

トラベルグラント

私たちは中心的な見解のひとつとして、トップレベルの業績を上げられそうな人はできるだけ早い時期に当該分野で最も高いレベルの才能に触れるべきだと考えている。これは、非常に優秀な家庭教師やメンターを持つことやハーバードやスタンフォード、MITなどの一流大学に進学することで得られる価値の大部分を占める。授業や指導がほかの大学よりも格段に優れているからではなく（劣っている場合も少なくない）、これらの大学では、学生はそれぞれの分野の非常に優れた頭脳がどのようなものかを見る機会があるからだ（こうしたトップレベルの頭脳は教授陣だけでなく、ほかの学生の場合もある）。とくに学生が研究助手を務めたり、一緒に論文を書いたりする場合、優れた頭脳の持ち主たちがどう考え、どのように話し、問題をどう評価し、どの課題に取り組み、どうやって決定を下しているか、さらには彼らの仕事ぶりがどういうものか知ることもできる。また、学生は自分がどのような失敗をする可能性があるか、盲点は何か、それでも成功できたのはなぜか、自分の強みがどれほど強いのかもわかる。

このような経験は非常に貴重であり、単なる書物からの学習よりも重要だ。なぜなら、書物からの学習は自分だけでもできるからだ。ミドルベリーやクレアモントなど、教育的に優れた小規模のリベラルアーツカレッジではなく、有名でメジャーな研究大学に進学すべき最大の理由は、こうした人々と接することができるからだ。カレッジでは、教授陣は非常に頭が良く、学生に対してより献身的だが、一般的に世界的な研究者ではない。

こうした現実を考えると、才能に投資するひとつの方法は、将来性のある若者を見つけ、彼らがこれまで見てきたものよりも高いレベルの業績に触れさせることだ。彼らをどこかに行かせ、可能であれば、トップレベルの人々と会う機会を用意しよう。誰もがジェフ・ベゾスやビル・ゲイツに会えるわけではないが、できる限りのことをすべきだ。これまでの人生で目にしたことがないような高いレベルの才能や業績、向上心を見せよう。もし彼らが真の野心を持っていれば、この経験は単に一過性のものではなく、将来の業績を表す軌道全体がずっと急な右肩上がりになるはずだ。

多くの才能ある若者にとって、旅費を支援するトラベルグラントは、マンハッタンやベイエリアといった素晴らしい才能の集まる場所へ旅できることを意味する。もっとも、エンターテインメント業界で働く人々ならロサンゼルス、生物医学ならマサチューセッツ州ケンブリッジ（あるいはイギリスのケンブリッジ）、料理のスキルならパリや東京がいいかもしれない。とはいえ、世界クラスの人材が相当数集まっている場所は少なく、トラベルグラントを受けるような人々にとって、意味のある場所は驚くほど少ない。実際、ほとんどの場所には、世界レベルの才能を持つ人が大して集まっていないからだ。訪れるべき場所の少なさは、世界のトップクラスの人材の発掘と活用がうまくいっていないことを示す数ある証拠のひとつだと私たちは考えている。多くの人は、自分の好きな分野や職業で「一流」を経験する機会がないため、その潜在能力を十分に発揮することができないのだ。

トラベルグラントよりもっといいのは、コストはかかるが、人材が集まる好きな土地に一年以上住んでみることだ。しかし、資金のことは別にしても、多くの人はまだそのようなステップを踏み出す準備ができていない。そのため、トラベルグラントは、そのような人たちを訪れるべき場所に案内する方法のひとつといえるだろう。

最後に、トラベルグラントのごく一部は、特定の専門性を持つ地理的な集団から離れることに使うべきだ。一部の人々は、特定の世界やコミュニティに組み込まれ、その前提や適合性から抜け出せない。彼らは恐らく孤立した、あるいは非常に独特な場所に逃げ込む必要があるのだ。私たちはこれが主要な問題だとは考えていないが、たとえばマンハッタンのアッパー・ウエストサイドで育った人にどのようなトラベルグラントを出そうかと悩んでいるのなら、このことは心に留めておく価値がある。エチオピアの農村に六カ月滞在することは、（エチオピアの農村の多くは、まだインターネットに安定した接続ができないことを考えると）まさに適切な処方箋かもしれない。また、エチオピアの農村に住む人々の多くが、テフ農法や特定の種類のイコン画に関する驚くべき専門知識を持っていることを知ることになれば、さらに良いだろう。

イベントに参加させる（またはイベントを主催する）

イベントの利点のひとつは、参加者がトップレベルの成功者やパフォーマーと接し、彼らの軌跡を生き生きとした新たな選択肢として認識するように手助けできることだ。その点では、イベントはトラベルグラントに似ているが、イベントの場合、人々を送り込む場所は一時的に重要になるだけだという点が異なる。

しかし、イベントへの参加は、ほかの目的にも役立つことがある。イベントはある社会的あるいは技術的運動が実際に起こっていることや、そうした運動は善意によるものであること、また人気もあり参加することが望ましいこと、もしくはおかしな運動ではないことを参加者に確信させられるかもしれない。運動について書かれたものをただ読むのとは違い、イベントは運動に関する知識を鮮明にしてくれる。「見てください、核融合（あるいは暗号通貨やベンチャーキャピタル）に興味を持っているほかの人たちがここにいます！」と言っているようなものだ。これとまったく同じ理由で、イベントにはリスクがある。というのも（「あの人たちはクレイジーだ！」などと言われ）怖気づく人がいるかもしれないからだ。しかし、通常、怖気づく人々は、いずれにしてもその目的に対して大きな貢献をすることはなく、イベントに参加することで、より相性の良い別の目的またはベンチャー企業にさっさとくら替えする可能性がある。あるいは、そのような人々は本当にクレイジーなのかもしれない。その場合、なるべく早くそれに気づいたほうがいいだろう。イベントは文化的な適合性を素早くテストできる。

イベントを自分で始めるのは時間もお金もかかるが、才能があると思われる人の向上心を高めるには理想的な方法だ。みなさんは、招待客からプログラム、朝食の内容まで、すべてをコントロールすることができる。ダニエルはPioneer社で、タイラーはエマージェント・ベンチャーズで、それぞれ資金獲得者のためのイベントを成功させた。

しかし、みなさんが自分でイベントを運営する場合、グループが団結できるようにすることが重要だ。みなさんは彼らの向上心を多少高めることはできるが、グループのダイナミズムや舞台の大部分は、グループ自身がつくりだすものである。少なくとも、適切に人選し、メンバーが交流し合えるように構成されたイベントであれば、グループのメンバーが互いに向上心を高め合えるだろう。リーダー（みなさん）と仲間たちが、向上心を高めるという共通の方向に進んでいるとき、強力な効果が得られることもある。しかし、そのためには、仲間に自由を与え、何のためのグループであるかを定義することに貢献させる必要がある。

本を書くか、本を読むか

最後に、この旅を締めくくるにあたり、私たちは、本を書くことは、才能と人材探しを鮮やかにするもうひとつの方法であることに注目している。誰もが限定イベントに出たり、ベイエリアに引っ越してベンチャー投資家と交流したり、ベンチャーキャピタル企業を経営したりできるわけではない。しかし、ほとんどの人は本を読むことができる。たとえ、あらゆる場所に行き、あらゆる人に会ったとしても、自分が考えてきたことの試金石となる本が欲しいものだ。これは、その内容のすべてに賛成できなくても、自分の心をそのテーマに固定し、ほかの知り合いとそのテーマについて話し合うための思い出の品のようなものである。

本書は、人材探しを少なくとももより身近に感じてもらうために執筆したものだ。経験的結果の多くは、時間の経過と共に変化し、新しい研究や新しい学習、新しい情報によって更新されていくものと確信している。しかし、人材探しは学び、改良することができる技術であり、人に教え、伝えることができる「もの」であるということが、このプレゼンテーションの根本的なポイントなのだ。

ぜひ、実践していただき、みなさんが学んだことを今度は私たちに教えてほしい。

Notes

from his Substack,https://kulesa.substack.com/p/tyler-cowen-is-the-best-curator-of, August 31, 2021より。

15. Aretha Franklin and David Ritz,*Aretha: From These Roots* (New York: Villard, 1999)および David Ritz,*Respect: The Life of Aretha Franklin* (New York: Back Bay Books, 2015)『アレサ・フランクリンリスペクト』デイヴィッド・リッツ著、新井崇嗣訳、シンコーミュージック、2016年参照。

16. この議論は部分的にベンチャーキャピタル企業、Village Globalのエリック・トレンバーグ(@eriktorenberg)のツイート、たとえば、「@raboisは2010年代以来、人材の独占について語っていますが、この件について、みなさんが見た、あるいは考えた、一番賢いアプローチは何ですか?」February 24, 2019, 4:22 p.m., https://twitter.com/eriktorenberg/status/1099781696860282885 などを参考にしている。

10 人材を説得し、招き入れる方法

1. George Eliot,*Daniel Deronda* (New York: Penguin Books, 1995 [1876]), 430.『ダニエル・デロンダ(下)』(ジョージ・エリオット全集) ジョージ・エリオット著、藤田繁訳、彩流社、2021年、35ページ参照。また、マイケル・ニールセンが「意志に基づくフィランソロピー」と呼んでいるものに関するマイケル自身のFacebookの投稿、https://www.facebook.com/permalink.php?story_fbid=224735391342335&id=100014176268390も参照。

2. Audie Cornish, "Rare National Buzz Tipped Obama's Decision to Run,"*All Things Considered*, National Public Radio, November 19, 2007, https://www.npr.org/templates/story/story.php?storyId=16364560参照。

3. メンターの指導を受ける人々がこれまでとは違う、より野心的な将来を思い描くようになるプロセスについては、たとえばCathy Freeman, "The Crystallizing Experience: A Study in Musical Precocity,"*Gifted Child Quarterly* 43, no. 2 (Spring 1999): 75–85およびPatricia A. Cameron, Carol J. Mills, and Thomas E. Heinzen, "The Social Context and Developmental Pattern of Crystallizing Experiences Among Academically Talented Youth,"*Roeper Review* 17, no. 3 (February 1995): 197–200参照。

4. たとえばSeth Gershenson, Cassandra M. D. Hart, Joshua Hyman, Constance Lindsay, and Nicholas W. Papageorge, "The Long-Run Impacts of Same-Race Teachers," National Bureau of Economic Research working paper 25254, November 2018参照。

5. Abhijit Banerjee, Esther Dufo, et al., "A Multifaceted Program Causes Lasting Progress for the Very Poor: Evidence from Six Countries,"*Science* 348, no. 6236 (May 15, 2015) 参照。この部分は2019年12月30日に配信されたポッドキャストでのタイラーとアビジット・バナジーとの対談から引用した。https://medium.com/@mercatus/abhijit-banerjee-tyler-cowen-economics-markets-ceda4b520b62?.

6. Daniel Gross, "Introducing Pioneer," Medium, August 10, 2018, https://medium.com/pioneerdotapp/introducing-pioneer-e18769d2e4d0.

Had to Be Twice as Good,'" *The Guardian*, March 19, 2016参照。

3. さまざまなスカウトについては、Gross,*Model*, 475参照。モデルを見つけ、採用し、維持することについては、Ashley Mears, *Pricing Beauty: The Making of a Fashion Model* (Berkeley: University of California Press, 2011)、とくに77～78ページ参照。

4. Olga Khazan, "The Midwest, Home of the Supermodel: What a Scout's Success in the Heartland Says About the Modeling Industry,"*Atlantic*, August 13, 2015参照。

5. Dalya Alberge, "Opera's Newest Star Taught Herself to Sing by Copying Divas on DVDs, "*The Guardian*, August 31, 2019また、Kim Cloete, "A New Opera Star Emerges from the 'Vocal Breadbasket' of South Africa,"*The World*, October 21, 2016も参照。

6. Ben Golliver, "Like Father, Like Son: Bronny James, LeBron's Kid, Is the Biggest Draw in High School Hoops,"*The New York Times*, December 6, 2019も参照。

7. Tyler Conroy,*Taylor Swift: This Is Our Song* (New York: Simon and Schuster, 2016)、43ページから引用。

8. Ben Casnocha, "Venture Capital Scout Programs: FAQs," blog post, October 29, 2019, https://casnocha.com/2019/10/venture-capital-programs.html参照。また、Elad Gil, "Founder Investors & Scout Programs," blog post, April 1, 2019, http://blog.eladgil.com/2019/04/founder-investors-scout-programs.htmlも参照。

9. Cade Massey and Richard H. Thaler, "The Loser's Curse: Decision Making and Market Efficiency in the National Football League Draft,"*Management Science* 59, no. 7 (July 2013): 1479–1495参照。また、上位の指名がしばしば失敗に終わることを具体的に証明する方法もある。NFLでは入団六年目まで、選手たちをトレードする公開市場が設けられ、この市場は選手の最終的な価値を推定するのに活用できる。ドラフト順位がとても高かった選手は、トレード時、当初のドラフト順位が示唆するほどの価値をもたらさないことが判明した。また、マッセイとセイラーは、「一巡目の指名選手の余剰価値は、実際のところほとんどの場合、徐々に増加し、一巡目の最終指名で選ばれた選手は、平均して、一位指名の選手よりもチームに多くの余剰価値をもたらすのだ!」と記している(1480ページ)。

10. Ben Lindbergh and Travis Sawchik,*The MVP Machine: How Baseball's New Nonconformists Are Using Data to Build Better Players* (New York: Basic Books, 2019)、とくに191ページ。『アメリカン・ベースボール革命:データ・テクノロジーが野球の常識を変える』ベン・リンドバーグ、トラビス・ソーチック著、岩崎晋也訳、化学同人、2021年、242ページ参照。

11. ハイディ・クルムについては、Rainer Zitelmann,*Dare to be Different and Grow Rich* (London: LID Publishing, 2020), 196参照。

12. スカウトのコミュニケーションの価値については、Christopher J. Phillips,*Scouting and Scoring: How We Know What We Know About Baseball* (Princeton, NJ: Princeton University Press, 2019), 138–139参照。

13. Lindbergh and Sawchik,*The MVP Machine*, 171–172.『アメリカン・ベースボール革命:データ・テクノロジーが野球の常識を変える』ベン・リンドバーグ、トラビス・ソーチック著、岩崎晋也訳、化学同人、2021年、218ページ。

14. この部分はすべて、Tony Kulesa, "Tyler Cowen Is the Best Curator of Talent in the World,"

Notes

Who Almost Were,"*The New York Times*, July 21, 2017参照。

20. Allen Hu and Song Ma, "Persuading Investors: A Video-Based Study, National Bureau of Economic Research working paper 29048, July 2021参照。

21. Raff Khatchadourian, "N. K. Jemisin's Dream Worlds,"*The New Yorker*, January 27, 2020.

22. Frank Bruni, "Sister Wendy, Cloistered,"*The New York Times*, September 30, 1997および彼女のWikipediaページ、https://en.wikipedia.org/wiki/Wendy_Beckett参照。

23. 興味深いことに、この論文によると、魅力と知性に相関関係はない。また、人々が何を知性として評価しているかを知られるのも面白い。たとえば、知的と判断された男性は平均していくぶん面長で、のWikipediaページ、https://en.wikipedia.org/wiki/Wendy_Beckett参照。

23. 興味深いことに、この論文によると、魅力と知性に相関関係はない。また、人々が何を知性として評価しているかを知られるのも面白い。たとえば、知的と判断された男性は平均していくぶん面長で、目が目がより離れており、鼻は比較的大きく、口角が少し上がっていて、あごがとがっている、あるいはあまり丸くない。しかし、これらの特徴を直接測定した場合、知能をまったく予測できない。つまり、部分的に正確な直感の上に、一連の不正確なステレオタイプによる知性の判断が重なっているのだ。この論文はKarel Kleisner, Veronika Chvátalová, and Jaroslav Flegr, "Perceived Intelligence is Associated with Measured Intelligence in Men but Not Women,"*PLoS ONE* 9, no. 3 (2014): e81237である。

24. Xingjie Wei and David Stillwell, "How Smart Does Your Profle Image Look? Estimating intelligence from Social Network Profile Images," December 11, 2016, https://arxiv.org/abs/1606.09264参照。

9 「人材《TALENT》」探しとスカウト活用術—ファッション、スポーツ、ゲーム業界

1. Alexei Barrionuevo, "Off Runway, Brazilian Beauty Goes Beyond Blond,"*The New York Times*, June 8, 2010参照。

2. Gisele Bündchen,*Lessons: My Path to a Meaningful Life* (New York: Penguin Random House, 2018), 2参照。トップのスーパーモデルがモデル学校を出ていない件については、Ian Halperin, *Bad and Beautiful: Inside the Dazzling and Deadly World of Supermodels* (New York: Citadel Press, 2001), 161参照。ブリンクリーについては、Alexa Tietjen, "Christie Brinkley on Aging, Healthy Living and How a Sick Puppy Started Her Career,"*WWD*, June 21, 2017, https://wwd.com/eye/people/christie-brinkley-ageism-and-healthy-living-10922910/参照。クラウディア・シファーについては、Michael Gross,*Model: The Ugly Business of Beautiful Women* (New York: William Morrow, 1995), 475参照。恐らく最も参考になるのは、Erica Gonzales, Chelsey Sanchez, and Isabel Greenberg, "How 40 of Your Favorite Models Got Discovered," *Harper's Bazaar*, August 14, 2019だろう。ケイト・モスをはじめ、偶然発掘された多くのモデルたちのストーリーをカバーしている。ジャニス・ディキンソンが目に留まったときのストーリーは、Janice Dickinson, *No Lifeguard on Duty: The Accidental Life of the World's First Supermodel* (New York: HarperCollins, 2002)、特に63ページ参照。ベハティ・プリンスルーについてはBritt Aboutaleb, "Life with Behati Prinsloo," Fashionista, April 8, 2014、ナオミ・キャンベルについては、"Naomi Campbell: 'At an Early Age, I Understood What It Meant to Be Black. You aspx?num=61474に掲載されている模様)。

12. Julian Kolev, Yuly Fuentes-Medel, and Fiona Murray, "Is Blinded Review Enough? How Gendered Outcomes Arise Even Under Anonymous Evaluation," National Bureau of Economic Research working paper 25759, April 2019参照。

13. Sarah Cattan, "Psychological Traits and the Gender Wage Gap," Institute for Fiscal Studies working paper, 2013; Francine D. Blau and Lawrence M. Kahn, "The Gender Wage Gap: Extent, Trends, and Explanations," National Bureau of Economic Research working paper 21913, January 2016参照。重要な追跡研究については、Leonora Risse, Lisa Farrell, and Tim R. L. Fry, "Personality and Pay: Do Gender Gaps in Confidence Explain Gender Gaps in Wages?," *Oxford Economic Papers* 70, no. 4 (2018): 919–949およびAdina D. Sterling et al., "The Confdence Gap Predicts the Gender Pay Gap Among STEM Graduates," *Proceedings of the National Academy of Sciences* 117, no. 48 (December 1, 2020): 30303–30308参照。自信の格差および既成概念に当てはめることが自信の格差に与える影響に関するエビデンスは Pedro Bordalo, Katherine Coffman, Nicola Gennaioli, and Andrei Shleifer, "Beliefs About Gender," *American Economic Review* 109, no. 3 (March 2019): 739–773, https://scholar.harvard.edu/files/shleifer/fles/beliefsaboutgender2.2019.pdf、参照。

14. Angela Cools, Raquel Fernandez, and Eleonora Patacchini, "Girls, Boys, and High Achievers," National Bureau of Economic Research working paper 25763, April 2019参照。男子のほうが女子よりも積極的に成績の見直しを求める理由を説明するのに自信の格差が役立つ証拠については、Cher Hsuehhsiang Li and Basit Zafar, "Ask and You Shall Receive? Gender Differences in Regrades in College," National Bureau of Economic Research working paper 26703, January 2020参照。

15. 女性のほうがより理性的なトレーダーになると思われる証拠のひとつは、Catherine C. Eckel and Sascha C. Füllbrunn, "Thar SHE Blows? Gender, Competition, and Bubbles in Experimental Asset Markets," *American Economic Review* 105, no. 2 (2015): 906–920参照。経済学における自信の格差については、On the confidence gap in economics, see Heather Sarsons and Guo Xu, "Confidence Men? Evidence on Confidence and Gender Among Top Economists," *AEA Papers and Proceedings* 111 (2021): 65–68参照。

16. トーナメントの研究については、Joyce He, Sonia Kang, and Nicola Lacetera, "Leaning In or Not Leaning Out? Opt-Out Choice Framing Attenuates Gender Differences in the Decision to Compete," National Bureau of Economic Research working paper 26484, November 2019参照。

17. Jennifer Hunt, Jean-Philippe Garant, Hannah Herman, and David J. Munroe, "Why Don't Women Patent?," National Bureau of Economic Research working paper 17888, March 2012.

18. Sabrina T. Howell and Ramana Nanda, "Networking Frictions in Venture Capital, and the Gender Gap in Entrepreneurship," National Bureau of Economic Research working paper 26449, November 2019参照。

19. 一連の事例報告については、Susan Chira, "Why Women Aren't C.E.O.s, According to Women

Notes

December 12, 2019参照。

5. Ellen K. Nyhus and Empar Pons, "The Effects of Personality on Earnings,"*Journal of Economic Psychology* 26 (2005): 363–384参照。情緒的安定性と外向性についてはSunYoun Lee and Fumio Ohtake, "The Effect of Personality Traits and Behavioral Characteristics on Schooling, Earnings and Career Promotion,"*Journal of Behavioral Economics and Finance* 5 (2012): 231–238参照。また、Miriam Gensowski, "Personality, IQ, and Lifetime Earnings,"*Labour Economics* 51 (2018): 170–183も参照。カナダのデータについては、Dawson McLean, Mohsen Bouaissa, Bruno Rainville, and Ludovic Auger, "Non-Cognitive Skills: How Much Do They Matter for Earnings in Canada?,"*American Journal of Management* 19, no. 4 (2019):104–124、とくに116ページ参照。

6. Melissa Osborne Groves, "How Important Is Your Personality? Labor Market Returns to Personality for Women in the US and UK,"*Journal of Economic Psychology* 26 (2005): 827–841参照。また、彼女の学位論文、"The Power of Personality: Labor Market Rewards and the Transmission of Earnings,"*University of Massachusetts*, Amherst, 2000も参照。

7. Groves, "The Power of Personality," 44–45参照。

8. Martin Abel, "Do Workers Discriminate Against Female Bosses?," Institute for the Study of Labor, IZA working paper 12611, September 2019, https://www.iza.org/publications/dp/12611/do-workers-discriminate-against-female-bosses参照。

9. David Robson, "The Reason Why Women's Voices Are Deeper Today," BBC Worklife, June 12, 2018. On vocal pitch, one study is Cecilia Pemberton, Paul McCormack, and Alison Russell, "Have Women's Voices Lowered Across Time? A Cross Sectional Study of Australian Women's Voices,"*Journal of Voice* 12, no. 2 (1998): 208–213参照。男性が声により支配的立場を示すことについては、David Andrew Puts, Carolyn R. Hodges, Rodrigo A. Cárdenas, and Steven J. C. Gaulin, "Men's Voices as Dominance Signals: Vocal Fundamental and Formant Frequencies Influence Dominance Attributions Among Men,"*Evolution and Human Behavior* 28, no. 5 (September 2007): 340–344参照。

10. これらの差については多くの文献があるが、特にRachel Croson and Uri Gneezy, "Gender Differences in Preferences,"*Journal of Economic Literature* 47, no. 2 (June 2009): 448–474; Thomas Buser, Muriel Niederle, and Hessel Oosterbeek, "Gender Competitiveness and Career Choices,"*Quarterly Journal of Economics* 129, no. 3 (August 2014): 1409–1447; and Muriel Niederle and Lise Vesterlund, "Do Women Shy Away from Competition? Do Men Compete Too Much?,"*Quarterly Journal of Economics* 122, no. 3 (August 2007): 1067–1101参照。ちなみに上記の研究は、これらの差が生来の生物学的差なのかジェンダーの社会化によって生じた差なのか検証していない。いずれの場合も、人材スカウトという立場においては、重要な問題ではない。むしろ重要なのは、いかにしてより良い人材を採用し、才能ある女性をより多く見つけ、活用するかだ。

11. Christine L. Exley and Judd B. Kessler, "The Gender Gap in Self-Promotion," working paper, 2019, https://www.hbs.edu/faculty/Pages/item.aspx?num=57092参照（訳注:同URLはリンク切れですが、現在は2022年8月版の論文がhttps://www.hbs.edu/faculty/Pages/item.

伝達についてはDiana I. Simeonova, Kiki D. Chang, Connie Strong, and Terence A. Ketter, "Creativity in Familial Bipolar Disorder,"*Journal of Psychiatric Research* 39 (2005): 623–631参照。創造性を予想する多遺伝子リスクスコアについては、Robert A. Power et al., "Polygenic Risk Scores for Schizophrenia and Bipolar Disorder Predict Creativity,"*Nature Neuroscience* 18, no. 7 (July 2015): 953–956参照。統合失調症の遺伝的特徴と教育については、Perline A. Demange et al., "Investigating the Genetic Architecture of Non-Cognitive Skills Using GWAS-by-Subtraction," bioRxiv, January 15, 2020参照。

23. 歌詞は2018年のアルバム『Ye』に収録されたカニエ・ウェストの楽曲「Yikes」より引用。

24. カニエのエピソードについてはWessel de Cock, "Kanye West's Bipolar Disorder as a 'Superpower' and the Role of Celebrities in the Rethinking of Mental Disorders," http://rethinkingdisability.net/kanye-wests-bipolar-disorder-as-a-superpower-and-the-role-of-celebrities-in-the-rethinking-of-mental-disorders/参照。2020年7月7日にアクセス。

25. 統合失調症および統合失調症傾向のこうした特徴の概観は、Bernard Crespi and Christopher Badcock, "Psychosis and Autism as Diametrical Disorders of the Social Brain," *Behavioral and Brain Sciences* 31, no. 3 (2008): 241–260参照。関連する文献は特に253～254ページで、幅広く引用されている。

26. 統合失調症の人々がどのように心の理論を強調するかについては、 Ahmad Aku-Abel, "Impaired Theory of Mind in Schizophrenia,"*Pragmatics and Cognition* 7, no. 2 (January 1999): 247–282参照。 統合失調症と心の理論に関するより一般的な見解については、Mirjam Spring et al., "Theory of Mind in Schizophrenia: Meta-analysis,"*British Journal of Psychiatry* 191 (2007): 5–13参照。

8 なぜ才能ある女性やマイノリティはいまだに過小評価されているのか

1. "Clementine Jacoby,"*Forbes* profle, https://www.forbes.com/profle/clementine-jacoby/?sh=3b852e72a654（訳注:同URLはリンク切れですが、現在はhttps://www.forbes.com/profile/clementine-jacoby/?sh=c3b62bd2a654に掲載されている模様）および the Recidiviz home page, https://www.recidiviz.org/team/cjacobyより。

2. "Clementine Jacoby,"*Forbes* profle.

3. Gerrit Mueller and Erik Plug, "Estimating the Effect of Personality on Male and Female Earnings,"*Industrial and Labor Relations Review* 60, no. 1 (October 2006): 3–22参照。

4. Tim Kaiser and Marco Del Giudice, "Global Sex Differences in Personality: Replication with an Open Online Dataset,"*Journal of Personality* 88, no. 3 (June 2020): 415–429参照。Marco Del Giudice, "Measuring Sex Differences and Similarities," in *Gender and Sexuality Development: Contemporary Theory and Research*, edited by D. P. VanderLaan and W. I. Wong (New York: Springer, forth-coming)も参照。協調性と外向性の分散については、Richard A. Lippa, "Sex Differences in Personality Traits and Gender-Related Occupational Preferences Across 53 Nations: Testing Evolutionary and Social-Environmental Theories,"*Archives of Sexual Behavior* 39, no. 3 (2010): 619–636参照これらの文献に関する有益な調査についてはScott Barry Kaufman, "Taking Sex Differences in Personality Seriously,"*Scientific American*,

Notes

Disorder,"*Trends in Cognitive Sciences* 25, no. 8 (August 1, 2021): P685–P696参照。レーブンIQテストの結果については、Michelle Dawson, Isabelle Soulieres, Morton Ann Gernsbacher, and Laurent Mottron, "The Level and Nature of Autistic Intelligence,"*Psychological Science* 18, no. 8 (2007): 657–662参照。自閉症の遺伝的リスクと知能については、Scott Alexander, "Autism and Intelligence: Much More than You Wanted to Know," SlateStarCodex, November 13, 2019, https://slatestarcodex.com/2019/11/13/autism-and-intelligence-much-more-than-you-wanted-to-know/を参照した。この話題について、より詳しくは、S. P. Hagenaars et al., "Shared Genetic Aetiology Between Cognitive Functions and Physical and Mental Health in UK Biobank (N =112 151) and 24 GWAS Consortia,"*Molecular Psychiatry* 21 (2016): 1624–1632参照。

17. 自閉症と新規突然変異については、Scott Myers et al., "Insufficient Evidence for 'Autism-Specific' Genes,"*American Journal of Human Genetics* 106, no. 5 (May 7, 2020): 587–595参照。

18. 自閉症に関するヴァーノン自身の見解は、たとえば自伝であるVernon L. Smith, *A Life of Experimental Economics*, vol. 1,*Forty Years of Discovery* (New York: Palgrave Macmillan, 2018)参照。

19. Temple Grandin, "Why Visual Thinking Is a Different Approach to Problem Solving," *Forbes*, October 9, 2019.

20. Jeff Bell, "Ten-Year-Old Has Pi Memorized to 200 Digits, Speaks 4 Languages," *Times Colonist*, December 1, 2019参照。

21. これらの欠点の一部については、Mark A. Bellgrove, Alasdair Vance, and John L. Bradshaw, "Local-Global Processing in Early-Onset Schizophrenia: Evidence for an Impairment in Shifting the Spatial Scale of Attention,"*Brain and Cognition* 51, no. 1 (2003): 48–65; Peter Brugger, "Testing vs. Believing Hypotheses: Magical Ideation in the Judgment of Contingencies,"*Cognitive Neuropsychiatry* 2, no. 4 (1997): 251–272; Birgit Mathes et al., "Early Processing Deficits in Object Working Memory in First-Episode Schizophreniform Psychosis and Established Schizophrenia,"*Psychological Medicine* 35 (2005): 1053–1062; and Diego Pizzagalli et al., "Brain Electric Correlates of Strong Belief in Paranormal Phenomena: Intracerebral EEG Source and Regional Omega Complexity Analyses,"*Psychiatry Research: Neuroimaging Section* 100, no. 3 (2000) : 139–154参照。双極性障がいの人の違いに関する問題はM. F. Green, "Cognitive Impairment and Functional Outcome in Schizophrenia and Bipolar Disorder," *Journal of Clinical Psychiatry* 67, suppl. 9 (December 31, 2005): 3–8参照。

22. 包括的文献の概観は、Sara Weinstein and Roger E. Graves, "Are Creativity and Schizotypy Products of a Right Hemisphere Bias?,"*Brain and Cognition* 49 (2002): 138–151, 138ページの引用参照。また、Selcuk Acar and Sedat Sen, "A Multilevel Meta-Analysis of the Relationship Between Creativity and Schizotypy,"*Psychology of Aesthetics, Creativity, and the Arts* 7, no. 3 (2013): 214–228; Andreas Fink et al., "Creativity and Schizotypy from the Neuroscience Perspective,"*Cognitive, Affective, and Behavioral Neuroscience* 14, no. 1 (March 2014): 378–387; Mark Batey and Adrian Furnham, "The Relationship Between Measures of Creativity and Schizotypy,"*Personality and Individual Differences* 45 (2008): 816–821; and Daniel Nettle, "Schizotypy and Mental Health Amongst Poets, Visual Artists, and Mathematicians," *Journal of Research in Personality* 40, no. 6 (December 2006): 876–890も参照。創造性の世代間

et al., “Phantasia—The Psychological Significance of Lifelong Visual Imagery Vividness Extremes,”*Cortex* 130 (2020): 426–440参照。さらに広範な研究については、Anna Clemens, “When the Mind’s Eye Is Blind,” *Scientific American*, August 1, 2018参照。

8. 繰り返しになるが、同書の最新版である『DSM—5　精神障害の診断・統計マニュアル』も含め、「アスペルガー症候群」という名称は徐々に「自閉症」に置き換えられている。この件について、私たちは特定の見解を支持しているわけではなく、当該用語の使われ方の変化と一貫性が持てるよう、十分広義の用語を採用している。

9. Tony Atwood,*The Complete Guide to Asperger’s Syndrome* (London: Jessica Kingsley, 2015), 27–28参照。

10. 自閉症者が持っていると思われる社会的知能については、Anton Gollwitzer, Cameron Martel, James C. McPartland, and John A. Bargh, “Autism Spectrum Traits Predict Higher Social Psychological Skill,”*Proceedings of the National Academy of Sciences* 116, no. 39 (September 24, 2019): 19245–19247参照。

11. タイラーと情報（および自閉症）については著書*The Age of the Infovore* (New York: Plume, 2010)参照。

12. この話題に関するさまざまな見解については、the Behavioral and Brain Sciences symposium on social motivation in autism, led by Vikram K. Jaswal and Nameera Akhtar, “Being Versus Appearing Socially Uninterested: Challenging Assumptions About Social Motivation in Autism,”*Behavioral and Brain Sciences* 42 (2019): e82参照。

13. Ellen Rosen, “Using Technology to Close the Autism Job Gap,”*The New York Times*, October 24, 2019参照。Microsoftに関しては、Maitane Sardon, “How Microsoft Tapped the Autism Community for Talent,”*The Wall Street Journal*, October 26, 2019参照。

14. David Friedman, “Cold Houses in Warm Climates and Vice Versa: A Paradox of Rational Heating,”*Journal of Political Economy* 95, no. 5 (1987): 1089–1097参照。オンライン版はフリードマンのホームページで閲覧できる: http://www.daviddfriedman.com/Academic/Cold_Houses/Cold_Houses.html。経済学以外で参考にした情報源は、Willem E. Frankenhuis, Ethan S. Young, and Bruce J. Ellis, “The Hidden Talents Approach: Theoretical and Methodological Challenges,”*Trends in Cognitive Sciences* 24, no. 7 (March 2020): 569–581である。

15. Michael Cavna, “Dav Pilkey Credits His ADHD for His Massive Success. Now He Wants Kids to Find Their Own ‘Superpower,’”*The Washington Post*, October 11, 2019参照。

16. これらの文献に関する概説は、Cowen,*The Age of the Infovore*参照。より最近のものとしては、Rachel Nuwer, “Finding Strengths in Autism,”*Spectrum*, May 12, 2021がある。また、Simon Baron-Cohen, “Autism: the empathizing-systemizing (E-S) Theory,”*Annals of the New York Academy of Sciences* 1156 (2009): 68–80; Francesca Happe and Pedro Vital, “What Aspects of Autism Predispose to Talent?,”*Philosophical Transactions of the Royal Society of London B: Biological Sciences* 364, no. 1522 (2009): 1369–1375; Laurent Mottron, Michelle Dawson, Isabelle Soulières, Benedicte Hubert, and Jake Burack, “Enhanced Perceptual Functioning in Autism: An Update, and Eight Principles of Autistic Perception,”*Journal of Autism and Developmental Disorders* 36, no. 1 (January 2006): 27–43; and Liron Rozenkrantz, Anila M. D’Mello, and John D. E. Gabrieli, “Enhanced Rationality in Autism Spectrum

23–46参照。

7. Scott Simon, "Let's Play Two! Remembering Chicago Cub Ernie Banks," National Public Radio, January 24, 2015, https://www.npr.org/2015/01/24/379546360/lets-play-two-remembering-chicago-cub-ernie-banks参照。

8. 科学者と論文の発表日のデータに関しては、Gregory J. Feist, "The Development of Scientific Talent in Westinghouse Finalists and Members of the National Academy of Sciences," *Journal of Adult Development* 13, no. 1 (March 2006): 23–35参照。

9. この研究については、Ben Weidmann and David J. Deming, "Team Players: How Social Skills Improve Group Performance," National Bureau of Economic Research working paper 27071, May 2020参照。

10. 達成のためのモティベーションに関連したコンセプトに関する性格心理学の文献は、Leonora Risse, Lisa Farrell, and Tim R. L. Fry, "Personality and Pay: Do Gender Gaps in Confidence Explain Gender Gaps in Wages?,"*Oxford Economic Papers* 70, no. 4 (2018): 919–949参照。また、Allan Wigfeld, Jacquelynne S. Eccles, Ulrich Schiefele, Robert W. Roeser, and Pamela Davis-Kean, "Development of Achievement Motivation," in *Handbook of Childhood Psychology*, vol. III, *Social, Emotional, and Personality Development*, 6th ed., edited by William Damon and Richard M. Lerner, 406–434 (New York: John Wiley, 2008)も参照。

11. 「スーザン・バーンズによると、スティーブは、どの交渉でも、なにを勝ちとらなければならないのか、また、相手と自分はどういう関係にあるのかを明確に意識していたそうだ」。Brent Schlender, *Becoming Steve Jobs* (New York: Crown Publishing Group, 2015), 289.『スティーブ・ジョブズ 下: 無謀な男が真のリーダーになるまで』井口耕二訳、日本経済新聞出版社、2016年、117ページ。

7 障がいと才能

1. グレタの自閉症が成功の要因の一つであるという見解については、Steve Silberman, "Greta Thunberg Became a Climate Activist Not in Spite of Her Autism, but Because of It," Vox, last updated September 24, 2019参照。

2. Masha Gessen, "The Fifteen-Year-Old Climate Activist Who is Demanding a Different Kind of Politics,"*The New Yorker*, October 2, 2018.

3. この点に関するミシェル・ドーソンの議論に感謝している。ただし、障がいに関する著者たちの考えおよび議論について、彼女に一切責任はない。

4. Chloe Taylor, "Billionaire Richard Branson: Dyslexia Helped Me to Become Successful," CNBC, October 7, 2019, https://www.cnbc.com/2019/10/07/billionaire-richard-branson-dyslexia-helped-me-to-become-successful.html参照。

5. このレポートは、"The Value of Dyslexia: Dyslexic Strengths and the Changing World of Work," Ernst & Young Global Limited, 2018である。

6. Darcey Steinke, "My Stutter Made Me a Better Writer,"*The New York Times*, June 6, 2019参照。

7. James Gallagher, "Aphantasia: Ex-Pixar Chief Ed Catmull Says 'My Mind's Eye Is Blind,'" BBC News, April 9, 2019参照。アファンタジアに関する最近行われたより広範な研究はAdam Zeman

ゆる成功を決める「究極の能力」を身につける』アンジェラ・ダックワース著、神崎朗子訳、ダイヤモンド社、2016年参照。「熱心さ」の重要性を強調した研究の一例にBrian Butterworth, "Mathematical Expertise," in *The Cambridge Handbook of Expertise and Expert Performance*, edited by K. Anders Ericsson, Robert R. Hoffman, Aaron Kozbelt, and A. Mark Williams, 616–633 (Cambridge: Cambridge University Press, 2018) がある。

28. John Leen, "My Dinners with Le Carré: What I Learned About Writing, Fame and Grace When I Spent Two Weeks Showing the Master Spy Novelist Around Miami," *Washington Post*, December 30, 2020.

29. GRITおよび不屈の努力に関しては、Marcus Crede, Michael C. Tynan, and Peter D. Harms, "Much Ado About Grit: A Meta-Analytic Synthesis of the Grit Literature," *Journal of Personality and Social Psychology* 113, no. 3 (2017): 492–511参照。GRITに関するより一般的な情報については、Angela L. Duckworth, Abigail Quirk, Robert Gallop, Rick H. Hoyle, Dennis R. Kelly, and Michael D. Matthews, "Cognitive and Noncognitive Predictors of Success," *Proceedings of the National Academy of Sciences* 116, no. 47 (2019): 23499–23504参照。

6 「人材《TALENT》」におけるパーソナリティとは？ 第II部：より風変わりなコンセプトについて

1. 中国に関連する件についてはFanny M. Cheung, Kwok Leung, Jian-Xin Zhang, Hai-Fa Sun, Yi-Qun Gan, Wei-Zhen Song, and Dong Zie, "Indigenous Chinese Personality Constructs: Is the Five-Factor Model Complete?," *Journal of Cross-Cultural Psychology* 32, no. 4 (July 2001): 407–433参照。

2. 性格に関する便利な概念を語彙で表すことに関する考えについては、たとえばMichael C. Ashton and Kibeom Lee, "A Defence of the Lexical Approach to the Study of Personality Structure, " *European Journal of Personality* 19 (2005): 5–24で擁護されている、より初期の「語彙的仮説」を参照。

3. Sam Altman, "How to Invest in Start-Ups," blog post, January 13, 2020, https://blog.samaltman.com/how-to-invest-in-startups参照。

4. *Outliers: The Story of Success* (New York: Little, Brown, 2008),『天才！　成功する人々の法則』マルコム・グラッドウェル著、勝間和代訳、講談社、2009年の中で、マルコム・グラッドウェルは、アンダース・エリクソンらの研究を引き合いに出し、練習により得られる見返りを強調している。

5. 心理学的がまん強さに関連するコンセプトについては、Salvatore R. Maddi, "The Story of Hardiness: Twenty Years of Theorizing, Research, and Practice," *Consulting Psychology Journal: Practice and Research* 54, no. 3 (2002): 175–185;およびKevin J. Eschleman, Nathan A. Bowling, and Gene M. Alarcon, "A Meta-Analytic Examination of Hardiness," *International Journal of Stress Management* 17, no. 4 (2010): 277–307参照。軍隊におけるがまん強さについては、Paul T. Bartone, Robert R. Roland, James J. Picano, and Thomas J. Williams, "Psychological Hardiness Predicts Success in US Army Special Forces Candidates," *International Journal of Selection and Assessment* 16, no. 1 (2008): 78–81参照。

6. Arne Güllich et al., "Developmental Biographies of Olympic Super-Elite and Elite Athletes: A Multidisciplinary Pattern Recognition Analysis," *Journal of Expertise* 2, no. 1 (March 2019):

Notes

paper 16–057, 2015参照。

19. Eugenio Proto, Aldo Rustichini, and Andis Sofianos, "Intelligence, Personality, and Gains from Cooperation in Repeated Interactions,"*Journal of Political Economy* 127, no. 3 (2019): 1351–1390. 五つの因子の中で誠実性が最も重要であることに関しては、Deniz S. Ones, Stephen Dilchert, Chockalilngam Viswesvaran, and Timothy A. Judge, "In Support of Personality Assessment in Organizational Settings,"*Personnel Psychology* 60 (2007): 995–1027参照。

20. Erik Lindqvist and Roine Vestman, "The Labor Market Returns to Cognitive and Noncognitive Ability: Evidence from the Swedish Enlistment,"*American Economic Journal: Applied Economics* 3 (January 2011): 101–128参照。

21. "'Obsession Kept Me Going': Writer Vikram Seth on 25 Years of *A Suitable Boy*,"*Hindustan Times*, October 22, 2018参照。

22. 中心的な結論は以下のとおり。「男性は外在化行動が一標準偏差増加すると時給が統計的に有意な6.4%増加することが予想され（中略）女性は外在化行動が一標準偏差増加すると時給が有意傾向にあるが有意ではない4.7%増加することが予想される」。 Nicholas W. Papageorge, Victor Ronda, and Yu Zheng, "The Economic Value of Breaking Bad: Misbehavior, Schooling and the Labor Market," National Bureau of Economic Research working paper 25602, February 2019、22ページからの引用参照。これらの結果については、ビッグファイブの性格特性を調整した後でも維持されるが、そのような調整を行うと、男性の外在化行動が収入に与える影響が約20%減少する点に注意しよう。

23. ベンチャーキャピタル企業間の違いのひとつは、最先端で働く人材をどの程度熱心に求めているかだ。アンドリーセン・ホロウィッツは投機的な企業や個人に資金を提供するが、SequoiaやMoritzは明らかに収益につながるプロジェクトにより注目しているようだ。ピーター・ティールは変わり者——つまり、新しく、変わったことをしている人々——を見事に引き付けているが、大きな見返りをもたらすプロジェクトを力強く推し進められる人々を好む。

24. James J. Heckman, Tomas Jagelka, and Timothy D. Kautz, "Some Contributions of Economics to the Study of Personality," National Bureau of Economic Research working paper 26459, August 2019参照。

25. Juan Barceló and Greg Sheen, "Voluntary Adoption of Social Welfare-Enhancing Behavior: Mask-Wearing in Spain During the Covid-19 Outbreak," SocArXiv preprint at https://osf.io/preprints/socarxiv/6m85q/, accessed July 5, 2020参照。

26. リーダーと誠実性については、Leah Frazier and Adriane M. F. Saunders, "Can a Leader Be Too Conscientious? A Linear vs. Curvilinear Comparison," paper presented at the 15th Annual River Cities Industrial and Organizational Psychology Conference, 2019, https://scholar.utc.edu/rcio/2019/sessions/18/参照。Michael P. Wilmot and Deniz S. Ones, "A Century of Research on Conscientiousness at Work,"*Proceedings of the National Academy of Sciences* 116, no. 46 (2019): 23004– 23010参照。

27. Robin Hanson, "Stamina Succeeds,"*Overcoming Bias* (blog), September 10, 2019, http://www.overcomingbias.com/2019/09/stamina-succeeds.html. より一般的な情報はAngela Duckworth, *Grit: The Power of Passion and Perseverance* (New York: Scribner, 2016).『やり抜く力：人生のあら

Judgments of Job Applicant Personality Traits,"*Personnel Psychology* 53 (2000): 925–951; およびTimothy G. Wingate, "Liar at First Sight? Early Impressions and Interviewer Judgments, Attributions, and False Perceptions of Faking," 修士論文、Department of Psychology, University of Calgary, August 2017.

7. Cornelius A. Rietveld, Eric A. W. Slob, and A. Roy Thurik, "A Decade of Research on the Genetics of Entrepreneurship: A Review and View Ahead,"*Small Business Economics* 57 (2021): 1303–1317参照。

8. Sam Altman, "How to Invest in Start-Ups," blog post, January 13, 2020, https://blog.samaltman.com/how-to-invest-in-startups参照。

9. Tom Wolfe,*The Right Stuff* (New York: Picador, 2008), 23.『ザ・ライト・スタッフ―七人の宇宙飛行士』トム・ウルフ著、中野圭二、加藤弘和訳、中央公論新社、1983年、46ページ

10. Miriam Gensowski, "Personality, IQ, and Lifetime Earnings,"*Labour Economics* 51 (2018): 170–183参照。

11. Allen Hu and Song Ma, "Persuading Investors: A Video-Based Study," National Bureau of Economic Research working paper 29048, July 2021参照。

12. Terhi Maczulskij and Jutta Viinkainen, "Is Personality Related to Permanent Earnings? Evidence Using a Twin Design,"*Journal of Economic Psychology* 64 (2018): 116–129参照。

13. 子ども時代の性格特性から将来の収入を予測する能力については、Judge et al., "The Big Five Personality Traits"参照。概して同様の結果を示す、関連性のある論文にGerrit Mueller and Erik Plug, "Estimating the Effect of Personality on Male and Female Earnings,"*Industrial and Labor Relations Review* 60, no. 1 (October 2006): 3–22がある。

14. Everett S. Spain, Eric Lin, and Lissa V. Young, "Early Predictors of Successful Military Careers Among West Point Cadets,"*Military Psychology* 32, no. 6 (2020): 389–407参照。

15. Deniz S. Ones, Stephen Dilchert, Chockalilngam Viswesvaran, and Timothy A. Judge, "In Support of Personality Assessment in Organizational Settings,"*Personnel Psychology* 60 (2007): 995–1027, quotation from 1006.

16. Steven N. Kaplan and Morten Sorensen, "Are CEOs Different? Characteristics of Top Managers," 2020 working paper, https://papers.ssrn.com/sol3/papers.cfm?abstract_id=2747691参照。GitHubとテニス選手の比較については、Margaret L. Kern, Paul X. McCarthy, Deepanjan Chakrabarty, and Marian-Andrei Rizoui, "Social Media–Predicted Personality Traits and Values Can Help Match People to Their Ideal Jobs,"*Proceedings of the National Academy of Sciences* 116, no. 52 (December 16, 2019): 26459–26464参照。信頼性の高い職業については、Rhona Flin, "Selecting the Right Stuff: Personality and High-Reliability Occupations," in *Personality Psychology in the Workplace*, edited by Brent W. Roberts and Robert Hogan, 253–275 (Washington, DC: American Psychological Association, 2001)参照。

17. Gregory J. Feist and Michael E. Gorman, "The Psychology of Science: Review and Integration of a Nascent Discipline,"*Review of General Psychology* 2, no. 1 (1998): 3–47参照。

18. Michael Housman and Dylan Minor, "Toxic Workers," Harvard Business School working

2018): 392–408参照。

15. Ken Richardson and Sarah H. Norgate, “Does IQ Really Predict Job Performance?”*Applied Developmental Science* 19, no. 3 (2015): 153–169参照。知能と業務の複雑さに関する有名な論文は、Linda S. Gottfredson, “Where and Why Matters: Not a Mystery,”*Human Performance* 15, no. 2 (2002): 25–46である。ただし、この論文およびほかの論文を検証していくと、この文献で繰り返されている主張の多くは立証されていないという結論に達する。いくつかの主要な論文に関する有益な調査および解釈には、Eliza Byington and Will Felps, “Why Do IQ Scores Predict Job Performance? An Alternative, Sociological Examination,”*Research in Organizational Behavior* 30 (2010): 175–202がある。

16. “The Top Attributes Employers Want to See on Resumes,” National Association of Colleges and Employers, https://www.naceweb.org/about-us/press/2020/the-top-attributes-employers-want-to-see-on-resumes/、2020年6月2日にアクセス（訳注:同URLはリンク切れですが、現在はhttps://www.naceweb.org/about-us/press/the-attributes-employers-want-to-see-on-college-students-resumes/に2022年版が掲載されている模様）。https://www.naceweb.org/talent-acquisition/candidate-selection/key-attributes-employers-want-to-see-on-students-resumes/参照。

5 「人材《TALENT》」におけるパーソナリティとは？ 第Ⅰ部：基本的特性について

1. Timothy A. Judge, Chad A. Higgins, Carl J. Thoresen, and Murray R. Barrick, “The Big Five Personality Traits, General Mental Ability, and Career Success Across the Life Span, ”*Personnel Psychology* 52 (1999): 621–652、キャリアの成功に関しては641ページ参照。この件に関する文献全般の一般的調査については、Lex Borghans, Angela Lee Duckworth, James J. Heckman, and Bas ter Weel, “The Economics and Psychology of Personality Traits,”*Journal of Human Resources* 43, no. 4 (2008): 972–1059参照。

2. Ellen K. Nyhus and Empar Pons, “The Effects of Personality on Earnings,”*Journal of Economic Psychology* 26 (2005): 363–384参照。

3. Gregory J. Feist and Frank X. Barron, “Predicting Creativity from Early to Late Adulthood: Intellect, Potential, and Personality,”*Journal of Research in Personality* 37 (2003): 62–88参照。

4. Dawson McLean, Mohsen Bouaissa, Bruno Rainville, and Ludovic Auger, “Non-Cognitive Skills: How Much Do They Matter for Earnings in Canada?,”*American Journal of Management* 19, no. 4 (2019): 104–124、特に116ページ参照。この論文は、性格特性と結果としてもたらされた賃金を仲介する要素として、職業選択を調整している点に注意すること。

5. Christopher J. Soto, “How Replicable Are Links Between Personality Traits and Consequential Life Outcomes? The Life Outcomes of Personality Replication Project,”*Psychological Science* 30 (2019) : 711–727参照実験による再現についてはMaria Cubel, Ana Nuevo-Chiquero, Santiago Sanchez-Pages, and Marian Vidal-Fernandez, “Do Personality Traits Affect Productivity? Evidence from the Lab,” Institute for the Study of Labor, IZA discussion paper 8308, July 2014参照。

6. Murray R. Barrick, Gregory K. Patton, and Shanna N. Haugland, “Accuracy of Interviewer

CA: Stanford University Press, 2016). 才能あるチームが協力する価値に関するメタ分析は Dennis J. Devine and Jennifer L. Phillips, "Do Smarter Teams Do Better: A Meta-Analysis of Cognitive Ability and Team Performance,"*Small Group Research* 32, no. 5 (2001): 507–532参照。また、たとえば経済学における「Oリング理論」の概念について、Michael Kremer, "The O-Ring Theory of Development," Quarterly Journal of Economics 108, no. 3 (August 1993): 551–575も参照。

9. これらのゲームで、なぜIQの高い人々ほどよく協力する傾向があるのかを検証するのは面白い。ひとつの理由は、彼らは協力がどれだけ有益かよく理解しているため、(一部の)ゲームの始めから単独で協力的行動——忠実な行動あるいは場合によっては大胆な行動と呼んでもいいだろう——をしがちだからだ。第二の理由は、IQの高い人々のほうが、戦略を一貫して実行するからである。そのおかげで、より協力的な自律的ループをより早く、簡単につくりだし、継続することができる。恐らくみなさんも組織にこのような人材、つまり戦略的思考力が高いため、よく協力できる人々を望んでいることだろう。とはいえ、IQが高い人々は無条件で良い協力者であるとは限らない。たとえば、協力することが自分の利益につながらない場合、ほかの人々よりも早く協力をやめたり、態度を変えたりするかもしれない。したがって、たとえ彼らが平均するとより協力的だったとしても、日和見主義というリスクは常に存在するだろう。この研究のもうひとつの面白い点は、性格心理学的に協調性が高いと定義されると思われる人々のほうが、みなさんが想像するほど、ほかの人々よりよく協力するわけではないことだ。協調的な特性から想像されるとおり、ゲームの初期の段階では協力する傾向があり、実際に、最初から無条件により多くの協力をするが、ゲームが進んでいくと、IQの高い人々ほど協力しなくなるのだ。

10. Marc Andreessen, "How to Hire the Best People You've Ever Worked With," June 6, 2007, https://pmarchive.com/how_to_hire_the_best_people.html.

11. Jeffrey S. Zax and Daniel I. Rees, "IQ, Academic Performance, and Earnings,"*Review of Economics and Statistics* 84, no. 4 (November 2002): 600–616参照。Jay L. Zagorsky, "Do You Have to Be Smart to Be Rich? The Impact of IQ on Wealth, Income and Financial Distress," *Intelligence* 35 (2007): 489–501でも、概して同様の結果が見られる。収入ではなく貯蓄に関しては、この研究では、貯蓄とIQについて一般的な正の相関関係は見られなかった。

12. John Cawley, James Heckman, and Edward Vytlacil, "Three Observations on Wages and Measured Cognitive Ability,"*Labour Economics* 8 (2001): 419–442参照。この問題の概説としては、同分野を研究する経済学者と心理学者の共著である、Garett Jones and W. Joel Schneider, "IQ in the Production Function: Evidence from Immigrant Earnings,"*Economic Inquiry* 48, no. 3 (July 2010): 743–755を参照。より人気のある方法で同問題を扱った文献として、James Pethokoukis, "Is America Smart Enough? A Long-Read Q&A with Garett Jones on IQ and the 'Hive Mind,'" American Enterprise Institute, January 12, 2016, http://www.aei.org/publication/is-america-smart-enough-a-qa-with-garett-jones-on-iq-and-the-hive-mind/も参照。

13. Dawson McLean, Mohsen Bouaissa, Bruno Rainville, and Ludovic Auger, "Non-Cognitive Skills: How Much Do They Matter for Earnings in Canada?,"*American Journal of Management* 19, no. 4 (2019): 104–124, esp. 115参照。

14. Renée Adams, Matti Keloharju, and Samuli Knüpfer, "Are CEOs Born Leaders? Lessons from Traits of a Million Individuals,"*Journal of Financial Economics* 30, no. 2 (November

Companionship Is In,"*The Economist*, May 9, 2020を参照。

11. Lori Leibovich, "Turning the Tables on Terry Gross," Salon, June 22, 1998.

12. Giovanni Russonello and Sarah Lyall, "In Phone Surveys, People Are Happy to Talk (and Keep Talking),"*The New York Times*, April 18, 2020参照。

13. この「ドレスアップする」行動については、Schultz, "How to Go on a Digital First Date"参照。

14. この一般的な点については、Jim Hollan and Scott Stornettaによる独創性に富んだ記事、"Beyond Being There,"*CHI '92: Proceedings of the SIGCHI Conference on Human Factors in Computing Systems* (New York: ACM, 1992), 119–125を参照。

4 「人材《TALENT》」に知能《IQ》は必要か？

1. Philippe Aghion, Ufuk Akcigit, Ari Hyytinen, and Otto Toivanen, "The Social Origins of Inventors," Centre for Economic Performance discussion paper 1522, December 2017.

2. フィンランドのデータに基づく研究結果は、そのほかの地域にはフィンランドほど当てはまらないかもしれない。たとえば比較的平等主義のフィンランド社会では、環境が結果にさほど影響しない可能性があり、その分、IQが結果にもたらす影響が大きくなるかもしれないが、これがアメリカにも同じように当てはまるとは限らない。アメリカでは子ども時代の環境の差がはるかに大きく、それゆえ環境の差の説明能力も高くなるだろう。

3. Miriam Gensowski, "Personality, IQ, and Lifetime Earnings,"*Labour Economics* 51 (2018): 170–183.

4. Erik Lindqvist and Roine Vestman, "The Labor Market Returns to Cognitive and Noncognitive Ability: Evidence from the Swedish Enlistment,"*American Economic Journal: Applied Economics* 3 (January 2011): 101–128参照。

5. Sagar Shah, "The Life Story of Vladimir Akopian (2/2)," Chessbase.com, November 28, 2019, https://en.chessbase.com/post/so-near-yet-so-far-the-life-story-of-vladimir-akopian-2-2 . チェスと知能については、Alexander P. Burgoyne, Giovanni Sala, Fernand Gobet , Brooke N. Macnamara, Guillermo Campitelli, and David Z. Hambrick, "The Relationship Between Cognitive Ability and Chess Skill: A Comprehensive Meta-analysis,"*Intelligence* 59 (2016): 72–83参照。異なる視点および短期の視覚的記憶の重要性を示す証拠については、YuHsuan A. Chang and David M. Lane, "It Takes More than Practice and Experience to Become a Chess Master: Evidence from a Child Prodigy and Adult Chess Players,"*Journal of Expertise* 1, no. 1 (2018): 6–34参照。

6. ちなみに、データに基づく研究では、こうした非常に高い実績を持つ人々の潜在能力を機械的に測定することはできないことに注意しよう。この点については、Harrison J. Kell and Jonathan Wai , "Right-Tail Range Restriction: A Lurking Threat to Detecting Associations Between Traits and Skill Among Experts,"*Journal of Expertise* 2, no. 4 (2019): 224–242参照。

7. Dunstan Prial,*The Producer: John Hammond and the Soul of American Music*(New York: Farrar, Straus and Giroux, 2006), Benson quotation from 255参照。

8. Garett Jones,*Hive Mind: How Your Nation's IQ Matters So Much More than Your Own* (Stanford,

March 21, 2006, https://marginalrevolution.com/marginalrevolution/2006/03/what_is_the_mos.html; Tyler Cowen, "The Absurd Propositions You All Believe,"*Marginal Revolution*, March 22, 2006, https://marginalrevolution.com/marginalrevolution/2006/03/the_absurd_prop.htmlも参照。

12. Nicholas Carson, "15 Google Interview Questions That Made Geniuses Feel Dumb," Business Insider, November 13, 2012参照。

13. Adam Bryant, "In Head-Hunting, Big Data May Not Be Such a Big Deal,"*The New York Times*, June 20, 2013. Amazon社創業当初、ジェフ・ベゾスも同様の課題に取り組んでいた。ただし、同社は後年その取り組みを放棄している。Colin Bryar and Bill Carr,*Working Backwards: Insights, Stories, and Secrets from Inside Amazon* (New York: St. Martin's Press, 2021), 32.『アマゾンの最強の働き方』コリン・ブライアー、ビル・カー著、須川綾子訳、紣川謙監訳、ダイヤモンド社、2022年、81ページ参照。

14. Jessica Stillman, "The 3 Questions Self-Made Billionaire Stripe Founder Patrick Collison Asks About Every Leadership Hire,"*Inc.*, November 19, 2019, https://www.inc.com/jessica-stillman/questions-to-ask-leadership-hires-from-stripes-patrick-collison.html参照。

3 オンラインで相手とエンゲージメントする方法

1. これらのポイントに関しては、Viv Groskop, "Zoom In on Your Meeting Techniques,"*Financial Times*, April 7, 2020の興味深い見解を参照。

2. Spencer Kornhaber, "Celebrities Have Never Been Less Entertaining: Top Singers and Actors Are Live-Streaming from Quarantine, Appearing Equally Bored and Technologically Inept,"*Atlantic*, March 21, 2020参照。

3. オンラインでの授業に関する興味深い議論は、Jeanne Suk Gersen, "Finding Real Life in Teaching Law Online,"*The New Yorker*, April 23, 2020を参照。

4. 有名人に関してはGal Beckerman, "What Do Famous People's Bookshelves Reveal?,"*The New York Times*, April 30, 2020、イギリスの国会議員に関してはSebastian Payne, "Zoom with a View: The Pitfalls of Dressing for 'Virtual Parliament,'"*Financial Times*, April 29, 2020を参照。

5. Zoom疲れに関してはJulia Sklar, "'Zoom Fatigue' Is Taxing the Brain. Here's Why That Happens,"*National Geographic*, April 24, 2020およびKate Murphy, "Why Zoom Is Terrible," *The New York Times*, April 29, 2020参照。

6. ダニエルのショートエッセイ、"Communication in World 2.0," April 2020, https://dcgross.com/communication-in-world-20を参照。

7. 懺悔の歴史についてはJohn Cornwell,*The Dark Box: A Secret History of Confession* (New York: Basic Books, 2015)、特にxiii–xivと44～45ページを参照。

8. 懐疑的な意見も含む、診察用ソファに関する見解を調べた調査については、Ahron Friedberg and Louis Linn, "The Couch as Icon,"*Psychoanalytic Review* 99, no. 1 (February 2012): 35–62参照。

9. Alex Schultz, "How to Go on a Digital First Date,"*GQ*, March 20, 2020.

10. この点については"Fever When You Hold Me Tight: Under Covid-19 Casual Sex Is Out.

Notes

paper. July 29, 2019, https://arxiv.org/abs/1907.11498参照。

2. Brooke N. Macnamara and Megha Maitra, "The Role of Deliberate Practice in Expert Performance: Revisiting Ericsson, Krampe & Tesch-Römer," *Royal Society Open Science* 6, no. 8 (August 21, 2019): 190327, http://dx.doi.org/10.1098/rsos.190327参照。

3. Tyler Cowen, "Sam Altman on Loving Community, Hating Coworking, and the Hunt for Talent," *Conversations with Tyler* (podcast), February 27, 2019, https://medium.com/conversations-with-tyler/tyler-cowen-sam-altman-ai-tech-business-58f530417522参照。

4. Colin Bryar and Bill Carr, *Working Backwards: Insights, Stories, and Secrets from Inside Amazon* (New York: St. Martin's Press, 2021).『アマゾンの最強の働き方』コリン・ブライアー、ビル・カー著、須川綾子訳、紣川謙監訳、ダイヤモンド社、2022年。近年出版された名著で、マクロと組織の問題を取り上げている。

5. Sarah Laskow, "Want the Best Person for the Job? Don't Interview," *The Boston Globe*, November 24, 2013は面接を否定する代表的な文献のひとつ。Jason Dana, "The Utter Uselessness of Job Interviews," *The New York Times*, April 8, 2017はタイトルもお粗末だが、扱っているのはおもにひとつの特定の研究だけである。構造化面接の価値に関するメタ分析は、Allen I. Huffcutt and Winfred Arthur Jr., "Hunter and Hunter (1984) Revisited: Interview Validity for Entry-Level Jobs," *Journal of Applied Psychology* 79, no. 2 (1994): 184–190参照。また、同じ問題を検証した、より最近の研究としては、Therese Macan, "The Employment Interview: A Review of Current Studies and Directions for Future Research," *Human Resource Management Review* 19 (2009): 201–218を参照。

6. Tyler Cowen and Michelle Dawson, "What Does the Turing Test Really Mean? And How Many Human Beings (Including Turing) Could Pass?," published online 2009, https://philpapers.org/rec/COWWDT.

7. 情報源は個人的会話である。オーレン・ホフマン(@auren)が始めた「人材採用担当者への質問:採用者を評価する最良(かつ最新)の戦略は何ですか?」というTwitterのスレッド、Twitter, March 23, 2019, 11:56 a.m., https://twitter.com/auren/status/1109484159389425664も参照。子ども時代に成し遂げたことの重要性に関する情報源はRuchir Agarwal and Patrick Gaule, "Invisible Geniuses: Could the Knowledge Frontier Advance Faster?," *American Economic Review: Insights* 2, no. 4 (2020): 409–424を参照。

8. Peggy McKee, "How to Answer Interview Questions: 101 Tough Interview Questions." 2017年に個人出版。

9. Jeff Haden, "Fifteen Interview Questions to Completely Disarm Job Candidates (In a Really Good Way)," Inc.com, February 14, 2018.

10. CS 9, "Problem-Solving for the CS Technical Interview," シンシア・リーとジェリー・ケインによって2017年秋に行われた授業。彼らのスライドは、2019年6月7日当時、"Teamwork and Behavior Questions: How to Prepare in Advance," https://web.stanford.edu/class/cs9/lectures/CS9Teamwork.pdfに掲載されていたが、現在は公開されていない。なお、この授業の概要は次のサイトに掲載されている。https://web.stanford.edu/class/cs9/.

11. Tyler Cowen, "What Is the Most Absurd Claim You Believe?," *Marginal Revolution* (blog),

Notes

1 なぜ「人材《TALENT》」が重要なのか？

1. ウェブサイト「Medium」に掲載されたダニエルの自伝。 "Introducing Pioneer," August 10, 2018, https://medium.com/pioneerdotapp/introducing-pioneer-e18769d2e4d0. このセクションのほかの部分はタイラーが一人で執筆した。

2. "What Will You Do to Stay Weird?," *Marginal Revolution* (blog), December 24, 2019, https://marginalrevolution.com/ marginalrevolution/ 2019/12/what-will-you-do-to-stay-weird.html#comments参照。

3. Peter Cappelli, "Your Approach to Hiring Is All Wrong," *Harvard Business Review*, May–June 2019およびSarah Todd, "CEOs Everywhere Are Stressed About Talent Retention—and Ignoring Obvious Solutions for It," Quartz, January 15, 2020参照。

4. Eric Berger, *Liftoff: Elon Musk and the Desperate Early Days That Launched SpaceX* (New York: William Morrow, 2021), 20.

5. 本書執筆当時、何兆ドルもの資産に相当する安全な国債の利回りが、全世界的にマイナスあるいはマイナスに近い状況が普通になっていた。運用的に見ると、これは金利をプラスに押し上げるほど融資と資本の需要が強くない、つまり資本はそれほど不足していないことを意味する。成功している企業に不足しているのは人材なのだ。

6. これらの点については、Chang-Tai Hsieh, Erik Hurst, Charles I. Jones, and Peter J. Klenow, "The Allocation of Talent and U.S. Economic Growth," *Econometrica* 87, no. 5 (September 2019): 1439–1474参照。

7. David Autor, Claudia Goldin, and Lawrence F. Katz, "Extending the Race Between Education and Technology," National Bureau of Economic Research working paper 26705, January 2020参照。

8. Laura Pappano, "The Master's as the New Bachelor's," *The New York Times*, July 22, 2011; "37 Percent of May 2016 Employment in Occupations Typically Requiring Postsecondary Education," Bureau of Labor Statistics, June 28, 2017, https://www.bls.gov/opub/ted/2017/37-percent-of-may-2016-employment-in-occupations-typically-requiring-postsecondary-education.htm参照。

9. 本書では、HireVue社やPymetrics社などの企業で使われているような人材探しのための新しい人工知能プログラムまでは言及してはいない。まだまだ履歴書や人口統計データ、面接のテープをすべて人工知能のブラックボックスに放り込んで、有益な回答が得られるようにはなっていないからだ。脳波などのリアルタイムの生体情報、ソーシャルメディアのプロフィールを測定するという話まであるが、私たちは少なくとも今のところこの技術についても懐疑的だ。まだこうしたプログラムによって、人間による判断の必要性がなくなるわけではないため、本書では、判断に重点を置いている。脳波またはより不確かな選択肢の測定については、Hilke Schellmann, "How Job Interviews Will Transform in the Next Decade," *The Wall Street Journal*, January 7, 2020参照。

2 面接と質問の方法

1. Mohammed Khwaja and Aleksandar Matic, "Personality Is Revealed During Weekends: Towards Data Minimisation for Smartphone Based Personality Classification," working

[著者略歴]

タイラー・コーエン（TYLER COWEN）

経済学者、コラムニスト、ブロガー。米国ジョージ・メイソン大学教授。ニューヨーク・タイムズのコラム「Economic Scene」を執筆しており、2016年からはブルームバーグ・オピニオンのレギュラー・オピニオン・コラムニストとなっている。エコノミストが2011年に行った専門家の投票では、「過去10年間で最も影響力のあった経済学者は誰か」の上位にあげられた。

ダニエル・グロス（DANIEL GROSS）

2010年、Y Combinatorのプログラムに参加（人工知能に注力）した当時、最年少の創業者であり、Greplin社（後にCueと改名）を立ち上げた。2018年、アーリーステージで遠隔地のスタートアップアクセラレーターおよびファンドであるPioneer社を創設し、世界中の才能と野心的な人々を見つけることに焦点を当てている。

[訳者略歴]

プレシ南日子（プレシ・ナビコ）

東京外国語大学英米語学科卒業。ロンドン大学バークベックカレッジ修士課程（映画史）修了。おもな訳書にサイモン・マッカーシー＝ジョーンズ『悪意の科学：意地悪な行動はなぜ進化し社会を動かしているのか？』（インターシフト）、デビッド・バーカス『どうしてあの人はクリエイティブなのか？：創造性と革新性のある未来を手に入れるための本』（共訳、ビー・エヌ・エヌ新社）、ジェイムズ・マキヴェイ『DIGITAL DISRUPTION：破壊的イノベーションの次世代戦略』（実業之日本社）などがある。

翻訳協力：株式会社トランネット

TALENT——「人材《じんざい》」を見極《みきわ》める科学的《かがくてき》なアプローチ

2023年4月21日　初版発行

著　者	タイラー・コーエン／ダニエル・グロス
訳　者	プレシ南日子
発行者	小早川幸一郎
発　行	株式会社クロスメディア・パブリッシング 〒151-0051 東京都渋谷区千駄ヶ谷4-20-3 東栄神宮外苑ビル https://www.cm-publishing.co.jp ◎本の内容に関するお問い合わせ先：TEL(03)5413-3140／FAX(03)5413-3141
発　売	株式会社インプレス 〒101-0051 東京都千代田区神田神保町一丁目105番地 ◎乱丁本・落丁本などのお問い合わせ先：FAX(03)6837-5023 service@impress.co.jp ※古書店で購入されたものについてはお取り替えできません
印刷・製本	中央精版印刷株式会社

　ISBN978-4-295-40822-2　C2034